CANON EOS 30/30V

AF341509

DU MÊME AUTEUR

- *La pratique du reflex argentique et numérique*, Éditions VM, 2004, 320 pages.
- *Le langage de l'image* (avec B. Martinez), Éditions VM, 2000, 200 pages.
- *Canon EOS 300*, Éditions VM, 1999, 184 pages.
- *Canon EOS 1V*, Éditions VM, 1996, 144 pages.
- *Cours de photographie numérique*, Dunod, 2003, 310 pages.
- *Cours de photographie*, Dunod, 2002, 306 pages.
- *Guide pratique de l'éclairage*, Dujarric, 2003, 242 pages.

AUTRES OUVRAGES PARUS AUX ÉDITIONS VM

APPAREILS ARGENTIQUES ET NUMÉRIQUES

- R. Sheppard, *Canon EOS 20D*, 2005, 160 pages.
- R. Sheppard, *Canon EOS 300D*, 2005, 160 pages.
- C. Poupon, *Le Lomo*, 2004, 145 pages.
- M. de Ferrières, *Canon EOS 3*, 1999, 96 pages.
- C. Tauleigne, *Nikon F5*, 1998, 130 pages.
- C. Tauleigne, *Nikon F100*, 1999, 128 pages.

TECHNIQUES DE LA PHOTO – PRISE DE VUE

- B. Peterson, *Pratique de l'exposition en photographie*, 2005, 160 pages.
- P. Bachelier, *Noir & Blanc – De la prise de vue au tirage*, 3e édition, 2005, 232 pages.
- M. de Ferrières, *Éléments pour comprendre la photographie – Argentique & Numérique*, 2004, 352 pages.
- H. Rossier, *Éclairer pour la prise de vue*, 2005, 116 pages.
- I. Guillen, A. Guillen, *La photo numérique sous-marine – Guide pratique*, 2004, 194 pages + CD-Rom.
- F. Chéhu, *La photo panoramique*, 2003, 176 pages.
- G. Blondeau, *La macrophotographie au fil des saisons*, 1999, 240 pages.

AUX ÉDITIONS EYROLLES

TECHNIQUES DE LA PHOTO – PRISE DE VUE

- A. Davies, *Techniques de la photographie*, 2000, 160 pages.
- R. Hicks, F. Schultz, *Pratique du labo noir et blanc*, 2004, 128 pages.
- J. Enfield, *Procédés alternatifs*, 2004, 180 pages.
- J. Evans, *La saga des sténopés*, 2004, 144 pages.
- T. Dehan, S. Sénéchal, *Guide de la photographie ancienne*, 2004, 136 pages.
- A. Frich, *La photographie panoramique*, 2004, 210 pages.
- B. Skerry, *La photographie sous-marine*, 2004, 160 pages.
- P. Harcourt Davies, *La macrophotographie*, 2004, 160 pages.

PHOTO NUMÉRIQUE – RETOUCHE AVEC PHOTOSHOP

- S. Kelby, *Photoshop Elements 3 pour les photographes*, 2005, 420 pages.
- M. Evening, *Photoshop CS pour les photographes*, 2004, 426 pages + CD-Rom.
- J. Beardsworth, *Photo noir et blanc, étape par étape*, collection *Labo numérique*, 2005, 144 pages.
- C. Tarantino, *Retouche photo, étape par étape*, collection *Labo numérique*, 2004, 144 pages.
- R. Macdonald, *Photo de nu, étape par étape*, collection *Labo numérique*, 2004, 144 pages.
- C. Bruneau et al, *Retouches photo avec Photoshop*, 2003, 92 pages.
- C. Bruneau et al, *Retouches photo avec Photoshop (II)*, 2003, 90 pages.

René Bouillot

CANON EOS 30/30V

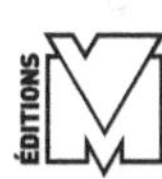

ÉDITIONS VM

ÉDITIONS VM
GROUPE EYROLLES
61, bd Saint-Germain
75240 Paris Cedex 05
editionsvm@eyrolles.com

Directeur de collection : Philippe Rocher

Le code de la propriété intellectuelle du 1er juillet 1992 interdit en effet expressément la photocopie à usage collectif sans autorisation des ayants droit. Or, cette pratique s'est généralisée notamment dans les établissements d'enseignement, provoquant une baisse brutale des achats de livres, au point que la possibilité même pour les auteurs de créer des œuvres nouvelles et de les faire éditer correctement est aujourd'hui menacée.

En application de la loi du 11 mars 1957, il est interdit de reproduire intégralement ou partiellement le présent ouvrage, sur quelque support que ce soit, sans autorisation de l'éditeur ou du Centre Français d'Exploitation du Droit de Copie, 20, rue des Grands-Augustins, 75006 Paris.

© Groupe Eyrolles, 2005, ISBN : 2-212-67253-5

Table des matières

Anatomie des Canon EOS 30, 33, 30V et 33V

Cet ouvrage décrit les caractéristiques et l'emploi de ces quatre boîtiers reflex EOS dans les moindres détails. Pour les identifier, il suffit d'abord de savoir que les EOS 33 et 33V diffèrent des EOS 30 et 30V par l'absence de la fonction Autofocus piloté par l'œil (AFPO). Quant aux EOS 30V et 33V (de 2004) ils ne se différencient des EOS 30 et 33 (de 2000) que par quelques caractéristiques indiquées dans le tableau ci-après. Dans ce livre, l'appellation générique « EOS 30 » s'applique à ces quatre modèles, mais nous donnons, bien entendu, les explications relatives à leurs spécificités.

Outre des versions identiques, mais portant d'autres noms sur les marchés américain et japonais, il existe des modèles portant le suffixe QD (pour Quartz Date) ou Date qui sont équipés d'un dos horodateur permettant d'imprimer la date (année, mois, jour) ou l'heure (jour, heure, minute) dans le coin inférieur droit de l'image. C'est en particulier le cas d'un EOS 30V vendu en France qui s'intitule toujours Date (voir chapitre 6 : « Modes complémentaires de prise de vue »).

À une époque où beaucoup d'amateurs et de professionnels ont opté pour le numérique (en « liquidant » leur matériel argentique), tout laisse penser que

Appellations des boîtiers

En Europe	Aux États-Unis	Remarque
EOS 30	EOS ELAN 7E	Avec dos dateur : EOS 30 QD
EOS 33	EOS ELAN 7	C'est l'EOS 30 sans AFPO*
EOS 30V Date*	EOS ELAN 7NE Date	*La version vendue en France
EOS 30V	EOS ELAN 7NE	
EOS 33V	EOS ELAN 7N	C'est l'EOS 30V sans AFPO*

* *AFPO : abrégé pour Autofocus piloté par l'œil (voir chapitre 3 : « Mise au point »).*

la majorité des utilisateurs d'un reflex à film sont de véritables passionnés de l'image. Ceux-là vivent une époque bénie, car ils peuvent trouver d'excellents EOS 30 et 33 à des prix très modérés sur le marché de l'occasion. Le problème pour l'acheteur de deuxième main est que ces appareils sont généralement dépourvus du mode d'emploi d'origine (déjà trop rudimentaire), de sorte qu'il est quasiment impossible – même pour un photographe ayant expérimenté de plus anciens modèles Canon EOS – d'en exploiter pleinement les superbes possibilités. Nous en avons eu la preuve : l'épuisement rapide du précédent ouvrage *Canon EOS 30* montre tout l'intérêt d'une nouvelle édition concernant les quatre modèles de la gamme.

Quel que soit le modèle que vous avez choisi (EOS 30V et 33V, neuf ou d'occasion), vous avez entre les mains l'un des meilleurs reflex de prix accessible jamais conçu (toutes marques confondues), auquel il ne manque rien d'essentiel. À notre avis, un photographe expérimenté ou voulant le devenir n'a que faire de l'AFPO, de l'anti-yeux rouges sur le flash, ni des programmes Résultat dont il ne se sert jamais, bien qu'ils résident sur le boîtier. Autrement dit, un modèle 33 n'est en rien inférieur à un modèle 30 ; de même, la supériorité d'une version V ne se confirme que pour la photo avec un flash Speedlite à condition que celui-ci soit utilisé en direct.

Différence entre EOS 30 et 33 et EOS 30V et 33V (AFPO exclu)

Éléments concernés	EOS 30V/33V
Aspect extérieur du boîtier	Formes plus arrondies, revêtement granité noir mat, logo « hologramme »
Écran afficheur ACL	Rétroéclairage à la demande (lumière bleutée)
Autofocus	Réaction plus rapide avec les objectifs USM de récente génération
Mesure de l'exposition au flash	La seule amélioration vraiment importante : mesure et exposition au flash en mode E-TTL II (voir chapitre 8 : « Le flash électronique »)

Le flash électronique incorporé est une caractéristique valorisante que l'on retrouve d'ailleurs sur la plupart des reflex et sur tous les compacts. Il répond d'emblée aux besoins de la photo « souvenir » et familiale en se mettant de lui-même en service – dans certains modes – en cas de faible lumière. Pour des prises de vue plus élaborées, nous vous conseillerons cependant l'emploi d'un flash spécifique Canon de la série Speedlite EX (tels les *220EX*, *420EX* et *550EX*), plus puissant, plus efficace et offrant de nouvelles fonctions très utiles.

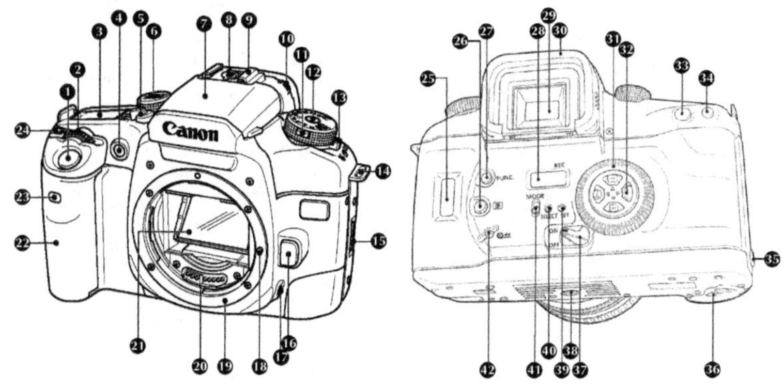

Nomenclature des Canon EOS 30, 33, 30V et 33V
Vue avant
1 *Déclencheur* - 2 *Molette principale* - 3 *Écran afficheur ACL* - 4 *Illuminateur anti-yeux rouges et voyant retardateur* - 5 *Sélecteur de commande AF par l'œil (AFPO) [EOS 30 et 30V seulement]* - 6 *Sélecteur de mode autofocus* - 7 *Flash intégré (et pré-éclairs de mesure AF)* - 8 *Contact X de synchronisation du flash* - 9 *Griffe porte-accessoires synchronisée* - 10 *Molette de réglage dioptrique du viseur* - 11 *Verrou du sélecteur principal* - 12 *Sélecteur principal* - 13 *Sélecteur de mode de déclenchement* - 14 *Attache de courroie* - 15 *Verrou d'ouverture du dos* - 16 *Verrou d'objectif* - 17 *Bouton test de profondeur de champ* - 18 *Pion de blocage de l'objectif* - 19 *Monture d'objectif* - 20 *Contacts de communication objectif-boîtier* - 21 *Miroir-éclair* - 22 *Poignée et logement des piles* - 23 *Récepteur de la télécommande infrarouge* - 24 *Touche d'illumination de l'écran ACL [EOS 30V et 33V seulement].*
Vue arrière
25 *Fenêtre de contrôle de présence du film* - 26 *Touche de sélection de mode de mesure* - 27 *Touche FUNC. de sélection d'une fonction* - 28 *Afficheur de l'horodateur** - 29 *Oculaire du viseur* - 30 *Œilleton* - 31 *Molette secondaire* - 32 *Quatre touches de sélection manuelle du collimateur autofocus* - 33 *Touche de mémorisation de l'exposition (et de réglage d'une fonction personnalisable (C.Fn)* - 34 *Touche de sélection du collimateur autofocus* - 35 *Prise de télécommande par câble (RS-60E3)* - 36 *Porte du logement piles* - 37 *Commutateur de la molette secondaire* - 38 *Écrou de pied* - 39 *Touche SET** - 40 *Touche SELECT** - 41 *Touche MODE** - 42 *Touche de rebobinage d'un film non terminé.*
** Ces éléments ne sont présents que sur les versions EOS 30 QD et EOS 30V Date (avec dos horodateur).*

EOS 30 : performances et convivialité

L'EOS 30 hérite en droite ligne des principes de simplicité d'emploi, de maniabilité, de rapidité opérationnelle communs à tous les boîtiers EOS depuis les deux premiers modèles sortis en 1987. À une époque où les appareils compacts de plus en plus sophistiqués semblaient devoir concurrencer le reflex, Canon a réussi le pari de proposer au photographe à budget limité mais soucieux de la qualité, un appareil aussi convivial d'emploi qu'un compact zoom, offrant toutes les fonctions spécifiques aux reflex autofocus de dernière génération. En parcourant ces pages, vous constaterez que l'EOS 30 est plus performant et qu'il est doté de plusieurs fonctions que certains reflex plus onéreux n'ont pas.

Le Canon EOS 30 est d'abord un appareil entièrement automatique : le plus novice des utilisateurs n'a strictement qu'à appuyer sur le déclencheur pour

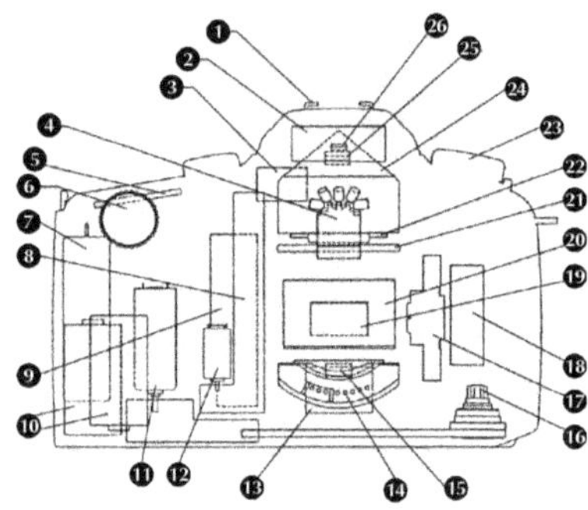

Composants électroniques du Canon EOS 30
1 *Contacts molette secondaire* - **2** *Circuit souple OLC* - **3** *Circuit souple RD* - **4** *Contacts molette principale* - **5** *Écran ACL externe* - **6** *Molette principale* - **7** *Commutateur du déclencheur* - **8** *Vibreur bip sonore* - **9** *Détecteur de télécommande infrarouge* - **10** *Prise de télécommande par câble* - **11** *Condensateur du flash* - **12** *Circuit souple MD* - **13** *Moteur M2* - **14** *Circuit de commande principal* - **15** *DEL-SI d'illumination des Col. AF* - **16** *Circuit souple module AF* - **17** *Circuit souple multicapteur Auto-TTL* - **18** *Test de profondeur de champ* - **19** *Circuit souple DEL-SI* - **20** *Circuit souple de connexion BP-300* - **21** *Contact d'ouverture/fermeture du dos* - **22** *Circuit souple DX* - **23** *Contacts de lecture DX* - **24** *Circuit souple du dos du boîtier* - **25** *Détecteur d'orientation du boîtier* - **26** *Circuit du sélecteur principal* - **27** *Contacts du sélecteur principal* - **28** *DEL ILC* - **29** *Circuit souple ILC* - **30** *Circuit souple principal* - **31** *Circuit souple du flash* - **32** *Circuit souple NAC* - **33** *Circuit souple supérieur* - **34** *Détecteurs de position de l'œil (IRED)* - **35** *Contacts de synchronisation d'un flash externe* - **36** *Circuit souple POPCTR.*

être pratiquement certain d'obtenir des photos nettes et parfaitement exposées. À la différence de bien d'autres appareils, tels les compacts, l'EOS 30 lui permettra, dès qu'il aura appris à maîtriser ses fonctions élaborées, d'aborder sans restrictions tous les domaines de la photographie.

L'EOS 30 est-il un appareil professionnel ?

Chez Canon, le qualificatif « pro » caractérise surtout un outil de travail conçu pour répondre aux conditions extrêmes du reportage tout-terrain, par exemple. En une seule journée, un professionnel peut « griller » autant de films qu'un amateur passionné en plusieurs mois : ce qui implique un boîtier très robuste et d'une grande fiabilité mécanique. Avec une vitesse d'obturation maximale de 1/4 000 s, la synchronisation du flash au 1/125 s et une cadence en rafale de 4 im/s, l'EOS 30 affiche des performances certes plus modestes que l'EOS-1V, leader des boîtiers reflex professionnels (1/8 000 s, synchro flash au 1/250 s, rafale à 10 im/s), mais cela ne limite pas ses capacités opérationnelles, ni bien sûr les possibilités d'expression artistique du photographe (lesquelles ne dépendent que de son talent). Pour le reste, la différence entre l'EOS 30 et un boîtier pro tel que

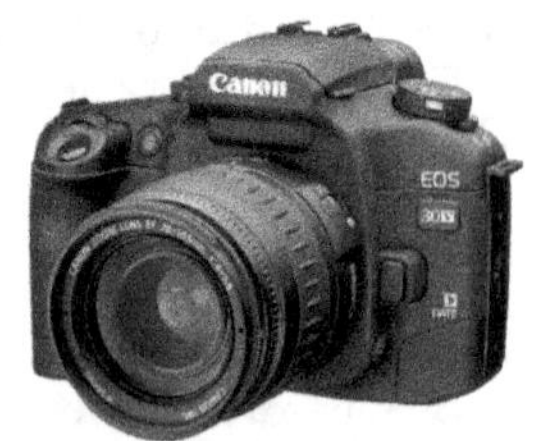

EOS 30V Date dans sa plus simple formulation
Il est équipé ici du nouveau zoom standard EF 28-105 mm f/4-5,6.

l'EOS-1V est que ce dernier n'est pourvu ni d'un flash intégré, ni de la kyrielle de programmes Résultat qui permettent au non-initié de réussir sans difficulté toutes ses photos. Parce qu'il est doté de tous les modes d'exposition Photographe expert et de nombreuses autres fonctions avancées, l'EOS 30 n'est pas moins professionnel que son grand frère !

La place de l'EOS 30 dans le système EOS

L'EOS 30 est membre à part entière de la famille EOS. Il partage avec les autres boîtiers EOS (y compris les numériques) la possibilité d'emploi de tous les objectifs Canon EF dont la gamme est vaste et complète. Nous verrons que chaque objectif incorpore deux moteurs, l'un pour la commande du diaphragme, l'autre pour la mise au point automatique.

Pour débuter, on peut équiper le boîtier du nouveau zoom standard EF 28-105 mm f/4-5,6 (n° 35 sur le tableau des objectifs, chapitre 9). En l'accompagnant d'un seul autre objectif, par exemple le zoom EF 75-300 mm f/4-5,6 (n° 46 du tableau), vous êtes superbement armé pour traiter la plupart des sujets : du grand-angle de 28 mm au super téléobjectif de 300 mm.

Les nombreuses fonctions offertes par l'appareil étant intégrées au boîtier, la gamme des accessoires optionnels, utiles ou indispensables, est relativement réduite. Si vous voulez aller très loin dans le domaine de la création ou aborder certains thèmes (la chasse photographique, le reportage sans utilisation du flash, la macrophotographie, etc.), vous devrez sans doute faire appel à des objectifs plus spécialisés ou optiquement plus performants qu'un zoom standard.

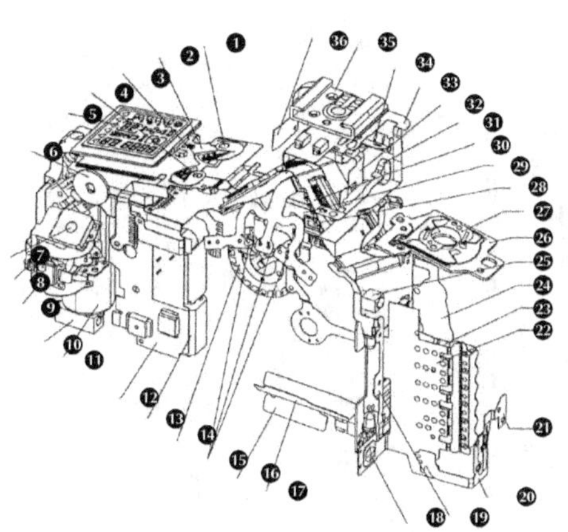

Localisation des principaux éléments
1 *Griffe porte-accessoires synchronisée -* **2** *Flash incorporé -* **3** *Mécanisme d'érection du flash -* **4** *Cinq diodes d'illumination des collimateurs AF -* **5** *Écran ACL -* **6** *Molette principale -* **7** *Condensateur du flash -* **8** *Mécanisme de commande aller-retour du miroir -* **9** *Mécanisme de commande de la vitesse d'obturation -* **10** *Deux piles lithium d'alimentation -* **11** *Moteur M1 -* **12** *Moteur M2 -* **13** *Module autofocus -* **14** *Contacts électriques de communication boîtier-objectif -* **15** *Multicapteur Auto-TTL -* **16** *Mécanisme de rebobinage du film -* **17** *Deux diodes d'illumination des collimateurs AF -* **18** *Contacts de lecture du code DX de la cartouche de film -* **19** *Miroir secondaire -* **20** *Miroir principal -* **21** *Verre de visée -* **22** *Afficheur ACL du viseur -* **23** *Sélecteur principal -* **24** *Pentaprisme -* **25** *Détecteurs de position de l'œil (IRED) -* **26** *Cellule de mesure trente-cinq segments.*

Comme dans tout système reflex, ces objectifs complémentaires coûtent habituellement plus chers que le boîtier nu mais ici le risque d'un mauvais investissement est nul, puisque *tous les objectifs EF se montent sans aucune restriction sur tous les boîtiers EOS*. Cela veut dire que toutes les options futures vous sont ouvertes : acquérir un autre boîtier EOS (y compris les reflex numériques de la marque) en conservant vos objectifs, en compléter la gamme en fonction de vos domaines de prédilection, emprunter, louer, ou encore échanger des objectifs EF et/ou des boîtiers, etc.

En portant votre choix sur un boîtier Canon EOS, vous êtes – sciemment ou par une heureuse intuition – entré de plain-pied dans l'un des systèmes photographiques reflex le plus élaboré jamais conçu.

Un boîtier ergonomique

Par rapport à son excellent prédécesseur EOS 50E, le design du boîtier a été largement modifié avec des formes plus arrondies et une finition noir mat qui s'accorde mieux avec sa vocation professionnelle. Ce type de boîtier est rendu possible par l'emploi d'un matériau plastique polycarbonate armé de fibres de verre, lequel associe les qualités de légèreté et de résistance aux chocs à la souplesse du moulage. Afin de conférer une plus grande rigidité au boîtier sans augmenter son poids, le capot supérieur, le capot du flash et la face avant sont constitués d'une double paroi : à l'extérieur, une feuille en alliage d'aluminium anodisé noir de 0,8 mm d'épaisseur, doublée à l'intérieur d'une feuille de matériau plastique. Parce que c'est l'élément demandant la précision optimale et une grande résistance à l'usure, la monture d'objectif à

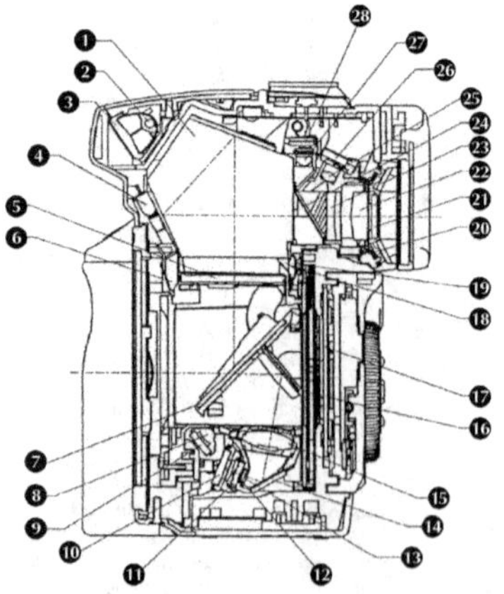

Structure optique
(coupe par le centre du boîtier)
1 *Pentaprisme -* **2** *Tube-éclair du flash -* **3** *Réflecteur du flash intégré -* **4** *Cinq DEL d'illumination des collimateurs horizontaux -* **5** *Verre de visée Laser Matte -* **6** *Prisme du système d'illumination des collimateurs AF -* **7** *Miroir principal à 45° -* **8** *Condenseur du capteur Auto-TTL -* **9** *Multicapteur Auto-TTL -* **10** *Module capteur autofocus -* **11** *Optique de formation de l'image secondaire -* **12** *Diaphragme fixe -* **13** *Filtre infrarouge -* **14** *Miroir module AF -* **15** *Lentille de champ -* **16** *Miroir secondaire -* **17** *Plan du film -* **18** *Prisme de l'ACL viseur -* **19** *Afficheur ACL du viseur -* **20** *Huit détecteurs IR de l'œil (IRED) -* **21** *Verre protecteur de l'oculaire -* **22** *Lentille oculaire 2 -* **23** *Lentille oculaire 1 -* **24** *Miroir dichroïque -* **25** *Optique de formation de l'image de l'œil -* **26** *Capteur Basis de l'AFPO -* **27** *Optique collectrice de la cellule -* **28** *Cellule de mesure trente-cinq segments.*

baïonnette est en acier inoxydable. Comme vous pouvez le constater, le boîtier muni d'un zoom standard épouse la forme de votre main droite et reste toujours bien équilibré.

La préhension du boîtier est parfaite grâce à la poignée « anatomique » à revêtement anti-glissant, servant de logement aux deux piles lithium. Notez également que ce matériau reste agréable par grand froid et qu'il ne colle pas à la peau. Si cet appareil n'est pas étanche (ce quali-ficatif ne s'applique qu'aux modèles profession-nels de plus récente génération), il supportera sans aucun dommage quelques gouttes de pluie, les flocons de neige ou un tourbillon de pous-sières à condition que vous preniez soin de l'es-suyer avant de continuer à vous en servir et, naturellement, avant de le ranger.

La poignée-alimentation BP-300 (proposée en option) complète superbement le boîtier. Équi-pée de son propre déclencheur et d'une touche de mémorisation de l'exposition, elle facilite encore les prises de vues en cadrage vertical (voir chapitre 10 : « Accessoires »).

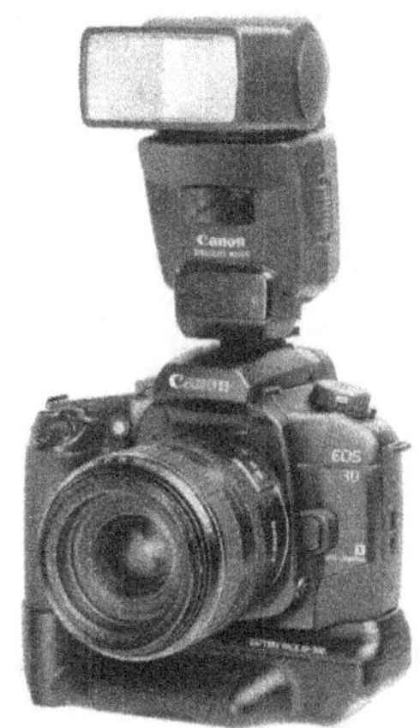

EOS 30 et ses deux principaux compléments
La poignée-alimentation BP-300 lui confère une grande maniabilité en cadrage vertical et le performant flash Speedlite 420EX est spécialement conçu pour lui.

Système de visée

Le viseur de l'EOS 30 reste très lumineux même en faible lumière. Outre le fait que la visée se fait toujours à pleine ouverture du diaphragme, cette grande luminosité est due au traitement « haute-réflexion » (83 %) des faces internes du pentaprisme (ou prisme en toit) et à l'utilisation d'un verre de visée finement dépoli au laser. La face inférieure du verre porte un réseau de Fresnel permettant d'éclairer uniformément le champ jusqu'aux extrêmes bords de l'image. La pupille d'émergence du large oculaire, c'est-à-dire le point où doit se trouver votre œil pour observer une image nette et complète, est déplacée vers l'arrière de 19,5 mm : ce large « débattement » oculaire vous permet éventuellement de viser en conservant vos lunettes de vue et procure un champ de vision bien large, embrassant non seulement la totalité de l'image de visée, mais également l'afficheur d'informations à cristaux liquides (ACL) se trouvant dans le bas du viseur. Si vous portez habituellement des lunettes de correction de l'amétropie, vous pouvez viser sans lunettes en réglant le cor-recteur dioptrique (de – 2,5 à + 0,5 dioptries) intégré à l'oculaire du viseur. Si cela ne vous suffit pas pour observer une image nette, équipez la garde d'oculaire du viseur d'une lentille de correction dioptrique de vergence appropriée (voir chapitre 10 : « Accessoires »).

Sans correction dioptrique, la vergence du viseur est de − 1 dioptrie. L'image de visée représente 90 % en vertical et 92 % en horizontal du champ enregistré sur le film. Le grossissement apparent est de 0,7x quand l'appareil est équipé d'un objectif de 50 mm mis au point sur l'infini.

Indications dans le viseur

Le verre de visée

Sur le verre de visée sont gravés sept petits rectangles disposés en croix correspondant, comme nous le verrons, à l'emplacement des collimateurs de mise au point automatique (Col. AF en abrégé). Les Col. AF activés s'illuminent en rouge grâce à sept diodes émettrices de lumière (DEL-SI) : cinq DEL situées contre la face arrière du pentaprisme illuminent indépendamment les cinq Col. AF alignés horizontalement ; sur une paroi de la chambre miroir, deux autres DEL éclairent les collimateurs verticaux (voir aussi chapitre 3 : « Mise au point »).

Correcteur dioptrique
Pour régler le viseur à votre vue, détachez l'œilleton souple en le saisissant par les bords latéraux et en le faisant glisser vers le haut. Puis, tournez la molette de correction dioptrique dans un sens ou dans l'autre jusqu'à observer une image parfaitement nette des cadres collimateurs dans le viseur. Remontez l'œilleton.

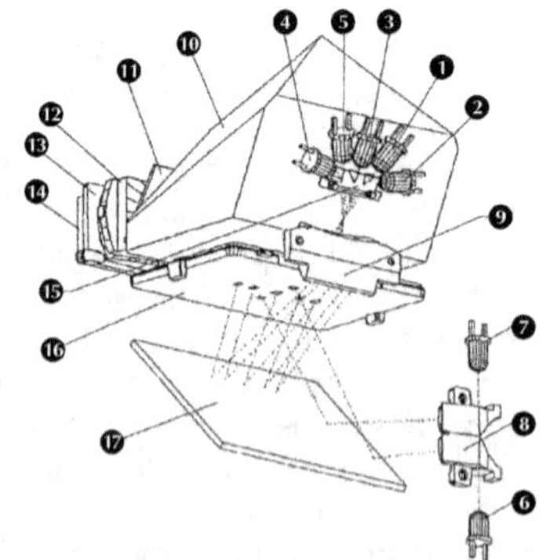

Système optique d'illumination des collimateurs AF
1 DEL-1 - 2 DEL-2 - 3 DEL-3 - 4 DEL-4 - 5 DEL-5 - 6 DEL-6 - 7 DEL-7 - 8 Prisme SI-2 - 9 Prisme SI-1 - 10 Pentaprisme - 11 Miroir dichroïque - 12 Lentille oculaire 1 - 13 Lentille oculaire 2 - 14 Verre protecteur - 15 Prisme en croix - 16 Verre de visée - 17 Miroir principal.

L'affichage ACL dans le viseur

L'afficheur, situé sous le verre de visée, est un véritable tableau de bord, aux indications complètes et bien lisibles. Les chiffres, caractères ou symboles, sont affichés (ils ne s'activent que lorsque c'est nécessaire ou utile) par des diodes ACL à sept segments de teinte jaune-vert. L'ensemble de l'afficheur est éclairé de l'arrière par un dispositif d'éclairage luminescent à deux niveaux (en fonction de la luminosité ambiante). Afin de ne pas consommer inutilement de l'énergie, les affichages concernés n'apparaissent que lorsqu'ils ont été activés par la légère pression du doigt sur le déclencheur ; ils s'éteignent au bout de 5 s environ si l'on ne sollicite pas l'appareil (les réglages « en cours » restant naturellement mémorisés).

L'ACL du viseur affiche ces informations de gauche à droite :

1. L'icône de pilotage AF par l'œil AFPO **▯** lorsque cette fonction est activée (non disponible sur les EOS 33 et 33V).

2. Le symbole Étoile **✱** apparaît lorsque l'exposition a été mémorisée (par pression sur la touche du boîtier portant le même symbole). Il s'allume également en cas de mémorisation de l'exposition au flash avec un Speedlite EX.

3. Le symbole Éclair **⚡**. Il s'allume quand le flash (intégré ou externe) est activé et rechargé (on dit « recyclé ») et que vous pouvez donc déclencher.

4. La lettre **H** s'allume à droite du symbole flash **⚡H** seulement lorsque l'on utilise un flash externe Speedlite EX en mode FP de synchronisation à haute vitesse d'obturation (voir chapitre 8 : « Le flash électronique »).

5. Indicateur de correction d'exposition au flash **⚡±**.

6. Puis, 4 diodes ACL numériques affichent la vitesse d'obturation imposée ou calculée (de 30 s à 1/4 000 s), ainsi que la pose **B** (mention **BuLb**).

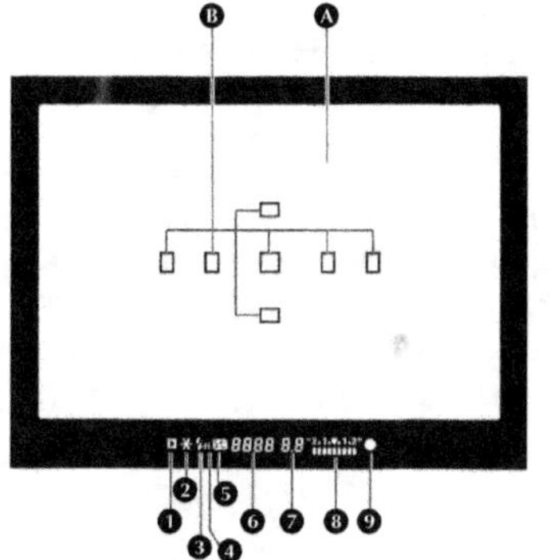

Indications dans le viseur
A Finement dépoli au laser, le verre de visée est doublé sur sa face inférieure d'un réseau de Fresnel assurant l'éclairement régulier de l'ensemble de l'image - **B** Autour du double collimateur central carré, six petits rectangles matérialisent l'emplacement des collimateurs AF dans le cadre.

Afficheur ACL (éclairé par l'arrière) :
1 Icône de sélection du collimateur AF par l'œil - **2** Symbole Étoile de mémorisation de l'exposition - **3** Icône flash recyclé - **4** La lettre **H** apparaît quand on utilise un flash Speedlite (série EX) en mode synchro haute vitesse (FP) - **5** Indicateur de correction au flash - **6** Vitesse d'obturation - **7** Ouverture du diaphragme - **8** Indicateur de niveau d'exposition (plus d'autres fonctions) - **9** Voyant autofocus.

Pour les temps de pose automatiques d'une seconde ou plus, la durée en secondes est suivie de " (4" pour quatre secondes, par exemple). Dans le cas d'une vitesse d'obturation inférieure à la seconde, seul le dénominateur de la fraction est indiqué (125 pour 1/125 s, par exemple). Cette portion d'affichage clignote à 2 Hz pour indiquer le dépassement des limites de couplage de l'obturateur. Les mêmes diodes servent à l'affichage de FEL (mémorisation de l'exposition au flash), à l'étalonnage de l'AFPO (*CAL – 1 – 5, End 1 – 5*) et à l'affichage des points de mesure en mode DEP (*dEP – 1, 2*).

7. Les deux diodes numériques suivantes, séparées par un point, indiquent l'ouverture du diaphragme, de f/1,0 à f/91 (5.6 pour f/5,6 par exemple) ; elles clignotent à 2 Hz si les limites de couplage du diaphragme de l'objectif en place sont dépassées.

8. L'échelle graduée de – 2 IL à + 2 IL, par paliers de 1/2 IL, est l'indicateur de niveau d'exposition. Il assure plusieurs fonctions grâce à un index mobile se déplaçant par rapport à l'échelle :

   a) L'affichage d'une correction d'exposition. Le correcteur est utilisable dans les modes d'exposition Expert : programme décalable (**P**), priorité vitesse (**Tv**), priorité diaphragme (**Av**), retardateur (+ mode Expert).

   b) L'exposition en mode Manuel (en réalité mode semi-automatique) : il indique alors l'écart en plus ou en moins entre l'exposition déterminée par l'appareil et celle que vous avez réglée manuellement.

   c) Cet indicateur s'illumine durant 1,25 s quand la lampe anti-yeux rouges est en fonctionnement.

   d) Il indique également l'intervalle d'exposition spécifié en mode Auto Bracketing (**AEB**).

9. Le *voyant autofocus*. Le petit point (•) apparaît brièvement dès que la mise au point automatique est accomplie (grâce à la pression à mi-course sur le déclencheur) ; son allumage est accompagné d'un double bip sonore que l'on peut d'ailleurs supprimer. Il clignote à 2 Hz si la mise au point est impossible.

   Nota

   Le voyant AF s'allume également quand la mise au point correcte a été effectuée manuellement (sélecteur AF/MF de l'objectif sur MF) en agissant sur la bague des distances de l'objectif. Il joue alors le précieux rôle d'assistance à la mise au point.

Organes de commande et écran afficheur ACL

L'EOS 30 est un boîtier pro par l'ergonomie et l'organisation de ses organes de commande : pour opérer rapidement dans le feu de l'action, il est essentiel que chacun d'eux occupe une place bien déterminée sur le boîtier et que les plus importants n'assurent qu'un seul type de réglages. De cette manière et une fois que vous les avez « sous les doigts », vous n'avez pas besoin de quitter l'œil du viseur pour passer instantanément, par exemple, de l'entraînement Vue par vue au mode Rafale.

Nous indiquons ci-après la localisation sur le boîtier et le fonctionnement de chacun des organes de commandes. Pour que l'exercice soit pleinement profitable, habituez-vous à les identifier sur votre boîtier EOS 30, en mémorisant leurs icônes.

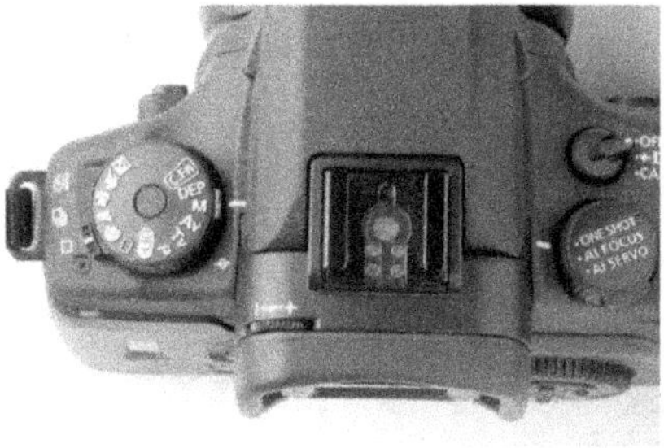

De gauche à droite :
Sélecteur de mode de déclenchement
Sélecteur principal
Griffe porte-accessoires synchronisée
Sélecteur de mode autofocus
Sélecteur AFPO (EOS 30 ou 30V)

A. Dessus du boîtier, de gauche à droite

1. Sélecteur de mode de déclenchement

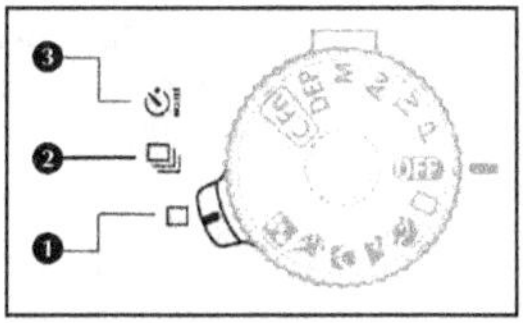

Sélecteur de mode de déclenchement
1 *Mode Vue par vue* - **2** *Mode Rafale* - **3** *Avec le retardateur (ou la télécommande RC-1).*

Trois positions du curseur, figurées par des icônes :
- mode Retardateur ou télécommande,
- mode Rafale,
- mode Vue par vue □.

2. Sélecteur principal

Ce sélecteur rotatif à 13 positions permet la sélection de l'un des 11 modes d'exposition, le réglage des fonctions personnalisables et la mise hors service du boîtier. Leur emploi et leur fonctionnement sont étudiés en détail dans la suite de l'ouvrage. Le sélecteur se verrouille sur **OFF** qui est l'interrupteur principal : l'appareil cesse d'être alimenté en énergie et toutes ses fonctions sont bloquées.

À partir de cette position OFF se trouvent successivement plusieurs programmes ou modes d'exposition :

A. En tournant le sélecteur dans le sens inverse des aiguilles d'une montre se trouvent les six positions des programmes Résultat résidents et non modifiables :

– Mode Tout-auto (un rectangle vert) □

– Mode Portrait

– Mode Paysage

– Mode Gros plan

– Mode Sport

– Mode Scène de nuit

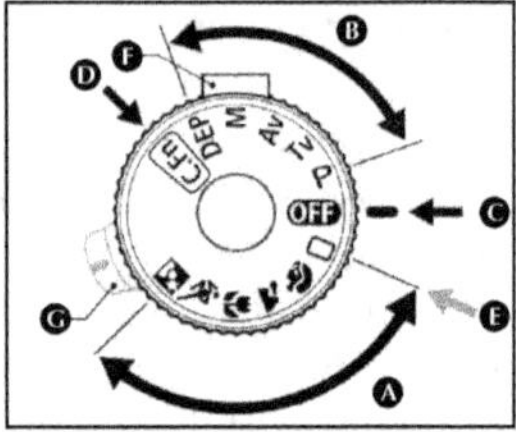

Sélecteur principal
*A Programmes Résultat - **B** Modes d'exposition Expert - **C** Boîtier hors tension - **D** Position de réglage d'une fonction personnalisable - **E** Mode Tout-auto (rectangle vert) - **F** Verrou du sélecteur (en position OFF) - **G** Sélecteur de mode d'entraînement.*

B. En tournant le sélecteur dans le sens des aiguilles d'une montre à partir de la position OFF, on accède successivement aux cinq modes Photographe expert :

– Mode Programme décalable (**P**)

– Mode Priorité Vitesse (**Tv**)

– Mode Priorité Diaphragme (**Av**)

– Mode Manuel (**M**)

– Mode Priorité Profondeur de champ (**DEP**)

Puis, dans un cadre :

– Mode Réglage d'une fonction personnalisable **C.Fn**

3. Griffe porte-accessoires avec ses contacts de synchronisation pour un flash externe (Canon Speedlite)

4. Sélecteur de mode autofocus

Il existe une position pour chacun des trois modes AF (voir chapitre 3 : « Mise au point ») :

– One-Shot

– AI Focus

– AI Servo

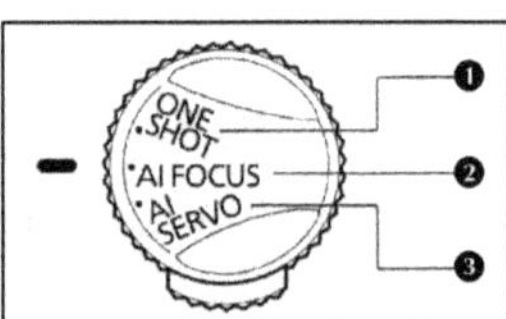

Sélecteur de mode autofocus
1 Mode AF One-Shot - 2 Mode AF AI Focus - 3 Mode prédictif AF AI Servo.

5. Sélecteur de commande AF par l'œil [AFPO] (sauf pour les EOS 33 et 33V)

Trois positions sont disponibles :

– OFF (AFPO désactivé)

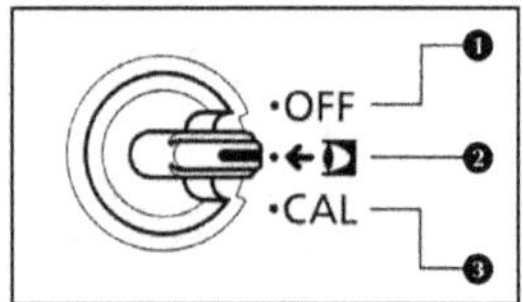

Sélecteur de commande AF par l'œil [AFPO] (sauf EOS 33 et 33V)
1 OFF (APFO désactivé) - 2 APFO en service - 3 Position d'étalonnage du système.

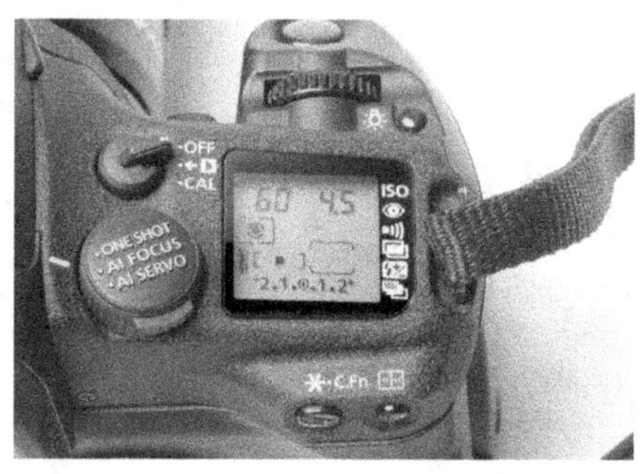

EOS 30V
Notez, à côté de la molette principale, la
touche d'illumination de l'écran ACL.

— ON (AFPO activé) ←▯

— CAL (Étalonnage)

6. Écran ACL

Compte tenu de son importance et de la multitude d'informations qu'il peut afficher, l'écran ACL est décrit plus loin.

7. Molette principale ▱

Judicieusement placée juste derrière le déclencheur et actionnée par le même doigt, c'est-à-dire l'index de la main droite, cette molette est utilisée pour le réglage de nombreux paramètres concernant l'exposition ou les fonctions.

8. Touche d'éclairage de l'écran ACL (EOS 30V et 33V uniquement)

La pression sur cette touche, placée commodément à côté de la molette principale, illumine l'écran ACL en bleu pendant cinq secondes environ. L'écran s'éteint automatiquement après chaque déclenchement ou par une deuxième pression sur la touche. Tout nouveau réglage prolonge la durée de l'allumage.

9. Déclencheur

Largement dimensionné, sensible (mais pas trop), incliné pour tomber sous l'index, le déclencheur électromagnétique est à double position :

— Pressé à mi-course, il active les affichages, mesure autofocus et, dans la plupart des cas, verrouille la distance mesurée (donc possibilité de recadrage).

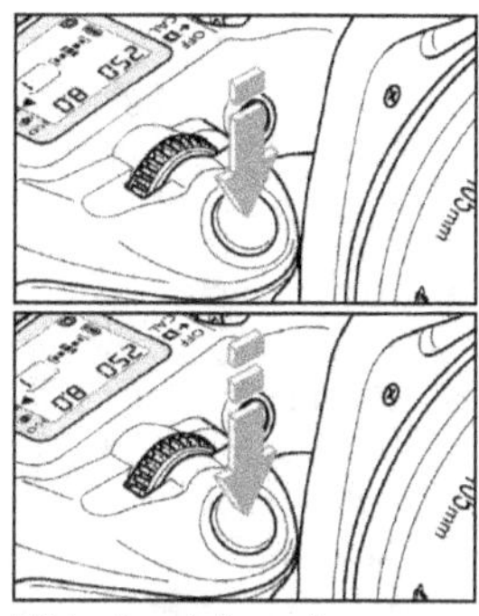

Déclencheur à deux paliers
(En haut) **Enfoncé à mi-course :** *mise au point, bip sonore confirmant la netteté sur le sujet visé, allumage du voyant AF dans le viseur et activation du collimateur AF sélectionné.*
(En bas) **Enfoncé à fond :** *prise de vue (fonctionnement de l'obturateur), puis avance du film d'une vue.*

– Pressé à fond, il y a déclenchement. En mode Rafale, les vues se prennent successivement tant que l'on maintient la pression sur le déclencheur à la cadence maximale de quatre images par seconde.

B. Dos du boîtier, de gauche à droite

1. Touche de sélection de fonctions [FUNC.]

Chaque appui sur cette touche sélectionne dans l'ordre l'une des six fonctions suivantes, lesquelles sont alors signalées par un index flèche de l'écran ACL, faisant face à l'icône correspondante.

– Sensibilité du film **ISO**

– Système anti-yeux rouges ⊚

– Bip sonore ◄⁾⁾

– Surimpression ▬

– Correction d'exposition au flash ⚡

– Bracketing ▨

2. Touche de sélection du mode de mesure ▣

Pour changer de mode de mesure de l'exposition, pressez cette touche, puis faites apparaître sur l'écran ACL l'icône du mode désiré avec la molette principale ⌒ :

Mesure évaluative ▣

Mesure sélective ▢

Mesure intégrale à prépondérance centrale ⊏⊐

3. Touche de rebobinage ⊙≕ d'un film non terminé

4. Commutateur de la molette secondaire

Les positions **ON et OFF** activent et désactivent la molette.

5. Molette secondaire ○

Lorsqu'elle est activée, cette couronne permet d'afficher l'ouverture du diaphragme en mode d'exposition manuelle (et pose longue), ou de spécifier la valeur d'une correction d'exposition en lumière continue ou au flash.

6. Sélecteur manuel de collimateur AF ⊙

La partie centrale fixe de la molette secondaire est occupée par quatre touches disposées en croix; ces touches ne servent qu'à la sélection manuelle du Col. AF (voir chapitre 3 : « Mise au point »).

7. Touche d'activation du collimateur AF sélectionné ⊡

La pression sur cette touche illumine le collimateur AF actuellement sélectionné.

8. **Touche de mémorisation de l'exposition/réglage d'une fonction personnalisable** `C.Fn`

C. Face avant du boîtier

Le verrou d'objectif et le poussoir test de profondeur de champ se situent en bas à droite.

La petite fenêtre circulaire blanche située en haut à gauche joue un double rôle : elle sert de mini-projecteur anti-yeux rouges et de voyant retardateur. La minuscule fenêtre ovale noire située sur la poignée en dessous du déclencheur est le récepteur de la télécommande infrarouge (RC-1).

D. Faces latérales et dessous du boîtier (vues de l'arrière)

- Côté gauche : verrou d'ouverture du dos.
- Côté droit : prise de télécommande par câble (RS-60E3). Elle est normalement protégée par un bouchon... à ne pas perdre !

Sur la semelle du boîtier se situent l'écrou fileté pour pied ou de fixation de la poignée-alimentation (BP-300), le trou de positionnement pour la BP-300 et la porte du logement des piles.

E. Commandes sur l'objectif

- Sélecteur Autofocus/Manuel (AF/MF) : on le retrouve sur tous les objectifs Canon EF (sauf les trois modèles TS-E et l'objectif Macro MP-E 65 qui ne fonctionnent pas en AF). La position « normale » du sélecteur est bien sûr AF (système autofocus activé).
- Bague de mise au point manuelle. Sur certains objectifs EF, la bague de MaP tourne toute seule en mode autofocus : veillez dans un tel cas à ne pas gêner sa rotation.
- Bague de zooming commandant manuellement la variation de focale ; les objectifs à focale fixe n'en ont évidemment pas.

   Nota

   Les objectifs Canon EF de longue focale et à stabilisateur optique incorporé sont généralement pourvus de touches et/ou de sélecteurs supplémentaires.

L'écran ACL externe

L'afficheur du viseur et l'écran ACL externe constituent les interfaces visuelles de dialogue homme/machine : c'est ce qu'on appelle un système interactif. Si l'on choisit, par exemple, l'un des programmes Résultat, l'EOS affiche les données d'exposition (vitesse/diaphragme) qu'il a choisies ; il vous avertit si nécessaire d'un quelconque problème qu'il ne sait pas résoudre sans votre collaboration (utiliser le flash, AF impossible, risque de bougé, film mal chargé, etc.). Dans les modes Expert, les affichages indiquent les paramètres de l'exposition, qu'ils soient calculés par l'appareil ou imposés, voire corrigés par vous.

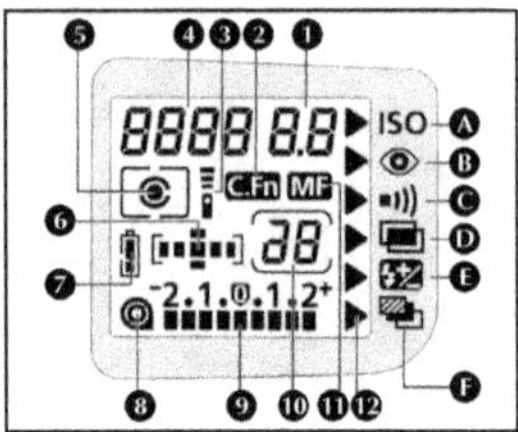

Écran ACL externe
Les numéros et lettres d'appels de la figure correspondent à ceux du texte ci-contre.

Très large et bien lisible, l'écran ACL a la capacité d'afficher une foule de données différentes. Évidemment, seules les données relatives au mode d'exposition en cours et aux réglages que vous avez spécifiés s'affichent. Par ailleurs, les mêmes zones d'affichage peuvent donner des informations différentes.

Nous citons dans un premier lieu les plus importantes ci-après. Puis, nous verrons en détail, avec chaque mode de prise de vue et chaque fonction, quel est l'aspect de l'ACL. Contentons-nous pour l'instant d'une description générale.

- Plusieurs types d'informations, les plus importantes pour la prise de vue, sont affichés avec le même graphisme à la fois dans le viseur et sur l'écran externe. Nous les rappelons au passage par un astérisque (*).

- Les chiffres de **1** à **12** et les lettres **A** à **F** correspondent aux appels du schéma ci-contre.

1. **Ouverture du diaphragme [00 – 91]***
   - Réglage anti-yeux rouges [0 – 1]
   - Réglage bip sonore [0 – 1]
   - Intervalle de bracketing [0.0 – 2.0]
   - Points de mesure DEP [1 – 2]
   - N° de réglage d'une fonction personnalisable [0 – 5]
   - N° d'étalonnage AFPO (CAL) [1 – 5]

2. **Icône de fonction personnalisable (si au moins l'une d'elles est activée)**

3. **Icône de télécommande sans fil ou retardateur (si l'un d'entre eux est activé)**

4. **Vitesse d'obturation [30″ – 4 000]***
   - Pose B [BuLB]*

- Sensibilité du film en ISO [6 – 6 400]
- Mode Priorité profondeur de champ [dEP]
- Étalonnage AFPO [CAL] (sauf EOS 33)

5. **Mode de mesure**
   - Évaluative ⊡
   - Sélective ⊡
   - Intégrale à prépondérance centrale ⊏⊐

6. **Indicateur de sélection automatique ou manuelle du collimateur AF**

7. **Icône des piles : état de charge des piles (4 niveaux)**

8. **Icône du film**
   - Pas de film
   - Film rebobiné
   - Film mal chargé

9. **Affichage d'exposition [± 2 IL par paliers de 0,5 IL]***
   - Valeur de la correction d'exposition
   - Échelle du niveau d'exposition
   - Indicateur de niveau d'exposition
   - En mode manuel : indicateur du niveau d'exposition mesuré
   - Valeur d'intervalle de bracketing auto
   - Fonctionnement de la lampe du système anti-yeux rouges
   - Indicateur de film en cours de rebobinage

10. **Compteur de vues : chiffres encadrés [1 – 36]**
    - Nombre de surimpressions demandées [2 – 9]
    - Décompte en secondes du retardateur [10 – 1]
    - Déclenchement par télécommande [2 – 1]

11. **Symbole de mise au point manuelle [MF]**

12. **Index de désignation des fonctions activées**

    Les six icônes de fonctions, appelées par la touche **FUNC.** sont gravées sur le côté de l'écran ACL :

    A. Sensibilité du film [**ISO**]
    B. Anti-yeux rouges ◉
    C. Bip sonore ◀))
    D. Surimpression ▣
    E. Correction de l'exposition au flash ⚡
    F. Bracketing ▨

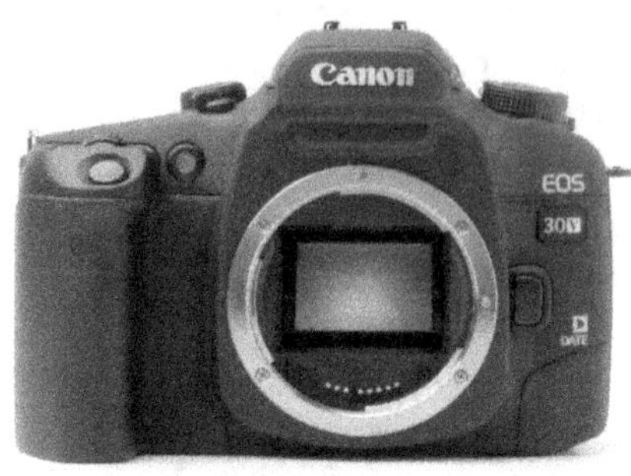

*Le miroir en position
normale de visée, à 45°
dans la chambre noire.*

L'obturateur

L'obturateur de l'EOS 30 est de type plan focal, toutes ses vitesses sont contrôlées électroniquement. Son déclenchement très doux est électromagnétique. Le premier rideau et le deuxième rideau (en réalité, deux jeux de quatre minces lamelles en matériau composite métal/plastique articulées sur des biellettes), défilent dans le sens vertical. Leur vitesse de translation est de 5 m/s, soit 4,8 ms pour balayer sur 24 mm de hauteur toute la surface du film.

Comme avec tout obturateur focal, le laps de temps séparant la libération du premier et du deuxième rideau laisse entre eux une fente, dont la largeur variable représente la vitesse d'obturation. Dès que la fente a une largeur égale à la hauteur du film (24 mm), toute la surface de ce dernier est découverte au même instant et l'emploi du flash électronique devient possible. C'est la vitesse limite de synchronisation X. Elle est de 1/125 s pour l'EOS 30.

La vitesse d'obturation est calculée par l'appareil ou imposée dans les modes Priorité vitesse (Tv) et Manuel (M) et peut aller de 30 s à 1/4 000 s, par paliers de 1/2 valeur (0,5 IL). On dispose également de la pose B avec laquelle l'obturateur reste ouvert tant que vous maintenez la pression sur le déclencheur.

La durée totale d'obscurcissement de la visée (aller-retour du miroir) est de 155 ms pour une vitesse d'obturation égale ou supérieure à 1/125 s. La cadence de prise de vue maximale en mode Rafale (mode Continu dans la terminologie Canon) est de 4 im/s.

Valeurs affichables sur l'écran (ACL) et/ou dans le viseur

Vitesse (Tv)	Ouverture (Av)	Sensibilité (ISO)	Compteur de vues	Retardateur	Surimpr. (ME)	Bip sonore	Bracketing (AEB)
ACL et viseur		ACL	ACL	ACL	ACL	ACL	ACL
Pas d'information							
8888	0.0	8888	88	88	Rien	Rien	Rien
4000	**1.0**	**6**	1	10	1	0	0.0
3000	1.2	8	2	9	2	1	0.5
2000	**1.4**	10	3	8	3		1.0
1500	1.8	**12**	4	7	4		1.5
1000	**2.0**	16	5	6	5		2.0
750	2.5	20	6	5	6		
500	**2.8**	**25**	7	4	7		
350	3.5	32	8	3	8		
250	**4.0**	40	9	2	9		
180	4.5	**50**	10	1			
125	**5.6**	64	11				
90	6.7	80	12				
60	**8.0**	**100**	13				
45	9.5	125	14				
30	**11**	160	15				
20	13	**200**	16				
15	**16**	250	17				
10	19	320	18				
8	**22**	**400**	19				
6	27	500	20				
4	**32**	640	21				
3	38	**800**	22				
2	45	1000	23				
0"7	54	1250	24				
1"	**64**	**1600**	25				
1"5	76	2000	26				
2"	**91**	2500	27				
3"		**3200**	28				
4"		4000	29				
6"		5000	30				
8"		**6400**	31				
10"			32				
15"			33				
20"			34				
30"			35				
BULB			36				

***En gras**: les valeurs normalisées des vitesses, des ouvertures et des sensibilités de films.*
Nota: Il y a un écart de plus (+) ou moins (–) une valeur d'exposition (ou IL) entre deux valeurs indiquées en gras sur ce tableau.

Sans emploi de l'autofocus, la parallaxe de temps, c'est-à-dire le temps écoulé entre la pression sur le déclencheur et l'instant où l'obturateur expose le film, est de 100 ms si le déclencheur était déjà enfoncé à mi-course et de 230 ms ou moins s'il ne l'était pas.

Il y a enfin un point sur lequel tous les commentateurs dignes de foi sont d'accord : dans ses quatre déclinaisons, le Canon EOS 30 est, toutes marques confondues, le plus silencieux de tous les reflex jamais conçus. Cela est vrai tant au déclenchement qu'au rebobinage du film (voir chapitre 7 : « Fonctions personnalisables (C.Fn-01-0) »).

Fonctions de base du Canon EOS 30

Ce chapitre est consacré aux opérations à effectuer pour utiliser l'appareil en mode tout automatique dès la première fois. Nous aborderons dans les chapitres suivants les fonctions essentielles du reflex autofocus qui sont la mise au point, la mesure de l'exposition et les différents modes de prise de vue.

Alimentation

L'EOS 30 est alimenté par deux piles au lithium 3 volts type CR2 (référence CR-123A ou DL123A) montées en série (soit une tension de 6 V). Elles fournissent l'énergie nécessaire à toutes les fonctions de l'appareil et de l'objectif (armement, transport du film, autofocus, diaphragme automatique, affichages ACL de l'écran et du viseur), y compris le flash intégré, le système d'assistance autofocus, le dispositif anti-yeux rouges et l'AFPO.

Ces piles donnent à l'appareil une autonomie normale (nombre de films de 24 vues exposés) très variable selon la fréquence d'emploi du flash incorporé, de l'autofocus (AF), du système de commande de l'AFPO et de la température ambiante : ce qui est résumé par le tableau suivant :

Autonomie offerte par un jeu de piles lithium neuves* (film 135/24 vues)

Température ambiante	Flash non utilisé (0 %)	Flash utilisé à 50 %	Flash utilisé à 100 %
+ 20 °C	115 (125)** films	33 (38) films	17 (19) films
– 20 °C	65 (70) films	19 (20) films	9 (10) films

** Ces données non contractuelles sont basées sur la méthode d'essai standard de Canon. Il s'agit de films 24 vues avec utilisation de l'objectif EF 50 mm f/1,4 USM.*
*** Les chiffres entre parenthèses indiquent l'autonomie lorsque l'AFPO des EOS 30 et 30V est désactivé en permanence, ou bien avec les EOS 33 et 33V (non dotés de cette fonction).*

Les valeurs indiquées sur le tableau sont bien sûr des valeurs moyennes : elles varient selon l'emploi que vous faites, par exemple, de l'anti-yeux rouges ou de l'autofocus. Une pile au lithium conserve une charge presque optimale pendant toute sa durée de vie : cette courbe de décharge pratiquement « plate » permet de l'utiliser très longtemps aux spécifications nominales, avec pour corollaire une « mort subite ». Les piles lithium ont le grand avantage de conserver beaucoup d'énergie même par très grand froid ; vous voyez sur le tableau que celle-ci n'a baissé que de 50 % à – 20 °C (alors que les piles alcalines classiques sont pratiquement inutilisables en dessous de 0 °C). On peut de plus les stocker dans leur emballage scellé plusieurs années sans perte notable de leur capacité nominale (une date limite est d'ailleurs indiquée sur leur emballage). Lorsque vous partez en voyage ou que vous prévoyez de longues séances de prise de vue, prenez la précaution d'avoir au moins un jeu de piles de rechange avec vous car même si elles sont couramment employées en photographie, vous ne les trouverez pas partout.

Mise en place des piles

Il s'agit d'une opération qui ne demande que quelques secondes :

1. Le logement est sous la poignée du boîtier. Ouvrez la porte non détachable en faisant glisser son verrou.

2. Introduisez les piles exactement selon l'orientation tête-bêche des pôles + et – indiquée sous la porte du logement. L'inversion de polarité est donc possible : veillez-y soigneusement. Si une pile est à l'envers, l'écran ACL reste vide.

3. Refermez le logement des piles qui se verrouille par pression sur la porte.

4. Contrôlez les piles en plaçant le sélecteur principal du boîtier sur un mode d'exposition voisin P ou ☐. L'icône Pile pleine charge totalement noire ▭ doit s'afficher sur l'écran ACL.

Il faut noter que le changement des piles, leur absence ou leur épuisement ne provoque pas la perte des valeurs mémorisées dans l'appareil. Ce dernier incorpore en effet dans ses circuits un mini-accu au lithium de sauvegarde des données dit « de back-up » dont la durée de vie est pratiquement illimitée. Il n'est pas accessible à l'utili-

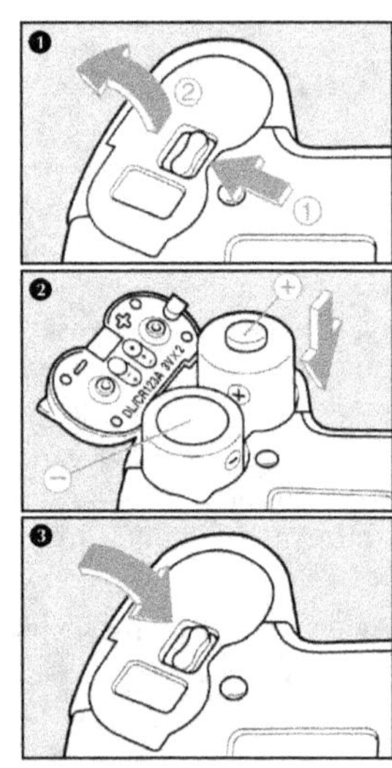

Mise en place des piles
1 Ouvrez le logement des piles.
2 Introduisez deux piles lithium 3 V (type CR2) en veillant à bien orienter leurs polarités (+/–).
3 Refermez le logement piles.

sateur: en cas de panne, vous devrez confier votre boîtier à un service après-vente Canon pour le faire remplacer. Parce qu'il n'est en réalité sollicité qu'en cas d'absence très prolongée des piles principales, c'est un problème que vous ne rencontrerez sans doute jamais.

Contrôle des piles

L'icône du testeur de piles apparaît en permanence sur l'écran ACL dès que vous mettez l'appareil en service: quatre niveaux de charge sont indiqués.

- Pleine charge: les deux segments (2/3-1/3) de l'icône sont noirs.

- Piles à moitié déchargées: seul le tiers inférieur de l'icône est noir. Pensez à acheter un jeu de piles neuves.

- Piles presque épuisées: l'icône est comme ci-dessus, mais clignotante. Vous pouvez sans doute achever le film en cours (mais sans vous servir du flash).

- Piles « mortes »: l'icône clignotante est toute blanche. Le boîtier est inopérant et toutes les fonctions sont bloquées: vous voyez ce qui vous reste à faire!

Contrôle des piles
4 Placez le sélecteur principal sur n'importe quel mode de prise de vue: sur l'écran ACL, l'icône pile est complètement noire.

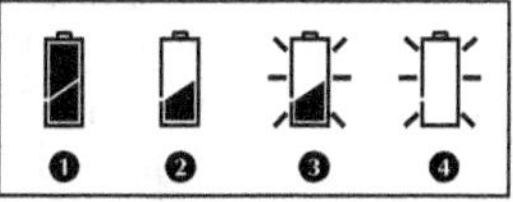

État de charge des piles
*1 Pleine charge - 2 Ayez un jeu de piles neuves à disposition -
3 Symbole clignotant: préparez-vous à remplacer les piles (déclenchement possible) - 4 Symbole vide clignotant: remplacez les piles (obturateur verrouillé).*

L'appareil effectue son propre auto-test avant chaque cycle de déclenchement. S'il détecte une charge résiduelle suffisante des piles pour un cycle complet d'exposition (y compris l'armement et l'avance film sur la vue suivante), le déclenchement est autorisé. Sinon, il reste verrouillé tant que les piles n'ont pas été remplacées.

Avec des piles en bon état de charge, le non-fonctionnement du boîtier peut être provoqué par une anomalie interne; par exemple, les contacts des piles sont oxydés. Dans un tel cas, sortez-les, essuyez les électrodes, chassez la poussière de l'intérieur du logement. Si les piles sont bonnes et correctement placées et que cela ne marche toujours pas, la panne demande sûrement l'intervention d'un réparateur agréé Canon.

Chargement de l'appareil

Les boîtiers EOS moins élaborés que celui-ci (et de nombreux compacts 24 × 36) sont dotés d'un système de prébobinage automatique du film qui fonctionne comme ceci: lorsqu'on charge l'appareil, le film jusqu'alors contenu dans la cartouche s'enroule complètement et automatiquement sur la bobine réceptrice; à chaque fois que l'on prend une photo, la longueur de film correspondante rentre dans la cartouche. Grâce au prébobinage, l'ouverture accidentelle du dos n'est jamais catastrophique puisque la lumière ne voile que la partie du film qui n'avait pas encore été exposée. Si efficace qu'il soit, Canon ne pouvait adopter ce principe pour l'EOS 30 (ou ses autres boîtiers à vocation professionnelle), pour la raison majeure que le prébobinage prolonge (de 13 secondes pour un film de 36 vues) la durée d'attente entre le moment où l'on referme le dos après avoir chargé le film et celui où l'appareil est à nouveau opérationnel.

Le chargement du film dans l'EOS 30 est extrêmement rapide: avec un peu de pratique, il ne faut pas plus de 8 secondes pour enlever une cartouche de film exposé et charger un nouveau film.

Le rouleau denté, qui sert dans les appareils d'autre marque à l'entraînement du film, a été éliminé. La longueur de film à avancer après chaque déclenchement est « mesurée » par le comptage électronique des perforations (huit par vue) au moyen de minuscules diodes infrarouges situées en haut à droite de la fenêtre d'exposition. Ce dispositif élaboré assure une excellente précision d'espacement des vues.

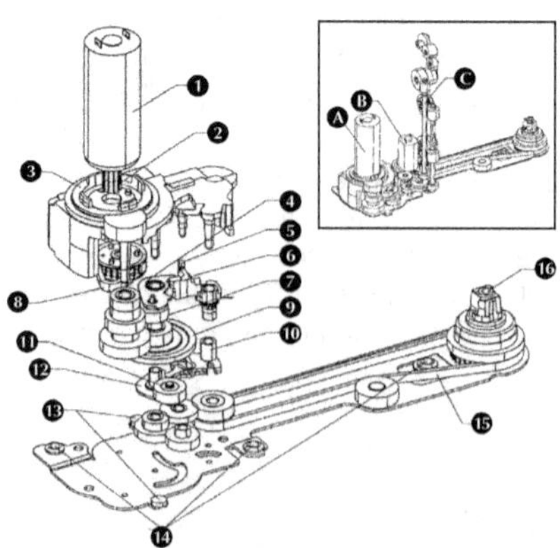

Mécanisme de transport du film
Motorisation
A *Moteur M1* - **B** *Moteur M2* - **C** *Système d'érection automatique du flash.*

Avance et rebobinage
1 *Moteur M1* - **2** *Axe* - **3** *Embrayage entraînement* - **4** *Bras planétaire (rapide)* - **5** *Contact de came* - **6** *Levier de commande (rapide)* - **7** *Engrenage planétaire (rapide)* - **8** *Courroie* - **9** *Planétaire* - **10** *Levier de commande (lent)* - **11** *Engrenage planétaire (lent)* - **12** *Bras planétaire (lent)* - **13** *Deux coussinets caoutchouc (stabilisation)* - **14** *Trois coussinets caoutchouc (amortisseurs)* - **15** *Courroie de rebobinage* - **16** *Fourchette s'engageant dans la bobine de la cartouche de film.*

Nota

À cause de ce système de contrôle de transport du film par diodes IR, le boîtier EOS 30 ne permet pas l'emploi du film infrarouge N&B ou couleur.

1. Ouvrez le dos de l'appareil en poussant le verrou latéral vers le bas.

2. Introduisez la cartouche obliquement dans son logement, la flasque plate vers le haut et l'axe de la bobine engagé dans l'axe orangé.

   Tournez le sélecteur principal et le placer sur une position autre que OFF : le boîtier est sous tension.

3. En appuyant légèrement sur la cartouche, tirez délicatement l'amorce du film, jusqu'à ce que son extrémité soit juste en face du trait repère orange.

   – Assurez-vous que le film soit bien plat sur la fenêtre d'exposition et que l'amorce soit bien alignée face au repère.

   – Refermez le dos qui se verrouille automatiquement.

   – Le film avance immédiatement sur la première vue.

   – L'icône Film ◘ et le chiffre 1 du compteur de vues apparaissent sur l'ACL. Ces deux informations sont les seules qui restent affichées sur l'ACL en permanence, c'est-à-dire même lorsque le sélecteur principal est sur OFF.

   – Si le compteur de vues reste vide et que l'icône Film clignote sur l'ACL, c'est que le film a été mal chargé : il ne s'est pas accroché sur la bobine réceptrice. Ouvrez le dos et reprenez l'opération de chargement.

   – L'absence de l'icône Film indique que l'appareil n'en contient pas : vous pouvez également le vérifier par la fenêtre film du dos à travers laquelle apparaît normalement la référence du film imprimée sur sa cartouche.

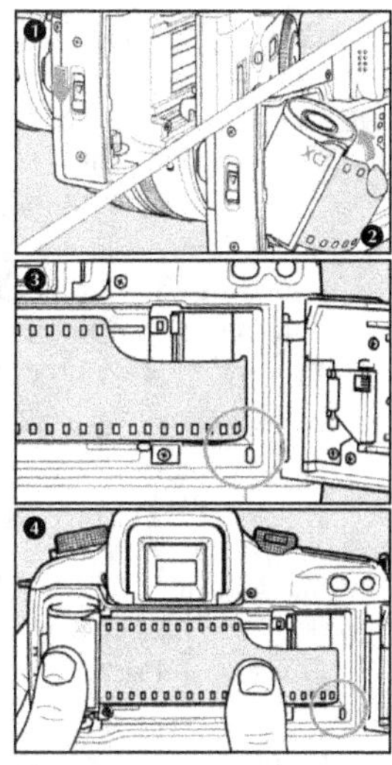

Chargement
1 Ouvrez le dos du boîtier (poussez son verrou vers le bas) - 2 Insérez la cartouche obliquement dans son logement (flasque plate vers le haut) - 3 Tirez l'amorce bien à plat devant la fenêtre d'exposition, en alignant exactement l'extrémité de l'amorce sur le repère orange du boîtier - 4 Vérifiez que l'amorce est bien positionnée et refermez le boîtier ; le film avance immédiatement sur la première vue.
• Notez que l'icône film et le numéro de la prochaine vue restent affichés en permanence sur l'écran ACL.

Rebobinage du film

Quand la dernière vue du film a été prise, l'augmentation de la tension de la bande déclenche le rebobinage automatique.

- Le défilement de droite à gauche de l'indicateur de transport signifie que le film est en train de se rebobiner, tandis que le compteur de vues effectue un compte à rebours.

- Le rebobinage s'arrête automatiquement. À partir du moment où l'icône **Q** clignote sur l'ACL, vous pouvez ouvrir le dos du boîtier et sortir la cartouche de film exposé.

- Vous pouvez, durant le rebobinage, passer du mode Lent silencieux au mode Rapide, ou l'inverse, en pressant la touche **Q⁙**.

- Durée de rebobinage (film 24 vues): lent silencieux: 13 s environ et rapide: 5 s environ.

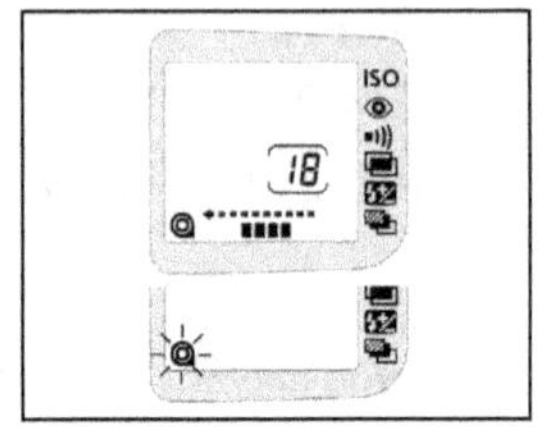

Rebobinage automatique du film
Toutes les vues ayant été exposées, le film réintègre automatiquement sa cartouche. Pendant ce rebobinage, le compteur de vues affiche le décompte et l'indicateur de transport défile de droite à gauche. Lorsque le film est complètement rebobiné, l'icône film clignote en permanence, le compteur de vues étant vide : vous pouvez ouvrir le boîtier et enlever la cartouche de film exposé.

Rebobinage d'un film non terminé **Q⁙**

Pressez la touche **Q⁙** : le film commence immédiatement à se rebobiner, la suite des opérations étant la même que celle que nous venons de décrire.

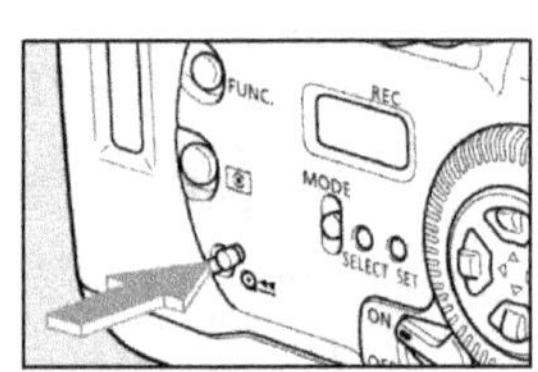

Rebobinage d'un film non terminé
*Il suffit de presser la touche **Q⁙** pour que le film se rebobine immédiatement. En cours de rebobinage, une nouvelle pression sur la touche commute le mode rapide en mode lent (silencieux) et vice versa.*

Fonctions personnalisables relatives au rebobinage

(Ces fonctions seront détaillées plus amplement au chapitre 7.)

C.Fn-01 : rebobinage lent silencieux (C.Fn-01-0) ; rebobinage rapide (C.Fn-01-1).

C.Fn-02 : amorce du film avalée dans la cartouche (C.Fn-02-0) ; amorce dépassant de la cartouche (C.Fn-02-1).

> **Nota**
>
> Le réglage 0 est toujours le réglage par défaut, c'est-à-dire lorsque la fonction C.Fn concernée n'a pas été programmée.

Affichage de la sensibilité

Si vous n'affichez pas une autre valeur de sensibilité pour le film que vous venez de charger,
l'appareil prend en compte la sensibilité nominale (de 25 à 5 000 ISO) telle qu'elle lui a été
indiquée grâce aux six palpeurs du logement par
le code DX de la cartouche. Bien que la sensibilité du film chargé soit en principe lisible sur la
cartouche à travers la fenêtre située au dos du
boîtier, il est plus simple de la contrôler de la
manière suivante :

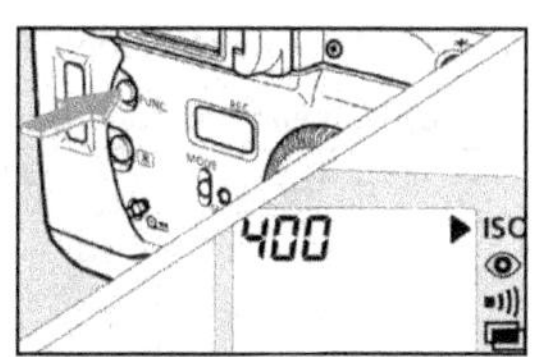

Contrôle de la sensibilité ISO du film chargé
Pressez plusieurs fois sur la touche FUNC. pour placer l'index de l'ACL en face du symbole ISO : la sensibilité du film chargé apparaît sur l'ACL (ici : 400 ISO).

Par pressions successives sur la touche **FUNC.** au dos du boîtier amenez l'index en flèche de l'ACL en face du symbole **ISO** ; la sensibilité ISO du film
chargé s'affiche sur l'ACL.

Nota

Pour le réglage manuel de la sensibilité, voir chapitre 5 : « Les modes d'exposition ».

Armement

L'armement du boîtier (miroir, obturateur, transport du film, etc.) fait partie de
la séquence complète de déclenchement. En régime normal, la fermeture de
l'obturateur après la prise de la vue provoque – comme sur tout reflex motorisé – l'avancement du film à la prochaine vue, la remise en place du miroir
à 45° dans la chambre, l'ouverture complète du diaphragme de l'objectif, etc.
Toutefois, le film n'avance pas forcément après chaque déclenchement : en
mode Surimpression ▇, le film n'avance qu'après la dernière exposition
(dont le nombre a été par ailleurs prédéterminé).

Comme tous les reflex motorisés, l'EOS 30 peut fonctionner selon deux modes
de déclenchement :

- en mode Vue par vue ☐ : une seule pression
  sur le déclencheur correspond la prise d'une
  seule vue ;

- en mode Rafale ▣ : tant que vous maintenez la pression du doigt sur le déclencheur,
  l'appareil continue à prendre des vues à une
  cadence maximale qui dépend du mode
  Autofocus (détaillé au chapitre 3 : « Mise au
  point ») que vous avez sélectionné : 4 im/s
  environ en mode One-Shot et 3,5 im/s environ en mode AI Servo.

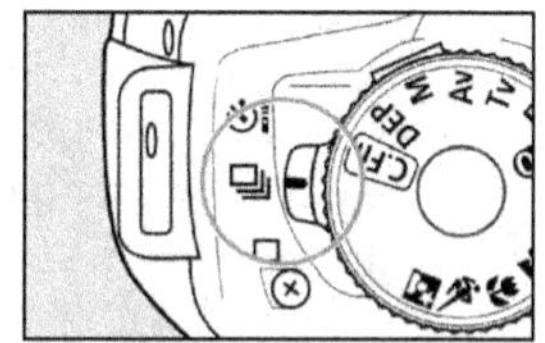

Choix du mode de déclenchement
Positionnez le sélecteur sur l'icône du mode désiré : Vue par vue, Rafale ou Retardateur.

Mode autofocus et mode d'entraînement du film

Mode d'entraînement	Autofocus One-Shot	Autofocus AI Servo
Vue par vue ☐	*Priorité à la mise au point:* l'obturateur ne se déclenche que si la MaP a été effectuée. Si l'on maintient la pression à mi-course sur le déclencheur, la MaP et l'exposition calculée sont mémorisées par l'appareil.	*Priorité au déclenchement:* la vue est prise, même si la MaP AF n'est pas obtenue. Puis, la MaP se rectifie en continu si le sujet est en mouvement; l'exposition est déterminée juste avant le déclenchement.
Rafale ☐	*Processus identique en mode Rafale:* la prise de vue est impossible tant que le système n'a pas acquis la netteté pour la première vue de la séquence.	*Processus identique en mode Rafale:* la première vue de la séquence est prise, même si la MaP AF n'est pas obtenue. La MaP suit le sujet durant son déplacement; l'exposition est déterminée avant chaque vue.
En mode autofocus AI Focus (sélectionné par l'utilisateur en programme expert, imposé en mode Tout-auto), l'appareil se commute automatiquement en AF One-Shot ou en AF AI Servo en fonction du déplacement relatif du sujet dans le cadrage.		

Compte tenu de la cadence élevée de prise de vues en mode Rafale (c'est une caractéristique typiquement professionnelle de plus à mettre au crédit de l'EOS 30), il devient assez difficile de ne prendre qu'une seule vue en mode Rafale: pour ne pas gâcher de film inutilement, vous aurez souvent intérêt à utiliser le mode Vue par vue qui vous permettra, avec un peu d'habitude, d'opérer presque aussi vite, mais en choisissant le moment précis du déclenchement.

Changement d'objectif

Grâce à la simplicité des couplages électriques objectif EF/boîtier propres aux Canon EOS, le changement d'objectif est à la fois facile, rapide et sans risque de mauvais positionnement.

Pour enlever un objectif:

- Enfoncez le verrou et faites tourner l'objectif de 60° dans le sens anti-horaire (si vous préférez vers la gauche, vu de l'avant du boîtier). Vous pouvez détacher l'objectif dès que le point rouge de l'objectif est en haut.
- Vous devez avant toute chose remettre les bouchons protecteurs avant et arrière sur l'objectif que vous venez d'enlever.
- Veillez à ne pas mettre les doigts sur les contacts électriques: toute salissure risque de provoquer de faux contacts et un mauvais fonctionnement de l'objectif.

Le montage d'un objectif sur le boîtier est aussi rapide et sûr :

1. Enlevez le bouchon du boîtier ainsi que le bouchon arrière de l'objectif (sens anti-horaire)

2. Présentez la bille protubérante rouge de l'objectif face au repère rouge gravé sur la partie supérieure de la monture boîtier. Tournez l'objectif au maximum dans le sens horaire (vers la droite, vu du boîtier). Le verrouillage est assuré lorsque vous entendez le léger déclic.

3. Vérifiez que le sélecteur AF/MF (mise au point Automatique/Manuelle) de l'objectif est bien sur AF.

4. Enlevez le bouchon antérieur de l'objectif.

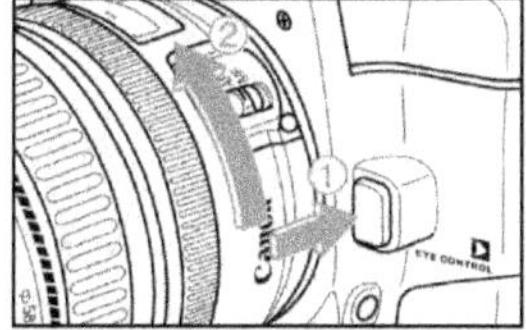
Dépose de l'objectif

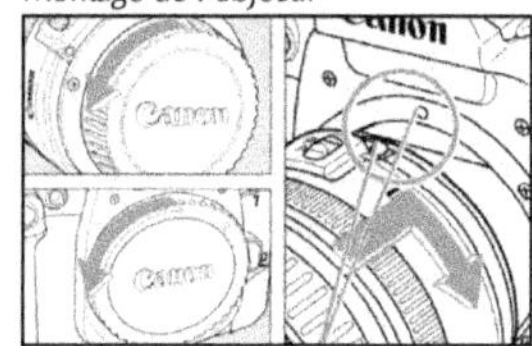
Montage de l'objectif

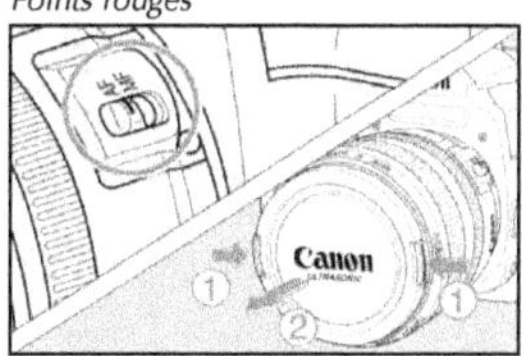
Points rouges

Changement d'objectif
Voir le texte ci-contre.

3

Mise au point

L'énorme succès des reflex Canon EOS est en grande partie dû à l'excellence de leur système de mise au point automatique ou autofocus (AF). Celui de l'EOS 30 se place parmi les plus performants des boîtiers de la marque.

Remarque préliminaire : ce chapitre comprend deux parties.

Première partie, le système autofocus : description et fonctionnement du système de mise au point automatique (AF) de l'appareil. Ces notions, qui alimenteront la curiosité de l'amateur de belle technologie, ne sont pas indispensables à l'emploi de l'EOS 30 sur le terrain. Vous pourrez donc les étudier ultérieurement.

Deuxième partie, sélection du collimateur AF : elle contient les informations pratiques essentielles concernant la mise au point, et en particulier la sélection automatique, manuelle ou par l'œil du collimateur AF, ainsi que la mise au point manuelle (MF).

LE SYSTÈME AUTOFOCUS

Le système de mise au point automatique de l'appareil est « bicéphale », avec partage des tâches entre le boîtier et l'objectif : la détection du point de netteté sur le sujet et la commande de mise au point auto sont élaborées dans le boîtier. À l'inverse, leur exécution, c'est-à-dire le déplacement de groupes de lentilles à l'intérieur de l'objectif qui permet de former une image nette sur le film, est assurée par le microprocesseur et le moteur de mise au point intégrés à chaque objectif. Tous les EOS pouvant utiliser la même gamme d'objectifs EF, les performances de la mise au point automatique dépendent autant des caractéristiques propres au boîtier que de celles de l'objectif utilisé. Pour ce qui concerne la mise au point AF, l'EOS 30 est aussi rapide et précis qu'un EOS 3, par exemple.

L'efficacité du système AF est due à l'adoption par Canon, dès les premiers EOS 620 et 650 de 1987, d'une approche originale du problème que nous pouvons résumer ainsi :

- Aucune liaison mécanique entre le boîtier et l'objectif : les informations et les données s'échangent (entre les microprocesseurs du boîtier et de l'objectif) uniquement par l'intermédiaire des plots de contact (il y en a huit) se faisant face dans les montures du boîtier et de l'objectif monté.

- Le moteur de l'autofocus et le moteur de commande du diaphragme (EMD) sont incorporés à chaque objectif (voir chapitre 9 : « L'optique et les objectifs Canon EF »).

Ces principes permettent d'améliorer les performances du système (temps de réaction, précision) par suppression du jeu des transmissions mécaniques mises en œuvre par les autres constructeurs et ceci tant pour l'autofocus que pour la commande du diaphragme.

Principe de fonctionnement de l'autofocus

En dehors d'une séquence de déclenchement, le miroir « éclair » du reflex est placé à 45° dans la chambre, ce qui projette l'image formée par l'objectif sur le verre de visée. Une plage centrale de ce miroir étant semi-transparente (transmission à 40 %), une partie du faisceau de lumière formé par l'objectif est réfléchie à 81° vers le bas par un petit miroir secondaire qui lui est perpendiculaire. En pénétrant dans le module autofocus installé sur le plancher de la chambre, la lumière est divisée en huit faisceaux par les lentilles de champ, elle se réfléchit sur le miroir AF, traverse le filtre absorbant l'infrarouge, puis un masque d'ouvertures fixes, pour être encore divisée en 2 × 8 micro-faisceaux par les lentilles de formation des images secondaires avant d'atteindre le multicapteur AF.

En résumé, l'image de la scène embrassée par l'objectif est jalonnée de huit petites plages de mesure distinctes ou collimateurs AF dont la position dans le champ cadré est matérialisée par les six rectangles gravés sur le verre de visée, disposés autour du double collimateur en croix (carré)

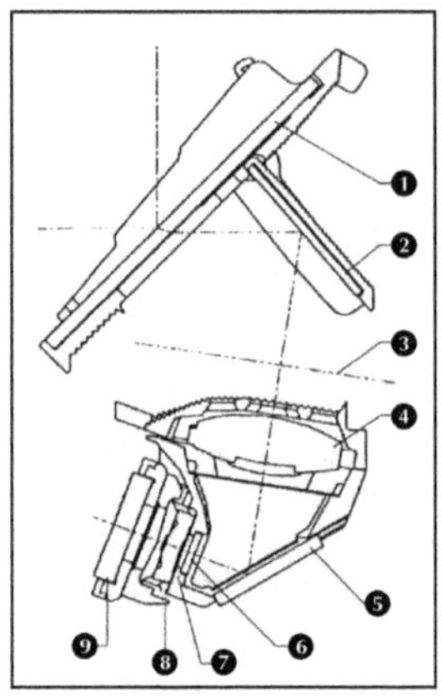

Trajet optique autofocus
1 *Miroir principal dont la partie centrale est semi-transparente -* **2** *Miroir secondaire repliable -* **3** *Plan de mise au point primaire (équivalent au plan du film) -* **4** *Lentille de champ -* **5** *Miroir AF -* **6** *Filtre infrarouge -* **7** *Diaphragme fixe -* **8** *Lentille de formation de l'image secondaire -* **9** *Multicapteur autofocus.*

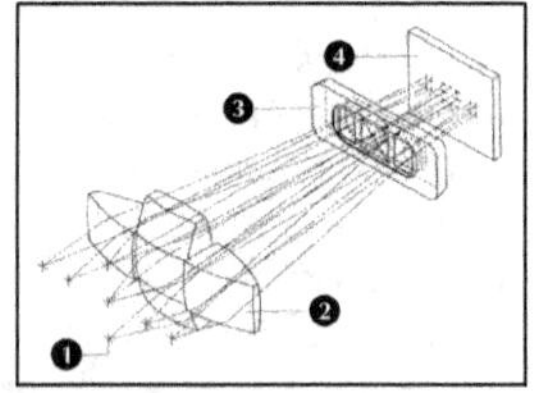

Schéma de principe du système AF
1 *Plan de formation de l'image primaire -* **2** *Lentilles de champ -* **3** *Lentilles de formation de l'image secondaire -* **4** *Détecteur AF CMOS.*

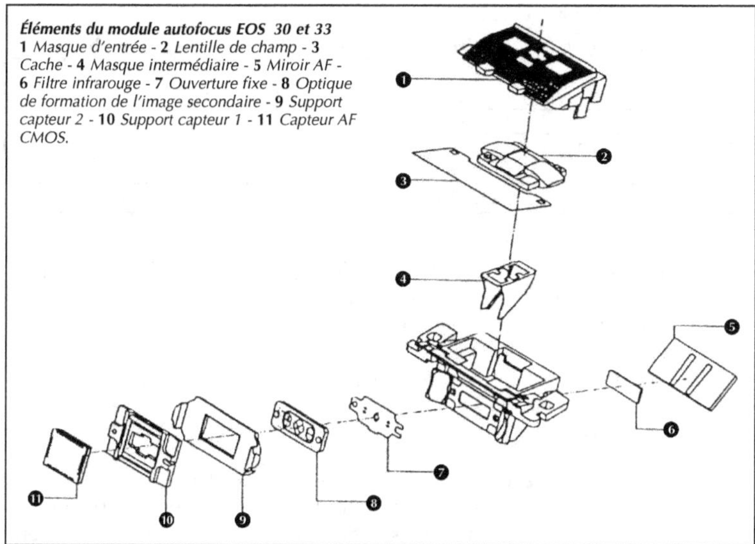

Éléments du module autofocus EOS 30 et 33
*1 Masque d'entrée - **2** Lentille de champ - **3** Cache - **4** Masque intermédiaire - **5** Miroir AF - **6** Filtre infrarouge - **7** Ouverture fixe - **8** Optique de formation de l'image secondaire - **9** Support capteur 2 - **10** Support capteur 1 - **11** Capteur AF CMOS.*

au centre du viseur. Dans le champ de l'image de visée, les sept collimateurs couvrent une plage rectangulaire de 15 × 7,5 mm, soit 43 % de la largeur et 33 % de la hauteur de l'image cadrée horizontalement.

Le système autofocus est de type **TTL** (*Through The Lens* « à travers l'objectif ») et **SIR** (*Secondary Image Registration* « analyse de l'image secondaire »). Il fonctionne par détection du contraste de phase des signaux image secondaires et non par un système de télémétrie active infrarouge comme avec la plupart des appareils compacts AF notamment. Bien que ce soit particulièrement difficile, on peut (tenter de) résumer ce fonctionnement de la manière suivante :

1. L'image secondaire de chacune des huit zones de détection se forme à la surface des lentilles de champ (des condenseurs) placés à l'entrée du module à une distance équivalente à celle du plan du film et du verre de visée.

2. Un jeu de huit lentilles collectrices et de masques divise chacune des huit images secondaires en deux autres faisceaux, lesquels sont focalisés indépendamment sur deux rangées (ou blocs) identiques de cellules sensibles (ou photosites) du détecteur CMOS. Le tableau suivant décrit la configuration du détecteur CMOS.

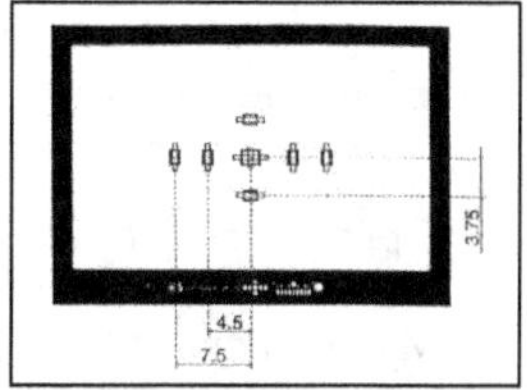

Positionnement des collimateurs AF dans l'image de visée
Double collimateur central (en croix). De part et d'autre, quatre collimateurs verticaux dans la largeur du format et deux collimateurs horizontaux dans la hauteur du format.

Configuration du détecteur AF CMOS

Collimateurs concernés	Orientation*	Blocs	Photosites	Nombre de photosites
Central en croix	Horizontale	2	38	76
(double-collimateur)	Verticale	2	24	48
Supérieur et inférieur	Horizontale	4	30	120
Intermédiaires gauche et droit	Verticale	4	30	120
Extrêmes gauche et droit	Verticale	4	30	120
	Total des blocs:	**16**	**Total des photosites:**	**484**

3. À chacun des huit faisceaux incidents « image secondaire » correspondent donc deux rangées de photosites : un bloc de référence et un bloc de comparaison. Chaque photosite d'un bloc de référence est apparié à un photosite symétrique du bloc de comparaison.

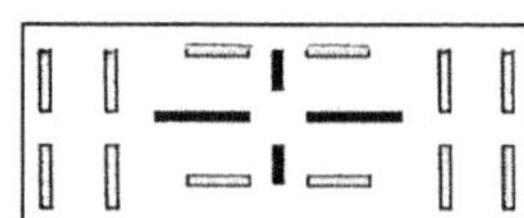

On voit sur ce schéma que chacun des huit collimateurs (le central étant double) est en réalité constitué de deux barrettes symétriques de photosites.

4. Les deux images secondaires projetées tout au long des deux blocs sont en principe identiques. Cependant, la plage de mesure comportant normalement de petites modulations de luminance, celles-ci ne sont généralement pas localisées pareillement sur les différentes cellules. Elles ne sont identiquement réparties que si la netteté est optimale sur ce point du sujet. C'est la comparaison entre la distance séparant deux micro-images du même point objet qui permet au système AF de l'EOS 30 de « savoir » si la MaP est assurée ou pas sur le motif de la scène superposé au collimateur AF sélectionné.

a) Mise au point sur le plan du sujet : la distance entre les deux points est identique à celle qui sert de référence permanente au microprocesseur AF.

b) Mise au point en avant du sujet : la distance entre les deux points est inférieure à la valeur référencée.

c) Mise au point derrière le sujet : la distance entre les deux points est plus importante que la valeur référencée.

5. Opérations de calcul et traitement. En sortie du microprocesseur AF, le signal représente donc, sous une forme numérique complexe, l'erreur de MaP de l'objectif, ou plus exactement les signaux de commande (amplitude, sens de rotation, régime d'accélération et de freinage du moteur AF de l'objectif, etc.) des déplacements du ou des groupe(s) optique(s) de l'objectif impliqués dans cette opération de MaP. Le principe de mobilisation des groupes optiques nécessaires à la MaP diffère selon le modèle et la formule d'objectif concerné et demande parfois l'emploi d'un moteur AF construit « sur mesure ».

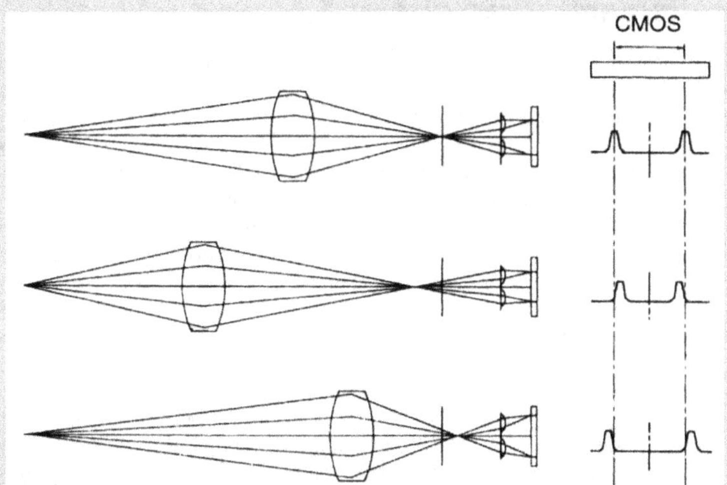

Principe du système autofocus TTL-SIR Canon EOS

Il s'agit d'un système passif à détection de phase. Nous n'avons représenté ici qu'un seul collimateur (alors que le multicapteur de l'EOS 30 en comprend huit). Dans chaque collimateur, les photocellules élémentaires (ou photosites) sont réparties en deux barrettes de part et d'autre du centre : une barrette de référence et une barrette de comparaison, mais qui sont appairées électriquement, photosite par photosite.

A. L'image est nette quand les éléments sont en phase (MaP sur le sujet) : la distance entre deux pics de détection est la constante de référence (écart type).

B. Quand le plan de netteté est en avant du sujet (MaP « trop courte »), la distance de comparaison entre deux points identiques du sujet est inférieure à la valeur de référence.

C. Si le plan de netteté est en arrière du sujet (MaP « trop longue »), la distance de comparaison entre deux points identiques du sujet est supérieure à la valeur de référence.

• Dans les deux cas **B** et **C** « sujet flou », le microprocesseur de l'AF peut déduire la valeur et la direction du déplacement du groupe optique de mise au point et piloter le taux de rotation du moteur AF intégré à l'objectif. L'image est nette dans le collimateur AF lorsque la distance entre deux photosites symétriquement opposés est égale à la valeur de référence.

Traitement et rapidité de l'AF

Grâce au multicapteur CMOS à sept collimateurs de configuration symbolique ⊞, l'EOS 30 est capable d'effectuer la mesure de netteté sur une zone étendue de l'image cadrée dans le viseur. Cela permet au photographe de se concentrer sur l'esthétique de la composition et/ou sur le suivi d'un sujet mobile. De plus, il n'est pas obligé d'acquérir la mise au point (MaP) en centrant d'abord son sujet principal dans le viseur, comme c'est le cas d'un reflex AF moins élaboré : il suffit pour cela que le boîtier « sache » où ce sujet est situé dans le champ de l'image, c'est-à-dire lequel des différents collimateurs est sélectionné pour la MaP. Le capteur AF CCD de l'EOS 50 offrait déjà cette fonction mais avec beaucoup moins de souplesse opérationnelle, particulièrement pour les prises de vue en cadrage vertical. Il ne comprenait en effet que trois collimateurs (dont le central en croix) alignés horizontalement, soit quatre bases de mesure. En revanche, le capteur AF CMOS de l'EOS 30 incorpore sept collimateurs, dont le central en croix, ce qui porte à huit le nombre de bases de mesure. Cela signifie que le microprocesseur central de traitement du boîtier (ou CPU pour Central Processing Unit) a environ deux fois plus de données à traiter lors de la MaP AF. Cependant et grâce à l'adoption d'une fréquence d'horloge (la base de temps) très augmentée, ce plus grand nombre de données est traité deux fois plus rapidement. Le tableau suivant compare les performances des boîtiers EOS de dernière génération 3, avec celles de l'EOS 50E : il montre que votre EOS 30 (ou 33, 30V et 33V) est même un peu plus rapide que l'EOS 3 (mais rappelons que ce dernier gère quarante-cinq collimateurs et cinquante-deux bases de mesure !).

La rapidité et la précision de mise au point AF sont les mêmes que pour les boîtiers EOS-IV et EOS 3. En mode AF AI Servo « prédictif », l'EOS 30 équipé de l'objectif EF 300 mm f/2,8L IS peut suivre un sujet mobile en approche à 50 km/h jusqu'à une distance minimale de huit mètres.

Sensibilité du système AF

Le système AF de l'EOS 30 est assez performant sur ce point : il fonctionne à partir d'une lumination de 1 IL (ce qui correspond, par exemple, à une expo-

Comparaison des performances CPU pour différents boîtiers EOS

Modèles de boîtier	Fréquence horloge	Temps d'exécution d'une commande
EOS 30, 33, 30V et 33V	33,554 MHz	0,03 µs
EOS 3	24,576 MHz	0,04 µs
EOS 300	16,0 MHz	0,12 µs
EOS 50E/50	16,0 MHz	0,0625 µs

sition de 8 s f/4 pour 100 ISO), c'est-à-dire même quand la scène est très sombre. La limite de couplage AF pour les fortes lumières est de 18 IL (1/4 000 s f/8 pour 100 ISO) : il ne craint pas l'éblouissement. Mais ce boîtier doit aussi fonctionner automatiquement au flash, même et surtout quand le niveau de lumière est encore plus faible.

Éclairage d'assistance AF

Afin de permettre au système AF de fonctionner normalement y compris dans l'obscurité complète, le flash intégré au boîtier émet une salve d'éclairs de faible puissance quand le niveau de lumière est inférieur à 4 IL, ou encore si la mise au point n'a pas été obtenue en un temps maximal de 320 ms. Une salve est formée de huit éclairs de 20 µs, émis à la fréquence de 28 Hz (durée d'une salve : 280 ms). Si la MaP n'a pas été obtenue par la première salve, le flash peut émettre jusqu'à quatre salves consécutives. La portée de l'assistance AF au flash est à peu près de 4,5 mètres au centre de l'image et de 4,0 m à la périphérie. Le faisceau d'éclairage couvre (comme le flash en mode normal) le champ d'un objectif de 28 mm, donc supérieur à celui occupé par les sept collimateurs AF qui fonctionnent alors comme en pleine lumière.

1. **Fonctionnement automatique de l'assistance AF.** En programme d'exposition Résultat (sauf Paysage et Sport), le flash se met en place (« pop-up ») et l'assistance AF fonctionne automatiquement si besoin est et quand on presse le déclencheur à mi-course. L'exposition a lieu dès que la MaP AF est effectuée sur le sujet.

2. **Assistance AF en mode Expert.** Même principe de fonctionnement, mais il faut sortir le flash manuellement.

3. **Utilisation d'un flash accessoire Speedlite.** Dans un tel cas, c'est l'illuminateur d'assistance AF du flash qui s'active, ce qui est une bonne chose, sa portée étant plus grande. Selon le modèle de flash Speedlite, l'assistance AF ne fonctionne qu'en sélection automatique du collimateur, et/ou avec sélection manuelle du collimateur central. La sélection des collimateurs latéraux est possible avec les modèles 540EZ, 420EX, 550EX et l'émetteur ST-E2. (voir chapitre 7 : « Le flash électronique »).

Système autofocus inopérant

Même à l'intérieur des limites de couplage de 1 IL à 18 IL, le système AF par détection de phase peut ne pas fonctionner (parce qu'il n'arrive pas à détecter de signaux identifiables « de netteté »). Cependant, le système AF très élaboré de l'EOS 30 est rarement mis en défaut et déjoue la plupart des « pièges ». Quoi qu'il en soit, dans un tel cas, le témoin AF (diode circulaire) clignote dans le viseur. Voici quelques cas de non-fonctionnement de l'autofocus :

- sujet sans contraste : brume, plage uniformément blanche ou colorée ;
- scène peu éclairée mais située au-delà de la faible portée (4 m) de l'assistance AF ;
- sujet comprenant des rayures ou des lignes horizontales régulièrement espacées : à dire vrai, la discrimination se fait habituellement sans problème ;
- le sujet principal est partiellement masqué par un premier plan. Typiquement, un personnage derrière une grille, l'oiseau dans sa cage, l'animal derrière le grillage d'un zoo, etc. La mise au point AF se fera, bien sûr, mais sans doute sur ce premier plan et non sur le sujet principal ;
- scène très contrastée ou avec reflets spéculaires (du latin « speculum », miroir) tels le métal brillant, les reflets du soleil sur l'eau ou sur un glacier, etc. Le système AF peut être ébloui (la lumination pouvant atteindre et même dépasser 20 IL) ;
- lorsque la diode AF clignote également dans le viseur elle indique que le déclenchement est interdit : il n'est pas possible de photographier un sujet placé à une distance inférieure à la distance de MaP minimale de l'objectif utilisé. Quoi de plus raisonnable ?

Vous avez compris que ces conditions de non-fonctionnement n'impliquent pas forcément l'obligation de débrayer l'autofocus et d'effectuer la MaP en manuel : vous pouvez le plus souvent faire la MaP AF sur un sujet ou une partie du sujet située à la même distance (mais structurée, plus lumineuse, immobile, etc.), mémoriser cette distance en pressant le déclencheur à mi-course et ne déclencher qu'après avoir recadré (préfocus). En observant l'image dans le viseur, on vérifie aisément que la MaP a bien été effectuée sur l'élément désiré de la scène : il suffit de savoir regarder.

Les trois modes de mise au point AF de l'EOS 30

L'EOS 30 offre trois modes autofocus : (**1**) Mode AF One-Shot (« un coup »), (**2**) Mode prédictif AI Servo (asservissement à intelligence artificielle) et (**3**) Mode AF AI Focus (l'appareil se commute automatiquement entre les deux modes précédents selon que le sujet est immobile ou qu'il se déplace dans le champ du viseur).

En mode d'exposition Expert, la sélection du mode désiré s'effectue à l'aide du sélecteur situé à gauche de l'écran ACL. Dans les modes d'exposition Résultat, la sélection du mode autofocus est automatiquement effectuée par l'appareil (voir tableau ci-après et chapitre 5 : « Les modes d'exposition »).

1. Mode AF One-Shot

Priorité à la mise au point. Le système AF cesse de fonctionner (verrou AF) dès que la MaP est acquise sur le sujet. Le déclenchement n'est autorisé qu'après confirmation de la MaP (indicateur • du viseur et bip sonore s'il n'a pas été volontairement annulé).

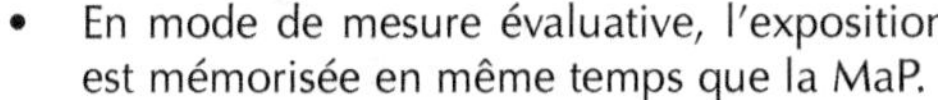

Sélection du mode autofocus
1 S'assurer que le sélecteur AF/MF de l'objectif est réglé sur AF -
2 Sélectionner un mode d'exposition Expert - 3 Afficher le mode AF désiré sur le sélecteur.

- En mode de mesure évaluative, l'exposition est mémorisée en même temps que la MaP.

- Si l'on utilise un objectif motorisé USM, la correction manuelle à l'aide de la bague de MaP est possible après MaP AF, ou si l'AF a échoué.

- Sélection automatique du mode AF One-Shot dans les programmes résultats : Portrait, Paysage, Gros plan et Scène de nuit.

2. Mode prédictif AF AI Servo

Priorité au déclenchement. Le système AF assure le suivi continu du sujet mobile jusqu'au début de l'exposition.

- Le déclenchement sur la première vue est toujours autorisé, dans tous les modes Expert ainsi qu'en programme résultat Tout-auto et Sport.

- En mode Rafale, la priorité est donnée à la mise au point de la deuxième vue ainsi qu'aux suivantes.

- Il n'y a pas d'indicateur • dans le viseur, ni de bip sonore.

- Si l'AF échoue, l'indicateur • clignote à 2 Hz dans le viseur.

- La sélection automatique du mode prédictif AI Servo se met en exposition Tout-auto.

3. Mode AF AI Focus

Commutation automatique entre les modes One-Shot et AI Servo.

- Sujet statique : le système AF cesse de fonctionner (verrou AF) dès que la MaP est acquise sur le sujet.

- Sujet en mouvement : suivi continu de la mise au point, jusqu'au début de chaque exposition.
- Emploi d'un objectif USM : comme en mode One-Shot expliqué précédemment.
- La sélection automatique du mode AI Focus se met en programme d'exposition Tout-auto.

L'intelligence artificielle du système autofocus

Pour les curieux, voici les principes « logiques » de sélection automatique du collimateur et de la commutation en mode AI Servo :

• *Algorithme de sélection automatique du collimateur AF*

L'algorithme de calcul utilisé pour la sélection automatique d'un des trois collimateurs de l'EOS 50E donnait la priorité à l'élément se trouvant le plus près de l'appareil – censé être le sujet principal. Les EOS série 30 bénéficient d'un algorithme amélioré fondant la sélection sur le plan de mise au point « probablement » désiré par l'utilisateur. Or, le risque de sélection d'un collimateur ne correspondant pas au plan de MaP désiré par l'utilisateur est d'autant plus grand qu'il y a de points de mesure AF dans le champ (ici sept au lieu de trois). Plutôt que de donner systématiquement la priorité au sujet le plus proche, le nouvel algorithme compare la scène avec un grand nombre de schémas de cadrage (horizontaux ou verticaux) qui ont été mis en mémoire ROM du microprocesseur, puis il analyse le taux de probabilité de sélection d'un des sept collimateurs. Pour ce faire, il y a d'abord des tentatives successives de MaP avec chaque collimateur ; parmi ceux qui y parviennent, ceux qui correspondent à un faible contraste ou à une région très improbable de la scène sont éliminés. Puis, les collimateurs détectant les éléments de la scène les plus proches sont considérés comme prioritaires (choix A). Les collimateurs relatifs à une certaine plage de distance de MaP sont alors sélectionnés (choix B). Ne sont retenus que ceux qui correspondent à une certaine distance de MaP (choix C). Si les choix des plans A et B ne correspondent pas à la distance spécifiée de MaP, les plans A sont éliminés au profit des plans B (qui deviennent choix A). Les plans de mise au point A, B et C sont dès lors considérés comme étant les plans de MaP appartenant au sujet principal. Enfin, l'ordre de priorité des plans de MaP retenus est déterminé en fonction de la position horizontale ou verticale du boîtier indiquée par les détecteurs d'orientation de l'appareil. La mise au point s'effectue sur la distance de priorité 1 ; si plusieurs collimateurs sont encore concernés, c'est celui correspondant au plan le plus proche qui est finalement sélectionné. Ce processus long à décrire ne dure que quelques millisecondes.

• *Algorithme d'auto-commutation entre les modes AF One-Shot et prédictif AI Servo (mode AF AI Focus)*

1. Durant la sélection automatique du plan de mise au point.

Après acquisition de la MaP en mode One-Shot, le collimateur sélectionné continue à assurer la netteté sur un sujet en déplacement. Pour que la commutation en mode AI Servo s'effectue, le sujet doit être reconnu comme mobile, c'est-à-dire se déplacer de manière continue dans la même direction à une vitesse supérieure à une valeur prédéterminée. Le système de l'EOS 30 à l'avantage d'assurer la commutation de mode à partir de n'importe quel collimateur sélectionné en One-Shot alors qu'elle ne s'effectuait avec le 50E que dans le cas où le collimateur central avait été sélectionné.

2. Suivi de MaP durant la sélection automatique du collimateur en mode AF AI Servo.

S'il y a perte de netteté en mode AI Servo, la MaP s'effectue à nouveau à chaque fois que le sujet mobile se trouve localisé sur l'un des collimateurs : celui qui est automatiquement activé (mais non-signalé sur l'affichage viseur ou ACL) assure le suivi de MaP. En résumé, le sujet mobile reste net, même si sa position varie à l'intérieur du cadre de l'image.

SÉLECTION DU COLLIMATEUR AF

Modes de sélection du collimateur autofocus

Un collimateur AF (Col. AF) assure la mise au point sur la zone de l'image de visée qu'il recouvre ; il s'agit généralement du sujet principal inclus dans la scène cadrée. La sélection de l'un des sept Col. AF peut s'effectuer de trois manières :

A. **Sélection manuelle** : vous sélectionnez le Col. AF désiré en manœuvrant des commandes du boîtier. La sélection manuelle n'est applicable qu'aux modes d'exposition Expert.

B. **Sélection automatique** : l'appareil sélectionne l'un des Col. AF automatiquement. La sélection automatique est applicable à tous les modes d'exposition (Résultat et Expert).

C. **Sélection par l'œil (AFPO)** : vous sélectionnez le Col. AF désiré en le regardant. Avec les EOS 30 et 30V (puisque les EOS 33 et 33V en sont dépourvus), la sélection AFPO est possible avec tous les modes d'exposition sauf en mode Tout-auto.

A. Sélection manuelle du collimateur AF

1. Pressez la touche ⊡

- Le Col. AF actuellement sélectionné (même si l'appareil a été mis hors service) s'allume en rouge dans le viseur pendant 6 secondes.
- Si vous ne pressez pas le déclencheur à mi-course dans les 6 secondes, le mode de sélection automatique est restauré.

Nota

Ce collimateur actuellement sélectionné est signalé en permanence sur l'indicateur de l'écran ACL.

2. Sélectionnez le Col. AF désiré :

– Regardez dans le viseur ou l'indicateur de sélection de l'écran ACL.

– Sur le sélecteur de collimateur AF en croix ⊙ (au centre de la molette secondaire), sélectionnez le Col. AF désiré en pressant la/les touches de déplacement concernée(s) (horizontal gauche/droite ou vertical haut/bas).

– Pressez à mi-course sur le déclencheur pour effectuer la MaP AF avec le Col. AF que vous avez sélectionné. L'acquisition de la MaP est confirmée simultanément par l'allumage du voyant AF dans le viseur par le double-bip sonore et par le bref clignotement en rouge du Col. AF concerné (ces deux derniers avertissements peuvent être annulés grâce à des fonctions personnalisables détaillées au chapitre 7).

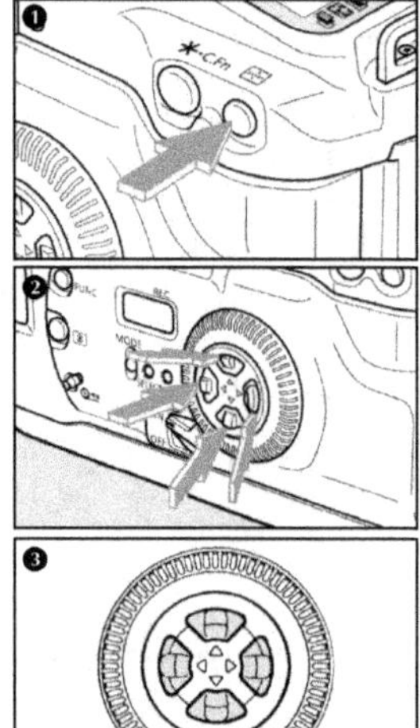

Sélection manuelle du collimateur AF
1 Pressez cette touche - 2 Allumez le Col. AF désiré avec le sélecteur en croix.

Fonctions personnalisables relatives à la sélection du Col. AF

- **C.Fn-10-1** : désactivation du clignotement du Col. AF sélectionné après la MaP correcte.

- **C.Fn-11-1** : sélection directe du Col. AF avec les touches du sélecteur en croix ⊙, sans pression préalable sur la touche ⊞.

- **C.Fn-11-2** : affichage du Col. AF actuellement actif par la touche ⊞, puis sélection du collimateur avec la molette principale ⌒ dans le sens horizontal et la molette secondaire ○ dans le sens vertical.

- **C.Fn-12-1** : sélection directe du collimateur central avec la touche ⊞.

B.   Sélection automatique du collimateur AF

La sélection automatique du Col. AF est utilisable avec tous les programmes d'exposition. L'appareil fonctionne dans ce mode dès le moment où les sept Col. AF sont allumés sur l'ACL et en rouge dans le viseur.

Pour passer en sélection automatique du Col. AF :

1. Si vous opérez dans l'un des programmes Résultat (et que l'AFPO n'est pas activé), la sélection est forcément automatique et vous n'avez rien à faire.

2. Si vous opérez dans l'un des programmes Expert, pressez l'une des touches du sélecteur en croix ⊙ jusqu'à ce que les sept Col. AF soient allumés dans le viseur et sur l'ACL.

Sélection du collimateur AF par l'œil (AFPO)

Le principe est très simple : l'appareil fait la mise au point sur la région de l'image où se trouve le Col. AF que vous regardez.

Ce système de commande de la mise au point AF est une merveilleuse découverte de Canon, mise en œuvre pour la première fois en 1993 avec le boîtier EOS 5 (5 Col. AF), repris en 1995 sur l'EOS 50E (3 Col. AF), puis étendu en 1999 à l'EOS 3 (45 Col. AF). Chacun de ces modèles a marqué un net progrès du système AFPO : déjà performant, l'EOS 5 présentait encore quelques défauts de jeunesse, en particulier pour les vues prises en cadrage vertical. Avec l'EOS 3 et l'EOS 30, il semble avoir atteint un degré de perfection qui n'est sans doute pas près d'être dépassé.

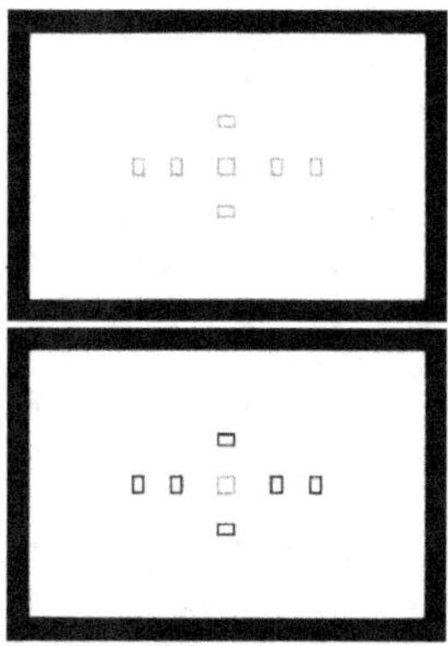

Sélection automatique du Col. AF (en haut) : allumer simultanément les sept Col. AF en pressant plusieurs fois l'une des touches en croix.

Sélection manuelle du Col. AF (en bas) : par pression des touches en croix appropriées, n'illuminer que le Col. AF désiré.

Temps de réponse de la commande par l'œil

Modèle de boîtier	Nombre de col. AF	Temps de réponse
EOS-5 (1993)	5	220 ms
EOS 50E (1995)	3	120 ms
EOS-3 (1999)	45	65 ms
EOS 30 (2001)	7	55 ms

Technologie du système

La configuration générale du système est indiquée sur le schéma ci-contre. Les huit diodes émettrices d'infrarouge (IRED) intégrées dans la garde d'oculaire du viseur illuminent l'œil du photographe. Les huit faisceaux de lumière infrarouge (880 nm) réfléchis par la surface de l'œil traversent en retour le hublot et les deux lentilles de l'oculaire, puis sont réfléchis vers le haut par un miroir dichroïque pour être repris par une lentille de focalisation. Une image de l'œil se forme ainsi sur le capteur *Eye Control Basis* (ECB) intégrant 7 000 pixels. On conçoit que l'image de l'œil enregistrée par le capteur ECB diffère non seulement en fonction de la morphologie oculaire de l'utilisateur, mais également en fonction du port de lunettes de vue et de l'orientation en cadrage horizontal ou vertical du boîtier : d'où la nécessité d'étalonner spécifiquement le système APFO pour son ou ses utilisateur(s). L'EOS 30 offre cinq canaux indépendants pour cette fonction d'étalonnage désignée ici CAL (pour « calibration »).

Le traitement dichroïque spécifique du miroir lui permet de transmettre 90 % de la lumière de visée et de la lumière rouge (660 nm) émise par les sept DEL-SI d'illumination des collimateurs (voir le schéma chapitre 1, page 8), tout en focalisant sur le capteur Basis plus 90 % de la lumière infrarouge réfléchie par l'œil.

Fonctionnement et détecteurs d'orientation du boîtier

Les précédents modèles EOS dotés de l'APFO comportaient quatre ou huit IRED, mais n'en utilisaient que deux en même temps. L'EOS 30 en intègre huit, dont quatre fonctionnent simultanément, ce qui augmente de beaucoup ses performances, quelle que soit l'orientation horizontale ou verticale du boîtier. Cette orientation est détectée par deux microcommutateurs du boîtier fonctionnant par gravité.

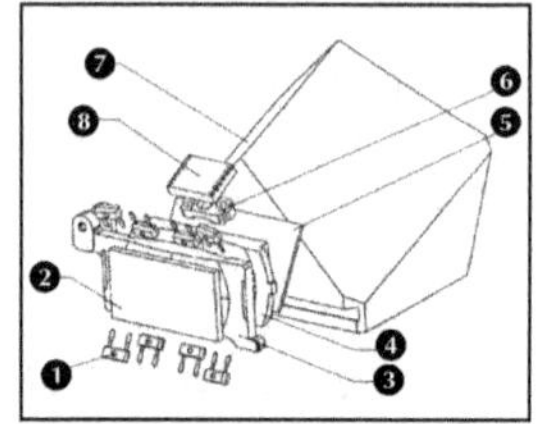

Configuration du système AFPO
1 *Huit diodes émettrices d'infrarouge (IRED) -* **2** *Verre protecteur de l'oculaire -* **3** *Lentille oculaire N° 1 -* **4** *Lentille oculaire N° 2 -* **5** *Miroir dichroïque -* **6** *Optique de formation de l'image de l'œil (images P) -* **7** *Pentaprisme -* **8** *Capteur Eye Control Basis (ECB).*

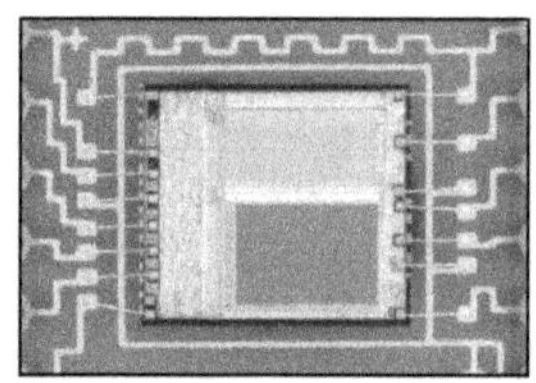

Capteur Eye Control Basis (ECB)
Intégrant sept mille pixels, c'est lui qui enregistre les images (P) de votre œil.

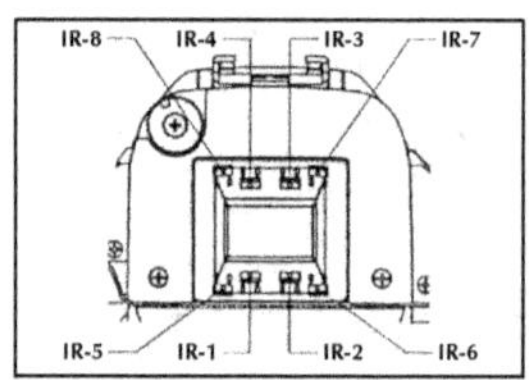

Disposition des huit diodes émettrices d'infrarouge (IRED) dans la garde d'oculaire de l'EOS 30.

Orientation du boîtier et diodes IRED activées

Orientation du boîtier à la prise de vue		Visée à l'œil nu (sans lunettes)*		Avec lunettes de vue**	
		IRED du bas***	IRED du haut***	IRED du bas	IRED du haut
Horizontale	Viseur en haut	IR-1 et IR-2	IR-3 et IR-4	IR-5 et IR-6	IR-7 et IR-8
	Viseur en bas	IR-3 et IR-4	IR-1 et IR-2	IR-7 et IR-8	IR-5 et IR-6
Verticale	Poignée en haut	IR-1 et IR-4	IR-2 et IR-3	IR-5 et IR-8	IR-6 et IR-7
	Poignée en bas	IR-2 et IR-3	IR-1 et IR-4	IR-6 et IR-7	IR-5 et IR-8

*   *Visée à l'œil nu : activation des IRED intérieures (1, 2, 3, 4).*
**   *Porteur de lunettes : activation des IRED extérieures (5, 6, 7, 8)*
*** *IRED du bas ou du haut : lorsque le boîtier est en position horizontale normale (voir schéma).*

L'œil de l'utilisateur est illuminé par quatre IRED et l'image de son œil est enregistrée par le capteur ECB. Ce sont les images de Purkinje dites « images P » (une par IRED) formées sur l'ECB en fonction de l'angle de rotation du globe oculaire par rapport au centre de la pupille qui permettent au système d'identifier celui des sept Col. AF regardé par l'œil. L'algorithme de calcul plus puissant et les deux images P supplémentaires de l'EOS 30 augmentent de 150 % la précision de l'AFPO par rapport à l'EOS 5OE par exemple, particulièrement en cadrage vertical (avec lequel on bénéficie de trois points de mesure horizontaux et de cinq points de mesure verticaux). Dans les conditions les plus défavorables avec lesquelles l'appareil est incapable d'acquérir les quatre images P, il lui en reste au moins deux, de sorte que le système de l'EOS 30 est alors aussi performant qu'il l'était dans les meilleures conditions avec les boîtiers AFPO antérieurs.

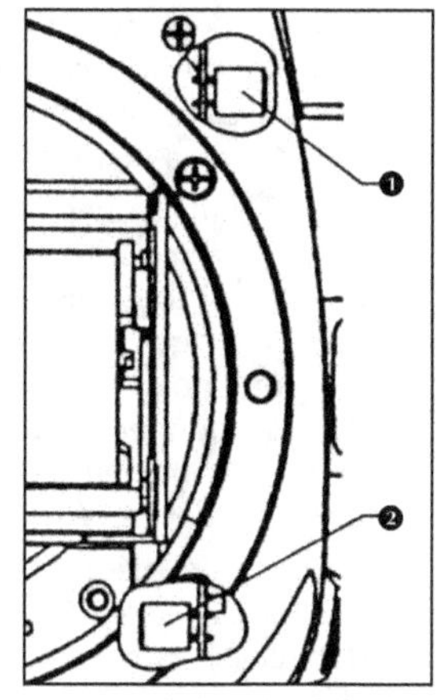

Détecteurs d'orientation du boîtier
1 *Commutateur n° 1.*
2 *Commutateur n° 2.*

Procédure d'étalonnage

L'étalonnage de l'AFPO consiste donc à faire enregistrer les mouvements de votre œil (plus précisément les déplacements du globe oculaire par rapport au centre de la pupille) de telle sorte qu'il identifie sans ambiguïté celui des sept Col. AF que vous regardez.

Cinq canaux d'étalonnage (CAL – 1, CAL – 2, CAL – 3, CAL – 4 et CAL – 5) sont disponibles. On peut utiliser, par exemple, CAL – 1 pour la visée sans lunettes, CAL – 2 pour la visée avec port de verres de contact ou de lunettes, CAL – 3, 4 et/ou 5 pour d'autres personnes. Si vous êtes le seul utilisateur habituel de votre boîtier et que vous l'employez toujours de la même manière (à l'œil nu par exemple), il est sans doute suffisant, pour débuter, d'étalonner le seul canal CAL – 1.

Conseils préliminaires

Pour obtenir un étalonnage précis et un fonctionnement constant et fiable de l'AFPO, plusieurs précautions sont nécessaires :

1. Si ce n'est déjà fait, procédez au réglage dioptrique de l'oculaire. Il est obtenu lorsque les rectangles indiquant l'emplacement des collimateurs AF sont parfaitement nets dans le viseur.

2. Positionnez et collez votre œil au centre de l'œilleton du viseur, cela dans
    la même position confortable que vous prendrez pour le cadrage à la prise
    de vue. Une fois cette bonne position adoptée, ne déplacez plus votre œil
    par rapport à l'oculaire pendant toute la procédure d'étalonnage.

3. Si vous utilisez des lunettes de vue, veillez à les porter normalement et
    dans la même position optimale. Il est toujours préférable de viser sans
    lunettes, si toutefois votre amétropie peut être compensée par la correc-
    tion dioptrique du viseur (de – 2,5 à + 0,5 dioptries). Si l'amétropie est
    trop forte pour la correction dioptrique du viseur, il est préférable pour le
    bon fonctionnement de l'AFPO d'employer les lunettes plutôt que monter
    un verre correcteur de visée sur l'oculaire. Le cas échéant, c'est une chose
    que vous devez vérifier.

4. Si vous aviez désactivé le bip sonore, il est préférable de le réactiver pour
    l'étalonnage de l'AFPO : il confirme (ou infirme) le bon enregistrement des
    données.

Étalonnage

1. Positionnez le sélecteur AFPO sur CAL.

    CAL et un numéro de canal s'affichent sur l'ACL (et dans le viseur). Si ces
    indications clignotent, c'est que ce canal est libre (aucune donnée n'est
    enregistrée). Si elles ne clignotent pas, c'est que ce canal contient déjà des
    données d'étalonnage.

    Si vous ne savez pas à quoi les données enregistrées sur ce canal corres-
    pondent, le mieux est de les annuler (voir ci-après).

2. Sélectionnez un des numéros de CAL qui
    clignote.

    Pour ce faire, agissez sur la molette princi-
    pale.

A. *Étalonnage pour le cadrage horizontal*

3. Placez l'appareil en cadrage horizontal et
    regardez dans le viseur.

    Le collimateur ① (le plus à droite) clignote :
    fixez-y votre regard (sans bouger l'œil).

4. Maintenez votre regard sur le collimateur
    clignotant et pressez le déclencheur.

    Pendant la pression sur le déclencheur, le
    collimateur ① cesse de clignoter et reste
    allumé en rouge ; puis le bip sonore retentit.

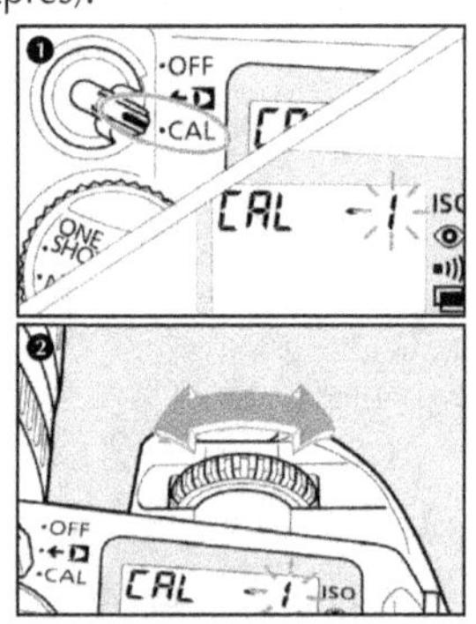

Procédure d'étalonnage de l'AFPO -
Préparation
1 *Placer le sélecteur AFPO sur CAL.*
2 *À l'aide de la molette principale,*
sélectionner un numéro de canal qui
clignote.

5. Relâchez le déclencheur : la position de votre œil sur le collimateur ① est enregistrée.

6. Toujours sans déplacer l'œil, refaites les opérations **4** et **5** pour les collimateurs ②, ③ et ④ qui s'allument et clignotent successivement.

7. Quand l'étalonnage (en horizontal) est terminé, le numéro de CAL ne clignote plus et End s'affiche. Le canal sélectionné est étalonné pour l'emploi de l'appareil en cadrage horizontal.

Si l'étalonnage a échoué (parce que vous avez mis trop de temps et que le collimateur qui clignotait s'est éteint), pressez à nouveau sur le déclencheur et reprenez les opérations à partir de **3.**

B. Étalonnage pour le cadrage vertical

8. Pressez à fond sur le déclencheur.

   Utilisez le même numéro de CAL pour poursuivre l'étalonnage.

9. Orientez le boîtier verticalement (peu importe que ce soit déclencheur en haut ou en bas) et regardez dans le viseur.

10. Fixez le regard sur le collimateur (⑤, en haut) qui clignote et pressez sur le déclencheur.

    Répétez les opérations **4** à **6** pour chacun des collimateurs ⑥, ⑦ et ⑧ qui clignotent successivement. End s'affiche lorsque l'étalonnage (en vertical) est terminé.

11. Positionnez le sélecteur AFPO sur ←❑.

La procédure d'étalonnage est achevée, la commande AFPO est disponible sur le canal considéré à chaque fois que vous en aurez besoin (sauf en mode Tout-auto ❑ qui ne permet que la sélection automatique du Col. AF).

Procédure d'étalonnage de l'AFPO – Exécution
Se référer au texte ci-contre.
En haut (cadrage horizontal) – Étalonnage du Col. AF ①.
Au milieu (cadrage horizontal) – Étalonnage des Col. AF ②, ③ et ④.
En bas (cadrage vertical) – Étalonnage des Col. AF ⑤, ⑥, ⑦ et ⑧.

Effacer les données d'étalonnage AFPO

Il ne peut s'agir que d'un numéro CAL non clignotant, c'est-à-dire d'un canal contenant des données d'étalonnage mais que vous voulez libérer.

1. Placez le sélecteur AFPO sur CAL.

2. Avec la molette principale sélectionnez le numéro CAL (non clignotant) dont vous voulez annuler les données.

3. Pressez simultanément sur les touches ✳·C.Fn et ⊞ : le numéro CAL clignote en confirmant ainsi que les données d'étalonnage de ce canal sont effacées.

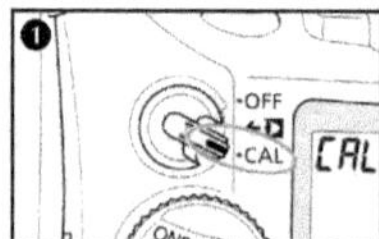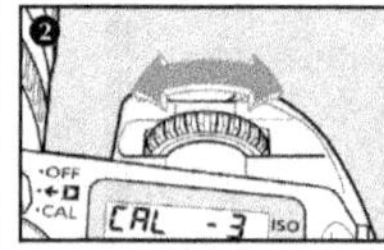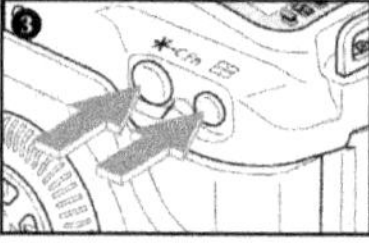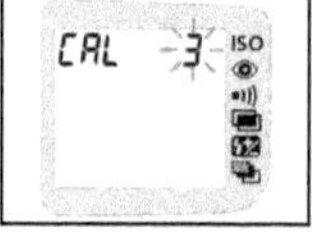

Effacement de l'étalonnage AFPO d'un canal
1 *Placez le sélecteur AFPO sur CAL - 2 Avec la molette principale, sélectionnez un numéro de CAL non-clignotant si vous voulez effacer l'étalonnage - 3 Pressez simultanément sur les deux touches ✳·C.Fn et ⊞ : le numéro de CAL clignote; les données sont donc effacées.*

Utilisation de l'AFPO ▯

La sélection du Col. AF par AFPO est possible dans tous les modes d'exposition, à la seule exception du mode Tout-auto ▢. Bien qu'il ne fonctionne qu'en sélection automatique, celui-ci exploite cependant vos données AFPO « personnelles » en acquérant des capacités de détection encore plus élevées.

Activation du mode AFPO

Si vous utilisez habituellement un seul canal d'étalonnage, CAL – 1 par exemple, mémorisé en permanence par votre boîtier, la procédure est ultrarapide :

1. Placez le sélecteur AFPO sur ←▯.

2. Pressez à mi-course sur le déclencheur.

    L'icône ▯ apparaît dans l'affichage du viseur : votre boîtier est en mode AFPO.

3. Pour vérifier que vous êtes sur le bon canal, placez le sélecteur sur **CAL** : l'ACL doit afficher le numéro CAL non clignotant. S'il clignote, sélectionnez le canal étalonné désiré avec la molette principale ◌.

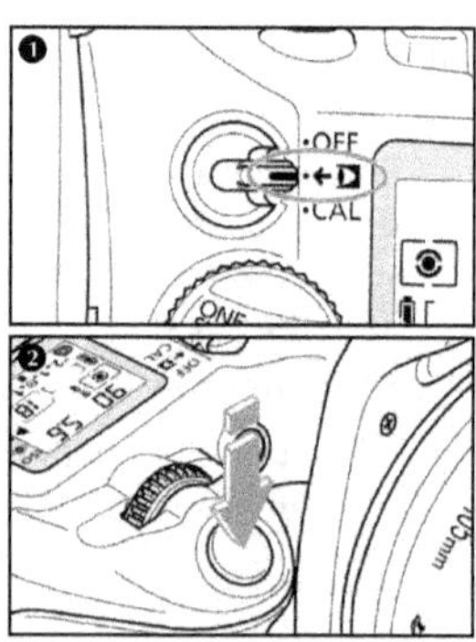

Activation de l'AFPO
1 *Placez le sélecteur sur l'icône AFPO - 2 Pressez à mi-course sur le déclencheur; l'icône AFPO apparaît dans le viseur; la sélection du Col. AF est activée.*

Si vous utilisez au contraire plusieurs canaux d'étalonnage différents (avec et sans lunettes, etc.), sélectionnez d'abord le « bon » canal avant de commencer les prises de vue.

Prise de vue en mode AFPO

1. Choisissez librement le mode d'exposition sur le sélecteur principal (seul le programme Tout-auto ☐ ne fonctionne pas en AFPO, mais en automatique).

2. En cadrant la scène dans le viseur, fixez votre regard sur le Col. AF à sélectionner et pressez le déclencheur à mi-course : le collimateur ainsi désigné s'allume en rouge et l'appareil effectue instantanément la MaP.

Si l'AFPO n'arrive pas à sélectionner le Col. AF que vous fixez, l'icône ◻ clignote dans le viseur : l'appareil se commute en mode de sélection automatique du Col. AF.

Pour sortir du mode AFPO, placez le sélecteur sur **OFF**. Vous pouvez alors opérer normalement, c'est-à-dire avec la sélection automatique ou manuelle du Col. AF.

Autofocus AI Servo et AFPO

La conjonction des deux modes s'avère très performante sur un sujet mobile en défilement. Il suffit en effet de le suivre du regard en pressant à mi-course sur le déclencheur pour allumer successivement les Col. AF et, par conséquent, assurer en temps réel le suivi de la MaP sur le sujet mobile. Faites-en l'expérience « à blanc », vous serez certainement convaincu de sa merveilleuse efficacité !

Conclusion sur l'AFPO

Lors de sa première mise en œuvre sur l'EOS 5, notre opinion sur le système AFPO était assez partagée, en particulier parce qu'il fonctionnait d'une manière assez erratique en cadrage vertical. Comme beaucoup d'utilisateurs professionnels, nous préférions souvent le désactiver au profit de la sélection automatique ou manuelle. Tout allait déjà bien mieux avec l'EOS 50E (bien qu'il n'avait que 3 Col. AF au lieu de 5). L'AFPO nous a définitivement séduits et convaincu avec l'EOS 3, puis avec l'EOS 30 (au moins aussi performant sur ce point).

Cela dit, il n'y a aucune raison pour que le possesseur des EOS 33 et 33V se sente le moins du monde frustré par l'absence d'AFPO sur son boîtier car compte tenu de l'efficacité de la sélection automatique ou manuelle, cela ne l'empêchera jamais, s'il en a le talent, de prendre de superbes images !

Mise au point AF sur sujet très excentré : mémorisation de mise au point

Quand le sujet principal (un personnage par exemple) est situé dans la zone périphérique de l'image de visée non couverte par les Col. AF, procédez ainsi :

1. Positionnez ce sujet sur le Col. AF sélectionné manuellement ou automatiquement, puis enfoncez le déclencheur à mi-course : la MaP se fait sur le sujet et ce réglage reste mémorisé (verrou de la MaP AF).
2. Sans relâcher le déclencheur, recadrez votre image comme désiré.
3. Prenez la vue en pressant à fond sur le déclencheur.

> **Nota**
>
> La mémorisation de MaP est possible dans tous les modes.

Mise au point manuelle

À l'exception des trois objectifs décentrables et basculants TS-E et de l'objectif MP-E 65 mm Macro Photo, les objectifs Canon EF sont tous munis d'un sélecteur AF/MF (« M » sur certains objectifs plus anciens). Pour effectuer une mise au point manuelle, il suffit de placer ce sélecteur sur MF. La mise au point s'effectue alors comme avec un reflex non-autofocus par observation de l'image dans le viseur, en tournant la bague des distances de l'objectif dans un sens ou dans l'autre, jusqu'à ce que la région désirée de la scène soit parfaitement nette.

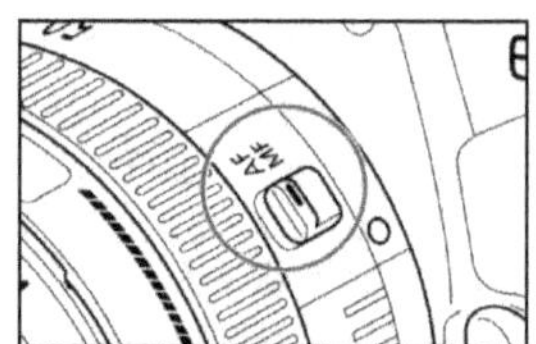

Mise au point manuelle
Placez le sélecteur AF/MF de l'objectif sur MF. Pour faire la MaP, observez l'image de visée en tournant la bague de l'objectif.

Assistance à la mise au point manuelle

Le module de détection autofocus étant situé dans le boîtier, le voyant AF du viseur s'allume également en mise au point manuelle, au moment où la partie de la scène se trouvant sur le collimateur sélectionné est nette. Vous continuez à bénéficier de l'allumage du Col. AF et du bip sonore si vous l'avez laissé activé. Ce système d'assistance à la mise au point est précieux, car il confirme automatiquement la netteté obtenue par manœuvre de la bague de mise au point de l'objectif.

- Bien que l'autofocus soit rarement mis en défaut, il y a certaines conditions avec lesquelles la MaP manuelle reste souhaitable. Ce sera par exemple le cas d'un sujet mobile devant inévitablement passer à une certaine distance (beaucoup de sujets sportifs), ou encore un gros plan ou une photomacrographie exigeant une parfaite netteté, dans une situation où la profondeur de champ est justement très restreinte.

- Avec un peu d'habitude et pour gagner du temps, vous pouvez faire la MaP en autofocus sur le plan principal (ou sur un sujet de substitution situé à une distance équivalente) et commuter l'objectif en manuel en maintenant la pression à mi-course sur le déclencheur. L'AF est alors débrayé et vous avez supprimé tout risque de perte de netteté accidentelle sur la distance désirée. Rappelez-vous aussi que le plan de MaP ne se modifie pas si vous changez la focale d'un zoom, ce qui vous permet de cadrer le sujet plus ou moins gros dans le cadre sans refaire la netteté.

Mode de sélection du collimateur AF pour les différents modes d'exposistion

Mode d'exposition sélectionné sur le sélecteur principal	Autofocus (AF)					
	One-Shot	AI Servo	AI Focus	Sélection du collimateur AF		
				Par l'œil	Auto	Manuel
P Programme décalable	o	o	o	o	o	o
Tv Priorité vitesse	o	o	o	o	o	o
Av Priorité diaphragme	o	o	o	o	o	o
DEP Priorité profondeur de champ	●			o	o	o
☐ Tout-auto			●	■	●	
🙎 Portrait	●			■	●	
🏔 Paysage	●			■	●	
🌷 Gros plan	●			■	●	
🏃 Sport		●		■	●	
🌃 Scène de nuit	●			■	●	
M Manuel/Semi-automatique	o	o	o	o	o	o

Code symbole :

● *: Sélection automatique.*

o *: Sélectionnable ou réglable par l'utilisateur.*

■ *: AFPO activé (commutateur sur ← ☐).*

Mesure de l'exposition

L'efficacité de son système autofocus ne doit pas faire oublier que les performances globales de l'appareil dépendent tout autant de la précision de la mesure de l'exposition. Dans ce domaine aussi, le Canon EOS 30 se classe parmi les meilleurs !

L'EOS 30 dispose de trois modes de mesure d'exposition en lumière ambiante continue et d'un mode flash Auto-TTL. Nous verrons au chapitre 8 : « Le flash électronique » que les flashes accessoires Canon Speedlite EX spécifiquement conçus pour les boîtiers EOS utilisent un autre mode très élaboré de mesure de l'exposition, dit E-TTL.

Comme il convient à un appareil à vocation professionnelle, le choix du principe de mesure est réservé aux modes d'exposition Expert alors qu'en programme Résultat la mesure est toujours évaluative.

Système de mesure en lumière continue

La mesure de l'exposition en lumière continue est assurée par une cellule au silicium (SPC = *Silicon Photo Cell*) de 6 × 8 mm localisée au-dessus de l'oculaire du viseur, dans un logement ménagé en haut de la face d'émergence du pentaprisme. Elle est doublée d'un filtre interférentiel bleuâtre dont la fonction est de conférer au détecteur une sensibilité spectrale analogue à celle du film (ou de l'œil) et de couper l'infrarouge proche pouvant fausser les mesures. Une lentille collectrice concentre (une faible partie) des rayons lumineux traversant le pentaprisme sur la cellule. D'où elle est placée, celle-ci « voit » la plus grande partie de l'image de visée.

La cellule est segmentée en trente-cinq zones sensibles (cinq rangées de sept cellules), séparées par des frontières isolantes. Chaque cellule élémentaire occupant une aire apparente de 3,7 × 4 mm dans le viseur, l'ensemble des trente-cinq zones couvre une plage rectangulaire de 18,5 × 28 mm, soit 75 % environ de l'ensemble de l'image de visée : les marges extrêmes du cadre de l'image ne sont donc pas « mesurées ».

Chacune des trente-cinq zones est identifiée individuellement, ce qui permet de préciser leur position sur le capteur et leur niveau de sensibilité.

S57	S56	S55	S54	S53	S52	S51
S37	S36	S35	**S34**	S33	S32	S31
S17	**S16**	**S15**	**S14**	**S13**	**S12**	S11
S27	S26	S25	**S24**	S23	S22	S21
S47	S46	S45	S44	S43	S42	S41

En gras : *les sept zones correspondant à l'emplacement d'un collimateur AF.*

Sélection du mode de mesure

En mode d'exposition Expert :

1. Pressez la touche 🔘 au dos du boîtier.
2. En tournant la molette principale ⛏ faites apparaître l'icône du mode de mesure désiré sur l'ACL.
   - 🔘 Mesure évaluative > 🔲 Mesure sélective > ☐ Mesure pondérée à prépondérance centrale.
   - L'icône du mode sélectionné reste affichée sur l'écran ACL ; il reste validé tant que vous n'en changez pas volontairement.

Mesure évaluative 🔘

La mesure évaluative (que l'on peut également appeler multizone ou matricielle) est le mode standard, qui se sélectionne automatiquement avec les programmes Résultat.

En mesure évaluative, les trente-cinq plages de mesure sont couplées aux sept collimateurs AF, ce qui permet une détermination plus précise de l'exposition. L'idée maîtresse du système est de fonder la mesure évaluative sur le collimateur activé correspondant *a priori* à la position du sujet principal dans le cadre, puis de répartir les zones adjacentes en trois niveaux de pondération. De cette manière, l'algorithme de calcul de l'exposition compare la lumination recueillie sur le sujet avec celle des plages de mesure intermé-

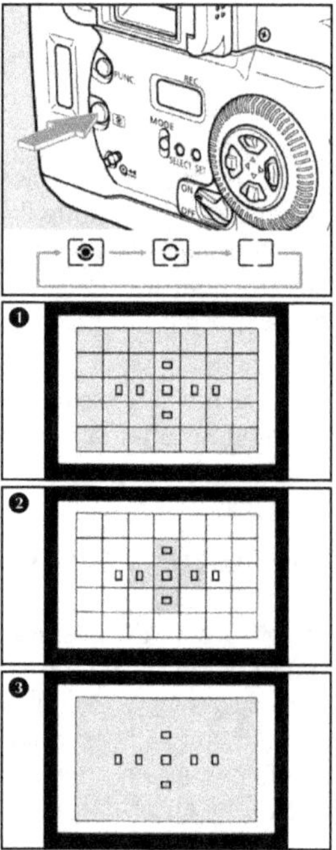

Sélection du type de mesure
Chaque pression sur la touche au dos du boîtier fait apparaître le symbole correspondant sur l'écran ACL dans cet ordre : 1 Mesure évaluative trente-cinq zones - 2 Mesure sélective - 3 Mesure pondérée à prépondérance centrale.

diaires et périphériques. Ces trois valeurs de lumination sont prises en compte pour déterminer l'exposition automatique correcte.

Le schéma ci-après montre la répartition des zones de sensibilité relative de chacun des sept collimateurs : extrême gauche (**S16**), intermédiaire gauche (**S15**), double collimateur central (**S14**), intermédiaire droit (**S13**), extrême droite (**S12**) supérieur (**S34**) inférieur (**S24**).

En mesure évaluative, le système fonde son diagnostic sur une image « synthétique » tenant compte, d'une part, de la répartition des luminances sur la scène, d'autre part, de la position du sujet principal qui lui est indiquée par le système AF à sept collimateurs. Pour prendre un exemple simple, il en déduit que la région significative de l'image (sur laquelle la mise au point a été faite) est notablement plus sombre que le reste de la composition. Dans ce cas, après avoir identifié un contre-jour, il déterminera automatiquement une exposition globale plus importante afin d'éclaircir le sujet principal, qui serait sans cela sous-exposé. Dans les programmes Résultat, Tout-auto, Portrait, Gros plan et Scène de nuit, l'éclair du flash intégré se déclenche automatiquement afin d'exposer idéalement le sujet principal du premier plan (fill-in automa-

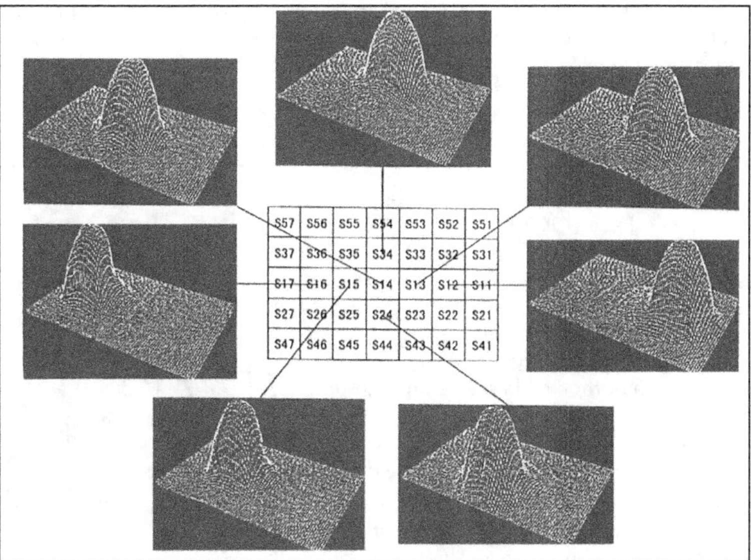

Mesure évaluative et autofocus
Ce schéma ne montre que les sensibilités du segment correspondant aux sept collimateurs. Dans la réalité, chacun des trente-cinq segments recueille des informations sur les différentes luminances réparties dans l'ensemble du champ analysé. Pour la détermination finale de l'exposition correcte, ces données sont simultanément comparées avec les informations provenant de l'autofocus (position, taille et distance du sujet principal).

tique) lorsque c'est nécessaire. Les mesures de luminance effectuées sur les régions intermédiaires et périphériques sont respectivement affectées d'un certain coefficient de pondération car il est statistiquement peu probable que le sujet principal s'y trouve localisé. Ce principe de mesure intelligente est superbement efficace dans de nombreuses conditions de prises de vue justement réputées difficiles. Un exemple typique est le cas d'un sujet notablement plus lumineux que son environnement, par exemple un portrait sur fond sombre. Dans cette situation inverse du contre-jour, il faut bien sûr que l'exposition soit déterminée pour le visage, sans influence notable de l'environnement sombre.

Il est impossible de citer toutes les conditions d'éclairage, de répartition des luminances et de position du sujet principal dans le cadrage qui demanderaient au photographe d'introduire une correction volontaire de l'exposition automatique notamment avec la mesure pondérée centrale. Les situations efficacement résolues par la mesure évaluative du Canon EOS 30 sont de loin les plus nombreuses, même pour un photographe très averti et il est donc normal de le choisir pour une majorité de prises de vue. En cas de scènes très contrastées ou lorsqu'on veut interpréter son sujet de manière personnelle, un photographe créatif peut avoir besoin de la mesure sélective, d'introduire une correction manuelle de l'exposition, etc. Cela revient à imposer une exposition différente de celle jugée idéale par le système.

Mesure sélective [○]

La mesure sélective est donc possible avec tous les modes Expert (**P, Tv, Av, M, DEP**). Dans ce mode, la mesure de la lumière détermine l'exposition sur la région centrale de l'image représentée par les cinq segments **S15, S14, S13, S34** et **S24** de la cellule, lesquels correspondent à la localisation des cinq collimateurs AF disposés en croix. La portion de la scène ainsi mesurée est contenue dans un cercle de 9 mm de diamètre (non matérialisé sur le verre de visée) représentant environ 10 % de la surface totale de l'image.

Cependant, dans une image bien composée, le sujet principal sur lequel il convient généralement de déterminer l'exposition est rarement situé en plein centre du cadrage. Dans un tel cas, somme toute fréquent, deux solutions vous permettent d'utiliser la mesure sélective sur un sujet excentré.

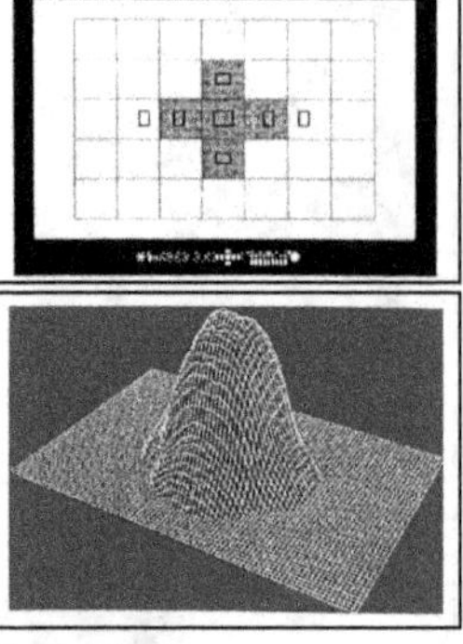

Mesure sélective
En mode de mesure sélective, l'exposition est basée sur les segments de la cellule correspondant aux cinq collimateurs AF. Le diagramme de sensibilité (en bas) est beaucoup moins pointu qu'une véritable mesure spot.

a) Mémorisation d'exposition : voir chapitre 5 : « Les modes d'exposition ».

b) Réglage de la fonction personnalisable C.Fn-08. Cette fonction étant réglée sur C.Fn-08-1, la mesure sélective s'effectue sur le Col. AF que vous avez sélectionné (par la méthode qui vous convient), alors qu'elle se fait obligatoirement sur le Col. AF central si la fonction est réglée par défaut sur C.Fn-08-0.

Contrairement à la mesure évaluative par essence « intelligente », la mesure sélective demande une décision du photographe qui doit savoir quelle plage de la scène mesurer pour obtenir le résultat escompté. Cela lui est habituellement facile car elle n'est objectivement préférable à la mesure évaluative que lorsque la luminance du sujet principal est très différente de celle de son environnement : personnage en fort contre-jour ou sujet très lumineux sur fond sombre (par exemple pour un artiste sur scène éclairé par un projecteur de poursuite). Dans tous ces cas l'exposition doit être déterminée en fonction de la luminance réelle (et non moyenne ni relative) du sujet principal.

Mesure pondérée à prépondérance centrale ▢

Cette méthode de mesure est présente sur tous les reflex depuis que le posemètre incorporé existe. Elle ne présente éventuellement de l'intérêt qu'en mode d'exposition Manuel (en fait Semi-automatique), pour celle ou celui qui préfère régler les paramètres de l'exposition (vitesse et diaphragme) à sa convenance. On utilise le mode M lorsqu'on a le temps et qu'on désire, en expert, introduire une correction d'exposition afin d'interpréter son image.

La mesure s'effectue ici par vingt-cinq segments du capteur (moins les deux bandes latérales de droite et gauche), mais avec une plus forte influence (la prépondérance) du segment central (**S14**) de la cellule. Ce mode de mesure « rudimentaire » convient cependant à toutes les

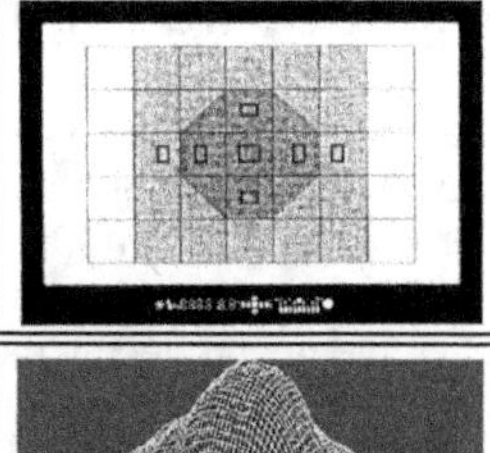

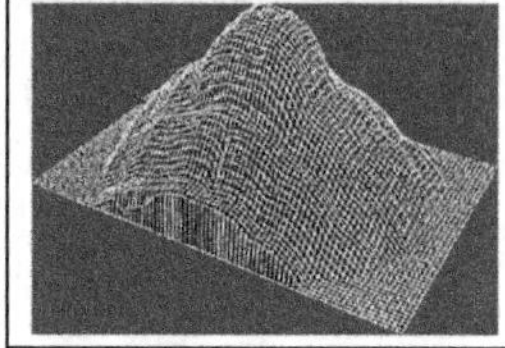

Mesure pondérée à prépondérance centrale

scènes « moyennes », c'est-à-dire dont le contraste n'est pas trop élevé. Il est juste de rappeler que dans ces conditions, même un appareil élémentaire à vitesse et ouverture fixe chargé d'un film négatif couleur capable d'encaisser d'énormes erreurs d'exposition tel un jetable, donne le plus souvent des images « tirables » par la machine automatique d'un Minilab…

Mode de mesure et mode d'exposition

Mode d'exposition sélectionné sur le sélecteur principal	Mode de mesure		
	Évaluative	Sélective	Pondérée
P Programme décalable	o	o	o
Tv Priorité vitesse	o	o	o
Av Priorité diaphragme	o	o	o
DEP Priorité profondeur de champ	•	■	■
Tout-auto	•	■	■
Portrait	•	■	■
Paysage	•	■	■
Gros plan	•	■	■
Sport	•	■	■
Scène de nuit	•	■	■
M Manuel/Semi-automatique	o	o	o

Code symbole :
• : *Sélection automatique.*
o : *Sélectionnable par l'utilisateur.*
■ : *Inutilisable.*

Mesure de l'exposition au flash

Comme sur tous les reflex évolués, la mesure de l'exposition au flash est effectuée en TTL (à travers l'objectif) et en OTF (*Off The Film*), c'est-à-dire en temps réel sur la quantité de lumière effectivement réfléchie par la surface du film pendant l'émission pourtant très brève de l'éclair. Ce mode est appelé Auto-TTL. L'exposition correcte est déterminée par la quantité de lumière intégrée par le capteur TTL, avec coupure instantanée de l'éclair dès que le film a reçu l'éclairement correspondant à sa sensibilité ISO. Avec l'EOS 30, cette fonction est assurée par un multicapteur au silicium segmenté en quatre zones verticales, installé dans l'épaisseur du plancher de la chambre un peu en avant du module autofocus. Il est muni d'un système optique et d'un filtre de coupure infrarouge. Il est orienté de manière à voir toute la surface du film.

Les quatre zones du multicapteur réalisent une mesure semi-évaluative de l'éclairement délivré par le flash en tenant davantage compte de la région du cadrage correspondant à la zone de

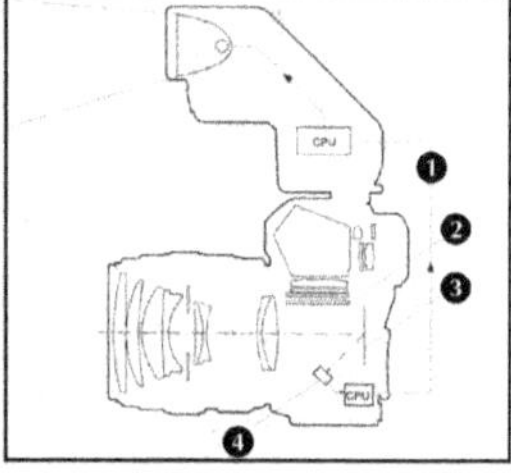

Mesure Auto-TTL
C'est le principe de mesure classique avec tous les reflex : le capteur situé sur le plancher de la chambre intègre la lumière réfléchie par le film (OTF) ; l'émission de l'éclair est interrompue dès que le film a reçu la quantité de lumière correspondant à l'exposition correcte. Ce mode Auto-TTL est utilisé avec le flash intégré aux EOS 30 et 33 et des flashes Canon de précédente génération. Nous verrons au chapitre 8 : « Le flash électronique » que les flashes Speedlite EX fonctionnant en mode E-TTL n'utilisent pas ce capteur.
1 Signal de commande du flash - 2 Miroir principal escamoté - 3 Plan du film - 4 Capteur de mesure Auto-TTL.

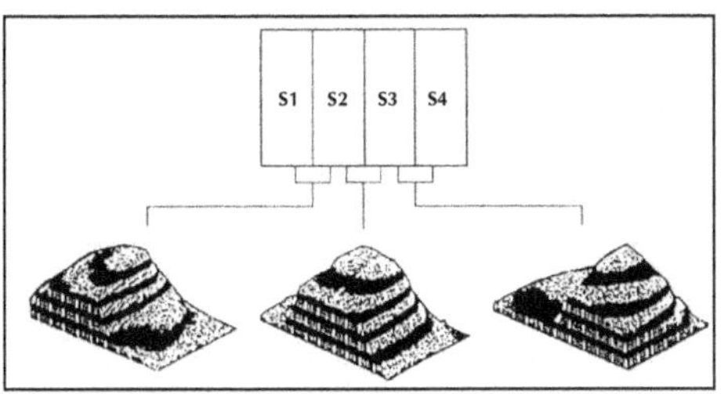

Sensibilité relative de chacune des trois zones de mesure Auto-TTL
Les quatre segments du multicapteur de mesure flash sont couplés deux par deux :
Gauche : S1 + S2 – Centre : S2 + S3 – Droite : S3 + S4.

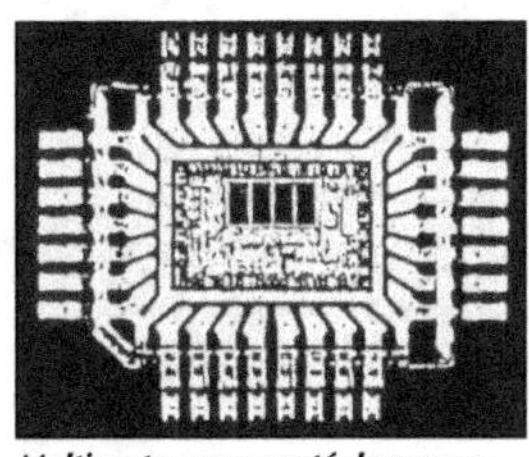

Multicapteur segmenté de mesure Auto-TTL
Sur ce microcircuit (pourvu d'une lentille de champ et dirigé vers le film), on distingue clairement les quatre segments verticaux de mesure Auto-TTL de l'exposition. Celle-ci tient surtout compte de la partie de la scène sélectionnée par l'un des sept collimateurs AF.

Pondération de la mesure Auto-TTL en fonction de la position du sujet*

Col. AF sélectionné	Procédure de correction de l'exposition
Central	Sensibilité diminuée de 1 IL sur les zones S1 et S4
Droite ou extrême droite	Sensibilité diminuée de 1 IL sur les zones SI + S2
Gauche ou extrême gauche	Sensibilité diminuée de 1 IL sur les zones S3 + S4

* Elle est indiquée à l'appareil par le col. AF sélectionné pour la mise au point.

mise au point effectuée par le Col. AF sélectionné. Ceci a le grand avantage d'exposer correctement le sujet principal, même quand il n'est pas centré dans le cadrage.

Nous verrons dans le chapitre 8 : « Le flash électronique » que l'association de l'EOS 30 avec un flash accessoire fonctionnant en mode **E-TTL**, le Canon Speedlite 420EX par exemple, apporte de très nombreuses possibilités, et tout particulièrement celles qui sont liées à l'esthétique de la photographie.

Dans ce même chapitre sont présentés les particularités et les avantages propres au nouveau mode flash **E-TTL II** spécifique aux modèles EOS 30V et 33V.

5

Les modes d'exposition

Parmi les superbes automatismes offerts par les Canon EOS 30, 33, 30V et 33V, celui de l'exposition est l'un de ceux qui a le plus d'influence sur l'esthétique et la qualité technique des images. Vous pouvez sans inquiétude laisser l'appareil calculer et donner l'exposition correcte, mais, si vous le désirez et que vous en avez le loisir, vous pouvez également choisir un mode d'exposition spécifiquement adapté à la nature de votre sujet ou à l'interprétation que vous voulez en donner.

Utiliser au maximum de ses possibilités un appareil n'offrant pas moins de dix modes d'exposition automatique, dont le surprenant mode Priorité profondeur de champ (**DEP**), les modes Manuel et Pose B ainsi que la surimpression, la correction d'exposition, etc., exige de bien connaître les mécanismes de l'exposition. L'automatisme de l'exposition étant, dès les années 1960, le premier perfectionnement décisif apporté à l'appareil photo moderne, la plupart des photographes non professionnels (et encore) n'ont jamais eu à régler l'exposition manuellement. L'instrument imageur est extrêmement intelligent, certes, mais si vous voulez exercer librement votre créativité, vous désirerez sans doute connaître les raisons et les conséquences des choix faits par l'appareil quand vous lui demandez de travailler selon tel ou tel mode d'exposition. Quand vous aurez la maîtrise totale de la machine et face à certains sujets, vous voudrez parfois corriger volontairement l'exposition automatique ou encore régler l'exposition pour une région significative de la scène et ce, grâce à la mesure sélective, par exemple.

Notre petit retour aux notions fondamentales sera donc très utile, sinon indispensable à tout nouvel utilisateur d'un reflex élaboré comme l'EOS 30.

Qu'est-ce que l'exposition ?

Pour que les images obtenues soient de bonne qualité technique, le film doit recevoir l'exposition correcte. Chaque film ayant une sensibilité bien déterminée et exprimée en valeur ISO, cela signifie que le film doit recevoir dans l'appareil la quantité globale de lumière ou lumination correspondant à sa sensibilité pendant la période d'ouverture de l'obturateur. En termes plus scientifiques, la relation s'écrit :

**Lumination (en lux/s) =
Éclairement du film (en lux) × Temps de pose (en secondes)**

En pratique, pour une scène de *luminance globale* et un film de sensibilité ISO donnés, l'exposition correcte ne dépend plus que de deux réglages qui sont *l'ouverture du diaphragme* et le *temps de pose,* plus habituellement appelé *vitesse* (d'obturation). Précisons ces deux paramètres de l'exposition.

L'ouverture du diaphragme

L'objectif forme l'image, le diaphragme situé dans l'objectif détermine la quantité de lumière qui atteint le film pendant que l'obturateur est ouvert. Il agit comme l'iris de notre œil qui diminue de diamètre lorsqu'une lumière plus vive le frappe ou au contraire se dilate quand l'éclairage ambiant diminue.

L'ouverture du diaphragme ou *nombre d'ouvertures* (n) est caractérisée par une série de valeurs normalisées dont voici la progression :

1 – 1,4 – 2 – 2,8 – 4 – 5,6 – 8 – 11 – 16 – 22 – 32 – 45 – 64

À chacune de ces ouvertures (et aux demi-valeurs que l'EOS 30 peut aussi adopter afin d'augmenter la précision : par exemple f/4,5 entre f/4 et f/5,6) correspond un diamètre différent du cercle délimité par les lamelles du diaphragme. Cette échelle normalisée est une progression géométrique dont le premier terme est 1 et la raison $\sqrt{2}$ (soit 1,4142). En arrondissant $\sqrt{2}$ (nombre irrationnel) à 1,4 et le produit obtenu, on retrouve effectivement :

$$1 \times 1,4 = 1,4 ; 1,4 \times 1,4 = 2 ;$$
$$2 \times 1,4 = 2,8, \text{ etc.}$$

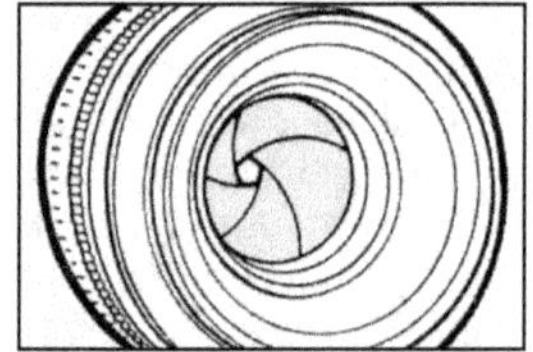

Diaphragme iris
Il est toujours situé à l'intérieur de l'objectif. Dans un objectif Canon EF, le mouvement des lamelles délimitant l'ouverture est commandé avec une grande précision (1/8 de valeur) par un moteur EMD, distinct du moteur de mise au point AF. Selon l'objectif EF concerné, le diaphragme comporte de cinq à huit lamelles.

La valeur d'ouverture s'écrit f/n ; f/2,8 par exemple (l'appareil n'affiche que « n » : le chiffre 16 apparaissant dans le viseur et sur l'écran ACL signifie donc f/16). La progression normalisée de l'échelle du diaphragme a été choisie pour ses propriétés remarquables : entre deux valeurs successives, l'aire du cercle d'ouverture, l'iris, varie du simple au double. Cela signifie qu'à f/5,6, l'objectif laisse entrer deux fois moins de lumière dans l'appareil qu'à f/4 et deux fois plus de lumière qu'à f/8.

L'ouverture relative (n) du diaphragme dépend de la focale de l'objectif et du diamètre utile du faisceau de lumière qui pénètre dans l'appareil. La relation s'écrit : **n = F/d** (**n** étant le nombre d'ouverture ; **F** la longueur focale de l'objectif ; **d**, le diamètre utile du diaphragme, le tout en mm).

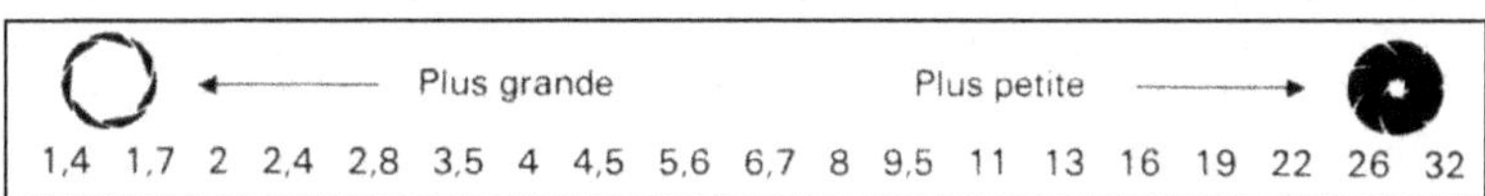

Les indices du diaphragme
La quantité de lumière atteignant le film diminue de moitié (de 1 IL) à chaque fois que l'on passe d'une valeur d'ouverture normalisée à la valeur supérieure. Ici, figurent également les demi-valeurs d'ouverture (f/3,5 – f/4,5 – f/6,7, etc.) que le boîtier peut afficher.

Par exemple, un objectif de 50 mm dont le diaphragme mesure 12,5 mm de diamètre est ouvert à : 50/12,5 = f/4. On voit bien qu'il s'agit d'une ouverture relative puisqu'un téléobjectif de 135 mm, également ouvert à f/4, doit avoir un diamètre de diaphragme de 135/4 = 33,75 mm. À la même ouverture, tous les objectifs ont en revanche la même luminosité.

La vitesse d'obturation

L'autre paramètre de l'exposition est réglé par l'obturateur. Il a en effet pour fonction de limiter le temps **t** durant lequel le film sensible est impressionné par la lumière. En photographie courante, le temps de pose est une fraction de seconde **1/t** : sur les affichages de l'appareil ne figure que le dénominateur de la fraction ; par exemple 250 pour indiquer le 1/250 s.

Comme pour les ouvertures, les vitesses d'obturation ont été normalisées aux valeurs suivantes :

**30, 15, 8, 4, 2, 1 (s) – 2, 4, 8, 15, 30, 60, 125, 250,
500, 1 000, 2 000, 4 000 (1/s).**

Il s'agit d'une progression géométrique de raison 1/2 dont le terme de base est 1 (seconde). De cette manière, le temps de pose, la vitesse, varie du simple au double entre deux valeurs normalisées successives. Afin de permettre un réglage plus précis, l'EOS 30 a la capacité d'utiliser et d'afficher les demi-valeurs intermédiaires (180, entre 1/125 s et 1/250 s par exemple).

Le terme BuLb qui apparaît (en mode manuel M seulement) sur les affichages de l'EOS 30 indique la pose B : l'obturateur reste ouvert tant que le doigt reste appuyé sur le déclencheur.

Sensibilité du film

Toujours exprimée en valeurs ISO (*International Standardization Organization*), la sensibilité d'un film double quand la valeur qui l'exprime est doublée (ou diminue de moitié si la valeur est deux fois plus petite). Par exemple, un film de 100 ISO est deux fois moins sensible qu'un film de 200 ISO et deux fois plus rapide qu'un film de 50 ISO.

Remarquez déjà qu'il y a un écart de 1 IL entre 100 et 200 ISO (le film 200 ISO demande une exposition deux fois plus faible, toutes les autres conditions étant égales) ; ou encore un écart de 4 IL entre des films de 25 et de 400 ISO. Néanmoins, un film de 64 ISO n'est que de 1/3 IL plus sensible qu'un film de 50 ISO.

1 IL = 1 division de diaphragme (ou un palier de vitesse normalisée) ; 1/3 IL = 1/3 de division de diaphragme (ou de palier de vitesse normalisée).

L'exposition

Toutes les autres conditions étant égales (essentiellement la luminance de la scène et la sensibilité ISO du film), on peut donner au film une exposition correcte en combinant l'ouverture (**D** pour Diaphragme) et le temps de pose (**V** pour Vitesse) de différentes manières. La quantité globale de lumière nécessaire à l'exposition est la même selon qu'on choisit (ou que l'appareil calcule) de poser plus longtemps avec une petite ouverture ou, au contraire, de poser moins longtemps avec un diaphragme plus ouvert.

Prenons un exemple concret : l'appareil est chargé avec un film 100 ISO. Le posemètre de l'appareil (en mode M) indique que pour ce sujet et à 100 ISO, l'exposition correcte est 1/125 s f/5,6 (il affiche en réalité 125 et 5.6). Puisque ouvertures et vitesses progressent du simple au double d'une valeur à l'autre, nous avons déjà la même exposition avec le couple 1/250 s f/4 ou encore 1/60 s f/8. En fait, pour cet exemple précis et en restant dans la gamme courante de couplage vitesse/diaphragme (V/D) de l'appareil, *tous les couples suivants sont équivalents et correspondent à la même exposition* :

1/4 f/32 – 1/8 f/22 – 1/15 f/16 – 1/30 f/11 – 1/60 f/8 – 1/125 f/5,6 – 1/250 f/4 – 1/500 f/2,8 – 1/1000 f/2 – 1/2000 f/1,4

(si l'ouverture maximale de l'objectif monté sur le boîtier est f/1,4).

Il existe une méthode permettant d'indiquer tous ces couples d'exposition V/D équivalents par une seule valeur : les indices de lumination.

Les indices de lumination (IL)

L'échelle des IL (Ev pour *Exposure Value* en anglais) est une série arithmétique croissante de raison 1. Chaque IL exprime la valeur de tous les couples V/D

Couples vitesse/diaphragme selon l'indice de lumination (pour 100 iso)

n \ IL	−2	−1	0	1	2	3	4	5	6	7	8	9	10	11	12	13	14	15	16	17	18	19	20	21
1,4	**8**	**4**	**2**	**1**	2	4	8	15	30	60	125	250	500	1 000	2 000	4 000	–							
2	**15**	**8**	**4**	**2**	**1**	5	4	8	15	30	60	125	250	500	1 000	2 000	4 000	–						
2,8	**30**	**15**	**8**	**4**	**2**	**1**	5	4	8	15	30	60	125	250	500	1 000	2 000	4 000	–					
4	**60**	**30**	**15**	**8**	**4**	**2**	**1**	5	4	8	15	30	60	125	250	500	1 000	2 000	4 000	–				
5,6	**125**	**60**	**30**	**15**	**8**	**4**	**2**	**1**	5	4	8	15	30	60	125	250	500	1 000	2 000	4 000	–			
8	**250**	**125**	**60**	**30**	**15**	**8**	**4**	**2**	**1**	5	4	8	15	30	60	125	250	500	1 000	2 000	4 000	–		
11	**500**	**250**	**125**	**60**	**30**	**15**	**8**	**4**	**2**	**1**	5	4	8	15	30	60	125	250	500	1 000	2 000	4 000	–	
16	**1 000**	**500**	**250**	**125**	**60**	**30**	**15**	**8**	**4**	**2**	**1**	5	4	8	15	30	60	125	250	500	1 000	2 000	4 000	–
22	**2 000**	**1 000**	**500**	**250**	**125**	**60**	**30**	**15**	**8**	**4**	**2**	**1**	5	4	8	15	30	60	125	250	500	1 000	2 000	4 000
32	**4 000**	**2 000**	**1 000**	**500**	**250**	**125**	**60**	**30**	**15**	**8**	**4**	**2**	**1**	5	4	8	15	30	60	125	250	500	1 000	2 000

Les indices de lumination (IL)

n : ouverture du diaphragme. **IL** : indice de Lumination. **En gras** : pose en secondes.

En maigre : vitesses inférieures à la seconde (60 = 1/60 s).

On voit qu'à chaque indice de lumination (ici de – 2 IL à + 21 IL) correspond toute une série de couples vitesse/diaphragme équivalents (donnant la même exposition (ou lumination) au film). Notez que certains couples sont impossibles avec les zooms standards dont l'ouverture maximale est limitée à f/3,5 ou f/4.

équivalents, correspondant donc à la même lumination du film. La base de la série est 0 IL (zéro) pour le couple 1 s f/1.

En pratique, l'échelle des IL va de – 2 IL à + 18 IL. Consultez le tableau des indices de Lumination et des couples V/D équivalents : vous y constaterez que l'exemple choisi ci-dessus, correspond à 12 IL. Lorsqu'on passe d'un IL à la valeur voisine, on double l'exposition ou on la diminue de moitié. Le passage d'un IL au voisin peut se faire :

- En faisant varier le temps de pose (V), le tableau montre que pour D = 5,6 on a V = 1/30 à 10 IL ; 1/60 à 11 IL ; 1/125 à 12 IL, etc.

- En faisant varier l'ouverture (D), le passage d'un IL au voisin équivaut à une division de diaphragme en plus ou en moins. Si la vitesse reste par exemple fixée à 1/30 s, l'ouverture D est 5,6 à 10 IL ; 8 à 11 IL ;11 à 12 IL, etc.

Les IL sont utilisés pour préciser les limites de couplage des fonctions automatiques du reflex, dans la configuration indiquée. Selon une convention adoptée par tous les constructeurs, ces limites de couplage sont toujours indiquées pour une sensibilité de 100 ISO. Dans le cas de l'EOS 30, la plage de mesure est comprise entre 0 IL et 20 IL avec un objectif (le 50 mm) ouvert à f/1,4, naturellement pour 100 ISO.

Signalons également que les IL servent aussi à indiquer la valeur des corrections volontaires d'exposition. Sur le performant et créatif EOS 30, celles-ci s'étendent sur +/– 2 IL par paliers de 0,5 IL. Nous y reviendrons…

Choix du couple vitesse/diaphragme, sujet et option créative

Nous venons d'indiquer que le film reçoit exactement la même lumination selon que l'exposition est 1/15 f/16 ou 1/1000 f/2 (à 12 IL pour 100 ISO par exemple). Sur le plan de l'expression photographique cependant, ces deux couples V/D équivalents en valeurs d'exposition (ainsi que les couples intermédiaires) ne sont pas appropriés aux mêmes sujets ou conditions de prise de vue.

1. Avec le couple 1/15 f/16, la vitesse « lente » demande que l'appareil soit posé sur pied et que le sujet soit immobile, tout au moins si vous ne voulez pas que la photo soit « bougée ». La petite ouverture vous fait en revanche bénéficier d'une grande profondeur de champ. Ce couple V/D conviendrait, par exemple, pour photographier sur pied une nature morte.

2. La vitesse élevée du couple 1/1000 f/2 peut « figer » un sujet animé d'un mouvement très rapide, comme une action sportive. Cependant, le diaphragme étant très ouvert, vous n'aurez qu'une faible profondeur de

champ, nécessitant donc une mise au point extrêmement précise avec un suivi sur le sujet mobile, ce que le système autofocus de l'EOS 30 assure très efficacement.

Tout ceci explique pourquoi le Canon EOS 30 met à votre disposition plusieurs modes d'exposition, spécifiques à la nature du sujet à traiter et/ou à l'objectif EF utilisé. Ainsi que nous allons le voir beaucoup plus en détail, le choix d'un de ces modes d'exposition plutôt qu'un autre suffit à indiquer à l'appareil si vous préférez contrôler avant tout l'absence de bougé (la priorité est donnée à la vitesse) ou au contraire la profondeur de champ (la priorité est donnée au diaphragme). Les modes automatiques Résultat ou Expert vous donneront sans coup férir des vues correctement exposées dans la très grande majorité des cas : surtout si vous utilisez le film négatif couleur. Mais lorsque vous voudrez interpréter votre sujet dans un but esthétique, rien ne vous sera plus facile que de débrayer l'automatisme de l'exposition en passant au mode Manuel. Vous réglez alors la vitesse et le diaphragme comme vous l'entendez. Cependant, même lorsque vous avez ainsi la bride sur le cou, le convivial Canon EOS 30 continue aimablement à vous informer de ce qu'il aurait fait à votre place : il indique sur les affichages ACL de l'écran et du viseur quels sont, selon lui, les bons réglages, ou si vos réglages conduisent à la sous-exposition ou à la surexposition. Voilà une manière très conviviale de dialoguer avec une machine...

Mode Tout-auto et programmes Résultat

Nous mettons dans ce chapitre l'accent sur l'exposition mais il ne faut pas oublier que l'EOS 30 est un système photographique intégré ; lorsque vous sélectionnez l'un des programmes Résultat, il prend en même temps en charge le pilotage global des autres fonctions qui y sont liées : le fonctionnement de l'autofocus AF (One-Shot, AI Servo ou AI Focus), le collimateur AF sélectionné, le principe de mesure de l'exposition (toujours évaluative dans ce cas), le mode de déclenchement (vue par vue ou en rafale). Nous préciserons ces points par la suite.

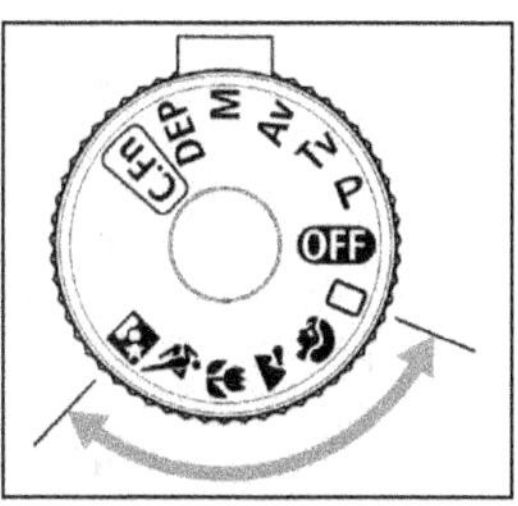

Mode Tout-auto
et les cinq programmes Résultat

Prise de vue 100 % auto – Rectangle vert □

Pour ce boîtier, c'est le mode à la fois le plus intelligent et le plus simple d'emploi. Si vous êtes un parfait débutant, et nous sommes tous passés par là, nous vous conseillons de n'utiliser que lui pour brûler votre première cartouche de film. Il vous permet en effet de prendre immédiatement des photos, sans aucun réglage préalable et avec un taux de réussite très élevé.

Configuration de l'appareil en mode Tout-auto

AF AI Focus – Sélection automatique du collimateur – Mesure évaluative – Avance film vue par vue – Flash : Auto (fonction anti-yeux rouges si elle est demandée).

Manière de procéder

1. Positionnez le sélecteur principal sur le rectangle vert ☐.

2. Cadrez votre image en veillant à ce que le sujet principal soit situé sur l'un des sept collimateurs AF. Si vous utilisez un zoom, tournez sa bague pour faire varier la taille du sujet.

3. Pressez sur le déclencheur à mi-course. Dès que le sujet est net, le voyant AF s'illumine, les valeurs de vitesse et d'ouverture s'affichent dans le viseur et un bip sonore se fait entendre. Pressez le déclencheur à fond pour prendre la photo.

   – Le couple V/D calculé s'affiche également sur l'écran ACL.

   – Si les conditions de mise au point sont difficiles, le flash se met en place et l'assistance AF s'active afin de permettre à l'autofocus de fonctionner : encore faut-il que le sujet soit à portée de celui-ci (4,50 m environ).

   – En faible lumière ou en cas de fort contrejour, le flash intégré sort et se déclenche automatiquement. Le flash Auto n'est cependant efficace que si le sujet principal est à sa portée (voir le chapitre 8 : « Le flash électronique »).

   – Le double bip sonore Mise au point OK est annulable.

Risque de flou de bougé

Dans les modes Tout-auto et programmes Résultat qui vont suivre, la vitesse clignote dans le viseur et sur l'écran ACL lorsqu'elle est trop lente pour opérer à main levée (avec la focale

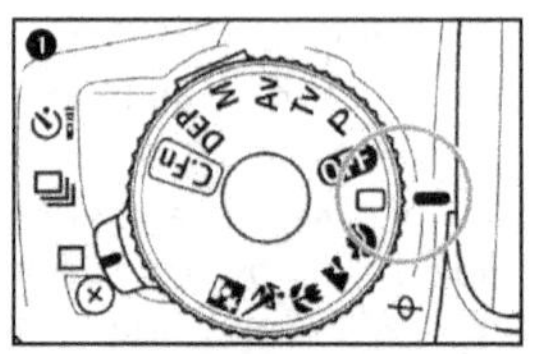

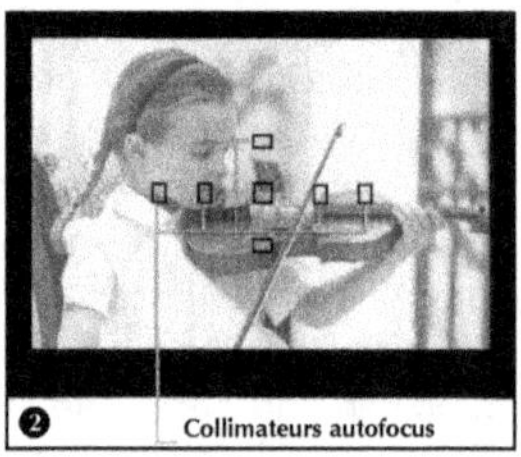

Collimateurs autofocus

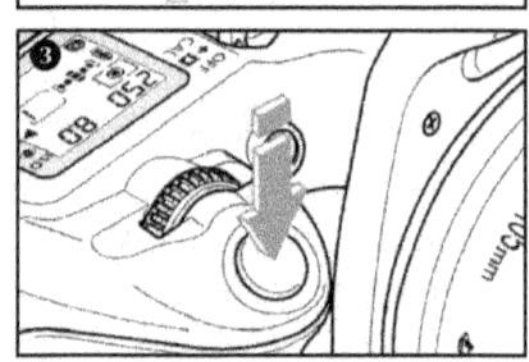

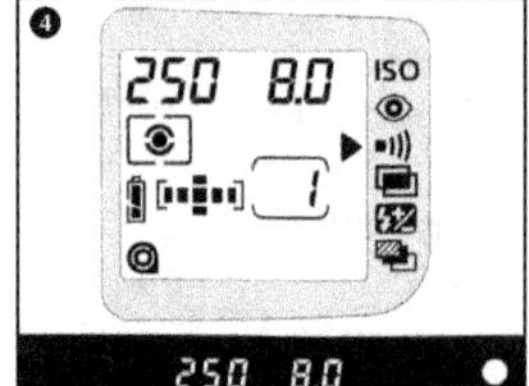

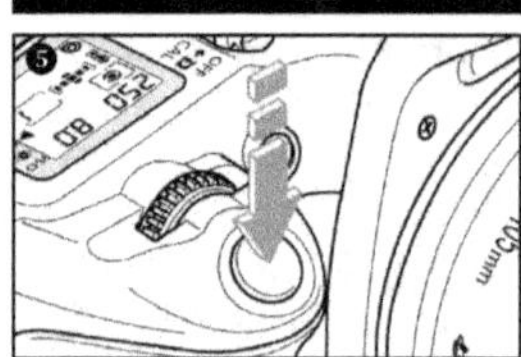

Mode d'exposition 100 % auto

Dans les conditions habituelles, ce mode le plus simple de prise de vue est aussi efficace que tous les autres :
1 Positionnez le sélecteur sur le rectangle vert - 2 Cadrez votre sujet - 3 Pressez le déclencheur à mi-course - 4 La vitesse, l'ouverture et les collimateurs activés automatiquement s'affichent dans le viseur et sur l'écran ACL. Le voyant AF est allumé dans le viseur - 5 Si rien ne clignote, vous pouvez prendre la photo.

d'objectif utilisée) et que, par conséquent, la photo sera bougée. Il faut alors monter l'appareil sur pied mais cela n'arrête pas pour autant le clignotement de l'indication de vitesse.

Verrouillage de mise au point automatique

La mise au point est faite sur la partie de la scène située sur l'un des collimateurs AF. Si votre sujet principal est au-delà des collimateurs (c'est-à-dire près d'un des deux bords latéraux de l'image), verrouillez la mesure AF (fonction Pré mise au point) avant de recomposer votre image. Pour ce faire :

1. Positionnez le sujet principal sur le collimateur central et enfoncez le déclencheur à mi-course ce qui mémorise la mise au point (et l'exposition).

2. Tout en maintenant la pression sur le déclencheur, recadrez votre image comme désiré et déclenchez (au bon moment !).

Les cinq programmes Résultat

L'EOS 30 offre cinq programmes d'expositions automatiques avec lesquels les réglages de mise au point, d'avance film, de vitesse et d'ouverture sont déterminés automatiquement, ce qui vous permet de vous consacrer à 100 % – si vous êtes d'accord avec la finalité du programme choisi – aux seuls aspects artistiques de vos photos.

Rappel

Si le symbole flash et/ou la vitesse clignotent, il y a risque de bougé et l'emploi du flash ou du trépied s'impose.

Portrait 🙎

Configuration de l'appareil en mode Portrait. AF One-Shot – Mesure évaluative – Sélection du Col. AF : automatique ou AFPO – Avance film en rafale – Flash auto (fonction anti-yeux rouges si elle est demandée).

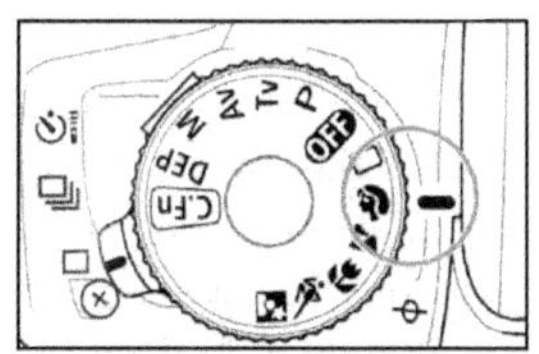

Sélection du programme Portrait

Finalité du programme

Adopter une grande ouverture de diaphragme afin de limiter la profondeur de champ. Ceci a pour effet de bien détacher le personnage du décor environnant, lequel est noyé dans une agréable zone floue.

Manière de procéder

Avec une focale fixe, rapprochez-vous du sujet de manière à le cadrer en gros plan et faites la mise au point AF sur ses yeux. Si vous utilisez un zoom, le flou de l'arrière-plan sera d'autant plus prononcé que vous aurez choisi une focale plutôt longue (80 à 105 mm par exemple) et que le sujet est plus éloigné du fond. Le mode rafale à 4 im/s vous permet de saisir les changements d'expression ou d'attitude à condition d'opérer en extérieur car le flash n'aurait pas le temps de se recycler.

Paysage 🏔

Configuration de l'appareil en mode Paysage

AF One-Shot – Mesure évaluative – Sélection du Col. AF : automatique ou AFPO – Avance film vue par vue – Flash désactivé.

Finalité du programme

Sélectionner une petite ouverture de diaphragme, afin d'étendre la profondeur de champ au maximum. C'est ce qu'on cherche généralement à obtenir pour une vue générale, particulièrement si elle comporte un premier plan significatif.

Manière de procéder

Outre la petite ouverture, la profondeur de champ est d'autant plus étendue que la focale est plus courte et que la distance de mise au point est plus grande. Vous accentuez donc les caractéristiques de profondeur, de relief et de perspective en adoptant un objectif grand-angulaire ou la plus courte focale de votre zoom.

Nota

Même s'il était déjà sorti, le flash ne se déclenche pas.

Gros plan 🌷

Configuration de l'appareil en mode Gros plan

AF One-Shot – Mesure évaluative – Sélection du Col. AF : automatique ou AFPO – Avance film vue par vue – Flash auto.

Finalité du programme

Le grandissement étant important (vous êtes à la distance minimale de mise au point de l'objectif), le risque de bougé est très réel ; aussi le programme adopte-t-il une grande ouverture et la vitesse la plus élevée correspondante. Conséquence immédiate, la profondeur de champ est extrêmement limitée, ce qui exige une mise au point très précise sur le motif le plus significatif du sujet.

Manière de procéder

En principe, approchez-vous du sujet jusqu'à la distance minimale de mise au point de l'objectif en place sur le boîtier. Si vous employez un zoom, vous avez intérêt à choisir une focale plutôt longue. En effet, plus vous êtes plus loin de votre sujet, moins vous risquez de l'effrayer s'il s'agit d'un être vivant (un petit animal). Rappelez-vous que la profondeur de champ ne dépend que du grandissement, toutes les autres conditions étant égales. La mesure de lumière étant évaluative, l'exposition est bonne même si le sujet n'est pas centré dans le viseur.

Compte tenu de la précision exigée, et si vous en avez le temps, faites la MaP manuellement (sélecteur objectif sur MF) et contrôlez la répartition de la netteté sur l'image de visée. Le test de PdC (profondeur de champ) est inopérant en programme Résultat.

Sport 🏃

Configuration de l'appareil en mode Sport

AF AI Servo – Mesure évaluative – Sélection du Col. AF: automatique ou AFPO – Avance film en rafale – Flash désactivé.

Finalité du programme

Sélection d'une vitesse d'obturation élevée de manière à figer le sujet mobile. Par ailleurs, l'autofocus en mode prédictif AI Servo refait la mise au point entre chaque vue prise, tant que le sujet est placé sur l'un des collimateurs AF.

Manière de procéder

Suivez le déplacement du sujet dans le viseur en vous efforçant de le maintenir dans la large plage du viseur où se trouvent les collimateurs AF. Si vous voulez prendre une série de vues en rafale, maintenez simplement la pression sur le déclencheur.

Nota

Vous avez généralement intérêt à utiliser un film de sensibilité assez élevée (400 ISO ou plus). De cette manière, et si la lumière est abondante, le diaphragme sera un peu fermé, même si l'appareil a sélectionné une vitesse d'obturation assez élevée (1/1 000 s par exemple). Vous bénéficierez ainsi d'une plus grande profondeur de champ, ce qui peut s'avérer utile en cas de perte momentanée du point en mode rafale. Même s'il est sorti, le flash ne se déclenchera pas.

Scène de nuit 🌃

Configuration de l'appareil en mode Scène de nuit

AF One-Shot – Mesure évaluative – Sélection du Col. AF: automatique ou AFPO – Avance film vue par vue – Flash auto.

Finalité du programme

Ce programme s'utilise lorsqu'on désire photographier un sujet en premier plan (généralement un ou plusieurs personnages) dans un environnement peu éclairé (à la tombée de la nuit, un paysage urbain, etc.). Dans un tel cas, le sujet proche est exposé par le flash, tandis que le temps de pose se prolonge si nécessaire jusqu'à 2 s afin d'exposer suffisamment l'environnement et l'arrière-plan.

Manière de procéder

Votre sujet principal doit être situé dans les limites de portée du flash. Compte tenu de la vitesse lente d'obturation, opérez de préférence sur pied, faute de quoi le fond serait bougé.

Nota

– Utilisez de préférence un film de sensibilité 400 ISO ou plus.

– Demandez au sujet de ne pas bouger immédiatement après l'éclair du flash.

– S'il n'y a pas de sujet au premier plan (paysage, coucher de soleil, la ville de nuit, etc.), opérez en mode Paysage sans flash, sur pied naturellement (la pose pouvant se prolonger jusqu'à 30 s).

– Ce programme est compatible avec l'emploi du retardateur. La lampe anti-yeux rouges s'allume brièvement dès que l'exposition est terminée.

Conclusion sur les programmes Résultat

Ils ont chacun été conçus pour que n'importe quel utilisateur débutant obtienne presque à coup sûr de bonnes images s'il a bien choisi le mode correspondant à la nature du sujet. L'interprétation, s'il y en a une, est celle décidée par l'appareil, laquelle ne vous convient pas forcément. Prenons, par exemple, le programme Sport qui donne la priorité à une vitesse élevée d'obturation. Votre approche personnelle peut être différente, mais la plupart des reporters sportifs préfèrent photographier un sujet mobile en suivant son déplacement dans le viseur et en adoptant une vitesse d'obturation relativement lente : cela qui produit un bel effet de filé de l'arrière-plan évoquant mieux la sensation de vitesse qu'une image « gelée ». Le programme Sport ne convient pas à cette manière d'interpréter le mouvement. De même, ce n'est pas le programme Gros plan que vous devez choisir si vous aimez les vues de détail bien nettes avec suffisamment de profondeur de champ (voir chapitre 11 : « Photomacrographie »).

Modes d'exposition Photographe expert

L'appellation donnée à ces modes par Canon est un peu flatteuse, car même un débutant peut parfaitement les utiliser s'il sait quand et pourquoi. Il s'agit en premier lieu de modes avec lesquels on peut, selon l'interprétation particulière que l'on désire donner du sujet, accorder la priorité soit à la vitesse, soit à l'ouverture.

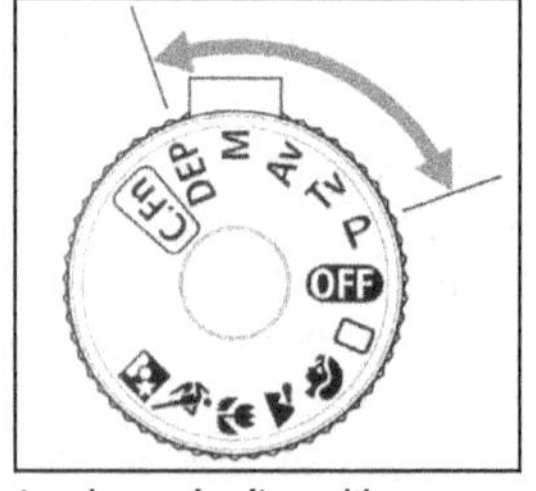

Les cinq modes d'exposition Photographe Expert
Les modes P, Tv, Av et M sont essentiels. Le mode DEP, d'emploi moins évident, est décrit dans le chapitre suivant.

1. Malgré les apparences et à la seule exception de la pose B (BuLB), ces modes restent par construction à exposition automatique. La preuve en est que si vous voulez modifier la valeur d'exposition globale dans le but d'interpréter votre sujet, vous devrez intro-

duire sous une forme ou sous une autre une correction de l'exposition calculée par l'appareil et dont les paramètres V/D sont indiqués sur les affichages ou bien pratiquer une mesure semi-sélective sur la partie de la scène que vous considérez comme essentielle à la signification de votre image. Ce qui demande sans doute une certaine « expertise ».

2. Dans tous les modes Expert, l'échelle de niveau d'exposition avec curseur apparaît dans le viseur et sur l'écran ACL. Cela va permettre les corrections d'exposition désirées ou nécessaires et faciliter l'évaluation de l'exposition correcte en mode Manuel/Semi-auto.

3. Avec les modes Expert, la programmation du boîtier en vue d'un résultat prédéterminé laisse place à la notion de configuration spécifique de l'appareil pour l'accomplissement d'une tâche particulière, cela par la sélection dans chaque fonction du mode (d'entraînement du film, de mesure, autofocus, de sélection du Col. AF, etc.) approprié. Ce serait une erreur d'affirmer *a priori* que le reportage sportif s'accorde mieux avec une configuration de genre : Tv (priorité vitesse) + rafale + autofocus AI Servo + mesure évaluative, alors que nous savons qu'un talentueux spécialiste du genre préfère configurer son boîtier en P (Programmé) + vue par vue + autofocus One-Shot + mesure sélective. Dans ces conditions, le fait que chacune des fonctions soit librement accessible dans tous les modes d'exposition Expert est la plus grande vertu de l'EOS 30, mais cela nous interdit de vous proposer des configurations standards ou des règles qui conviendraient mieux à tel ou tel domaine de prise de vue. Plutôt qu'en expert, c'est en artiste qu'il faut utiliser un si bel outil…

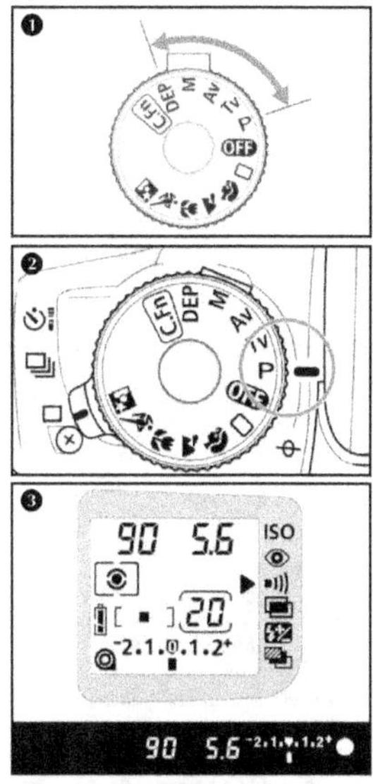

Mode Programme décalable
1 *Placez le sélecteur principal sur P -*
2 *Pressez le déclencheur à mi-course*
- 3 Le couple V/D, ainsi que l'échelle
d'exposition s'affichent sur l'ACL et
dans le viseur - 4 Déclenchez… au
bon moment.
• Dans ce mode, vous pouvez
décaler le programme à exposition
constante en agissant sur la molette
principale. On peut de plus
introduire une correction
d'exposition, faire une mesure
sélective avec mémorisation, forcer
l'emploi du flash, etc.

P – Programme décalable

Dans ce mode, l'automatisme de l'appareil règle l'ouverture et la vitesse : c'est en somme un programme analogue au Tout-auto mais avec les possibilités complémentaires de *décalage de programme* de libre choix des divers modes, ce qui lui confère une grande souplesse opérationnelle.

Parce qu'il est le plus universel des modes automatiques, c'est probablement celui que vous

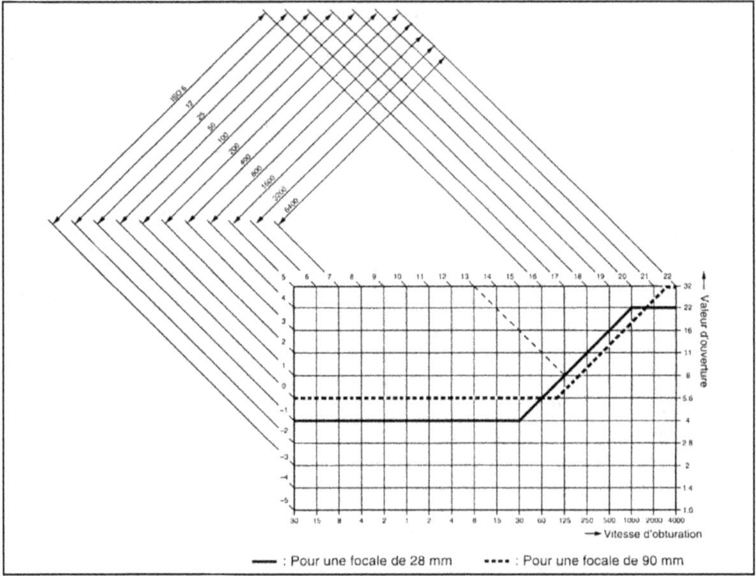

Fonctionnement en mode programmé (P)

Cette courbe de programme s'applique au mode P, avec un zoom standard EF 28-90 mm f/4-5,6 (n° 32 et 33 du tableau des objectifs EF, chapitre 9) : elle serait différente avec un autre zoom dont les focales extrêmes et les ouvertures maximales ne sont pas les mêmes.

• Les vitesses d'obturation sont portées en abscisse, les ouvertures de diaphragme en ordonnée. Les valeurs de lumination sont représentées, de – 5 à + 5 IL sur le bord gauche, puis, de + 5 à + 22 IL, sur le bord supérieur du graphique. Compte tenu du nombre de paramètres pris en compte, ce type de graphique est très difficile à lire et à interpréter. Heureusement, rien ne nous oblige à le faire !

Exemple : *le zoom étant réglé sur la focale de 28 mm pour une lumination de 13 IL, le point d'intersection de la diagonale issue de 13 IL avec la courbe de programme (en trait plein) indique que le couple V/D adopté par le programme est 1/125 s f/5,6. Si le zoom est réglé sur 90 mm (courbe en pointillés), le couple V/D équivalent serait 1/180 s f/6,7 : en effet, le choix d'une plus longue focale implique une vitesse plus élevée limitant le risque de bougé. Les flèches (en haut à gauche du schéma) indiquent les limites de couplage en IL du système de mesure pour les diverses sensibilités de film (de 6 à 6 400 ISO).*

devez sélectionner lorsque vous désirez opérer très rapidement sans réglage préalable. Il est particulièrement performant quand la sensibilité du film est adaptée aux conditions de prises de vue.

Le décalage de programme vous permet de mettre immédiatement en pratique ce que nous avons vu en début de chapitre : le couple V/D peut être instantanément modifié, à exposition constante (valeur IL fixe), en donnant la priorité à l'un ou à l'autre des deux paramètres. Pour décaler le programme :

1. Pressez le déclencheur à mi-course afin d'afficher les valeurs d'exposition (elles restent affichées pendant six secondes après relâchement du doigt sur le déclencheur).

2. Tournez la molette de sélection pour modifier corrélativement l'ouverture et la vitesse : les valeurs des deux paramètres sont affichées (viseur et écran ACL).

Deux points importants :

- Le décalage de programme s'annule après le déclenchement (les valeurs V/D d'origine sont restaurées).

- Le décalage de programme est incompatible avec l'emploi du flash intégré.

Tv – Priorité vitesse

Vous choisissez la vitesse d'obturation, l'appareil calcule et applique l'ouverture correspondant à l'exposition correcte.

À l'instar des modes décrits plus bas, le mode Priorité vitesse a le droit de s'appeler « créatif » puisqu'il vous donne la possibilité de sélectionner le temps de pose désiré dans les limites de couplage du système (éclairement, sensibilité, ouverture maximale de l'objectif). Le choix de ce mode se justifie plutôt dans le cas d'un sujet mobile. Si vous voulez « geler » son mouvement, vous adopterez une vitesse élevée ou, au contraire, une vitesse lente pour un effet de filé avec suivi du sujet en panoramique.

La vitesse d'obturation initiale est celle qui avait été automatiquement mémorisée par l'appareil lors de la dernière utilisation de ce mode. Affichez la vitesse désirée avec la molette principale ⌒ par paliers d'une valeur ou d'une demi-valeur.

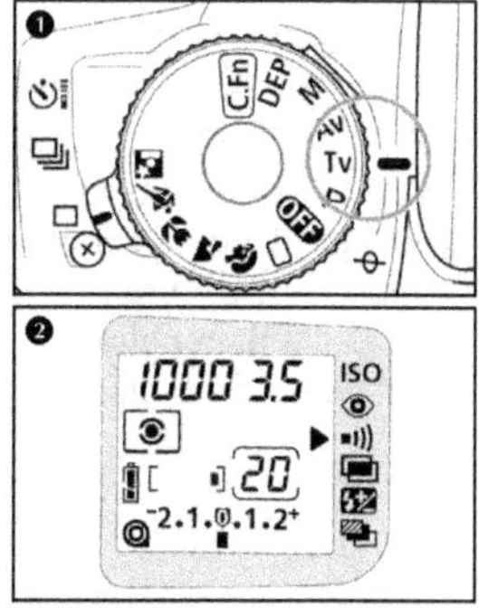

Mode priorité vitesse
1 *Placez le sélecteur sur Tv :*
l'affichage indique directement la vitesse sélectionnée la dernière fois dans ce mode - **2** *Affichez la vitesse désirée avec la molette principale -* **3** *Pressez le déclencheur à mi-course : mise au point et affichage/contrôle des paramètres de l'exposition.*

Contrôle de l'exposition

En cas de sous-exposition, l'ouverture maximale de l'objectif se met à clignoter : sélectionnez une vitesse plus lente jusqu'à l'arrêt du clignotement. En cas de surexposition, c'est l'ouverture minimale qui clignote : adoptez une vitesse d'obturation plus élevée. Cette solution est toutefois incompatible avec l'emploi conjoint du flash intégré (en fill-in par exemple) : l'obturateur se règle automatiquement sur la vitesse limite de synchronisation (1/125 s).

Nota

La surexposition est parfois inévitable si vous avez chargé un film trop sensible. La vitesse maximale de 1/4 000 s ne permet pas d'utiliser, par exemple, un film de 800 ISO en plein soleil.

Av – Priorité diaphragme

Vous choisissez l'ouverture du diaphragme ; l'appareil calcule et applique la vitesse d'obturation correspondant à l'exposition correcte.

Le mode vous permet de sélectionner l'ouverture convenant à l'interprétation de la scène. Son choix se justifie davantage dans le cas où vous voulez contrôler la PdC. Outre la courte focale de l'objectif, une petite ouverture étend la PdC au maximum (ce qui est généralement recherché pour un paysage ou une nature morte), tandis qu'une grande ouverture, et éventuellement une longue focale, donne une PdC limitée, généralement bien adaptée au portrait.

L'ouverture initiale est celle (mémorisée) qui avait été utilisée la dernière fois dans ce mode. Affichez l'ouverture désirée avec la molette principale par paliers d'une division ou d'une demi-division de diaphragme.

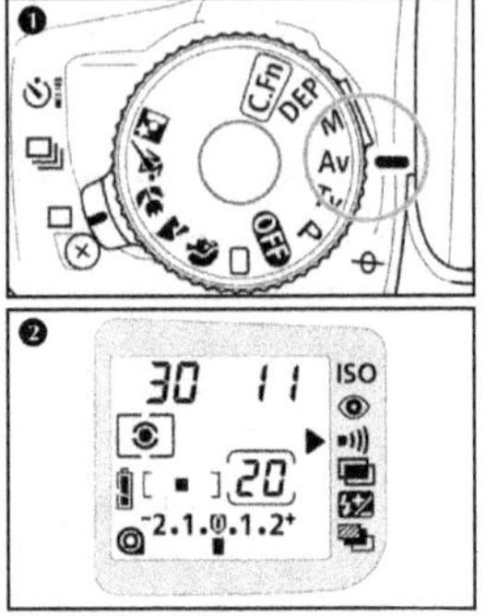

Mode priorité diaphragme
1 Placez le sélecteur sur Av : l'affichage indique directement l'ouverture de diaphragme sélectionnée la dernière fois dans ce mode - 2 Affichez l'ouverture désirée avec la molette principale - 3 Pressez le déclencheur à mi-course - 4 Mise au point et contrôle des paramètres de l'exposition.

Avertissements d'exposition sur les affichages

Mode	Paramètre clignotant	Symptôme	Remède
P	30" 35	Scène trop sombre	1. Utiliser un flash (si le sujet est à sa portée) 2. Mode M, pose B (BULB)
	4000 22	Scène trop lumineuse	1. Choisir un film plus lent 2. Monter un filtre ND sur l'objectif
Tv	500 35	La vue sera sous-exposée	Sélectionner une vitesse d'obturation plus lente avec la molette
	60 22	La vue sera surexposée	Sélectionner une vitesse d'obturation plus élevée avec la molette
Av	30" 22	La vue sera sous-exposée	Sélectionner une plus grande ouverture avec la molette
	4000 35	La vue sera surexposée	Sélectionner une plus petite ouverture avec la molette
DEP	60 22	Impossible d'obtenir la profondeur de champ désirée	1. Augmenter la distance de prise de vue 2. À la même distance, adopter la plus courte focale du zoom
	30" 35	Scène trop sombre	Utiliser un flash : même résultat qu'en mode P
	4000 22	Scène trop lumineuse	Mêmes remèdes qu'en mode P

Contrôle de l'exposition

En cas de sous-exposition, la plus longue pose automatique de 30" (30 s) clignote. En cas de surexposition, c'est la vitesse maximale (1/4 000 s) qui clignote ; fermez progressivement le diaphragme jusqu'à l'arrêt du clignotement.

M – Exposition manuelle/ Semi-automatique

Vous êtes totalement libre d'afficher la valeur (ou la demi-valeur) de chacun des deux paramètres V/D de l'exposition. Néanmoins, l'apparition de l'échelle de niveau d'exposition et de son curseur de réglage (à la fois dans le viseur et sur l'écran ACL) vous permet dans tous les cas de savoir où vous en êtes par rapport à l'exposition correcte mesurée par l'appareil et de la corriger en plus ou en moins comme vous le désirez. Ce mode que les Anglo-Saxons nomment *Manual* est en réalité le mode d'exposition semi-automatique couplé/croisé des anciens reflex à exposition non automatique (mais que tous les reflex à exposition automatique offrent également).

Les paramètres initiaux sont la vitesse et l'ouverture précédemment réglées dans ce mode M.

1. Après avoir positionné le sélecteur principal sur M, tournez la molette principale ⌂ afin de sélectionner la vitesse d'obturation désirée.

2. Placez le commutateur de la molette secondaire sur ON. Vous pouvez maintenant tourner la molette secondaire ◯ pour afficher l'ouverture de votre choix.

3. Pressez à mi-course sur le déclencheur afin de contrôler les données d'exposition.

   Comme dans tous les modes Expert d'ailleurs, l'échelle de niveau d'exposition est affichée dans le viseur et l'écran ACL).

Contrôle de l'exposition

Vous pouvez dès lors régler l'exposition sur une plage allant de -2 à +2 IL par paliers de 0,5 IL en

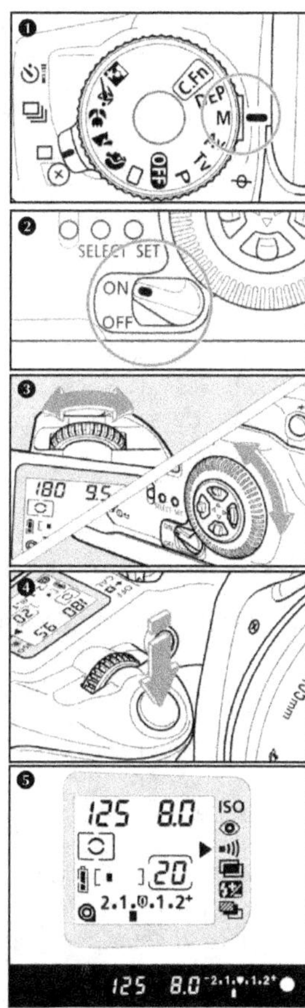

Mode manuel (semi-automatique)
1 Placez le sélecteur sur M : l'affichage indique directement les paramètres V/D choisis la dernière fois dans ce mode - 2 Réglez la vitesse en agissant sur la molette principale - 3 Après l'avoir activée ON, affichez ensuite l'ouverture désirée avec la molette secondaire - 4 L'exposition est jugée correcte (par le système) quand le curseur de l'échelle est face au repère central 0. On voit sur les afficheurs que l'écart d'exposition est ici de – 0,5 IL, soit une très légère sous-exposition par rapport à l'exposition calculée par l'appareil.

jouant soit sur la vitesse, soit sur l'ouverture. L'exposition est considérée par le système comme correcte lorsque le curseur est centré sur 0 IL (pas de correction par rapport à l'exposition calculée par l'appareil).

- *Surexposition volontaire :* adoptez une vitesse plus lente ou une plus grande ouverture de diaphragme. Lisez du côté (+) la valeur IL de la surexposition par la position du curseur sur l'échelle.

- *Sous-exposition volontaire :* adoptez une vitesse plus élevée ou une plus petite ouverture de diaphragme. Lisez du côté (-) la valeur IL de la sous-exposition par la position du curseur sur l'échelle.

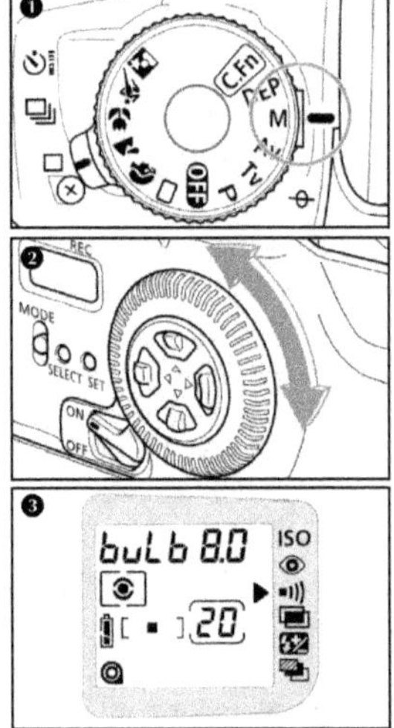

Exposition correcte	⁻2.1.0.1.2⁺
Sous-exposition	⁻2.1.0.1.2⁺
Surexposition	⁻2.1.0.1.2⁺

Indication d'exposition en mode semi-automatique (M)
Sur ces exemples, les écarts d'exposition sont respectivement de – 1 IL (sous-exposition) et de +1 IL (surexposition).

BuLb – Pose longue (pose B)

La pose B permet à l'obturateur de rester ouvert tant que vous maintenez la pression sur le déclencheur. Voici à ce propos une anecdote : les constructeurs japonais ont peut-être oublié d'où vient cette curieuse appellation « BuLb » qu'ils donnent obstinément à la pose B. Dans ce cas précis, le mot anglais bulb signifie « poire en caoutchouc » et date du temps lointain où le photographe professionnel déclenchait pneumatiquement l'obturateur de son encombrante chambre d'atelier en soufflant de l'air au moyen d'une poire en caoutchouc au bout d'un long tuyau en caoutchouc lui aussi…

Utilisation de la pose B

En principe, pour les poses plus longues que 30 s (feux d'artifice, éclair d'orage, vues nocturnes ou autres scènes très peu éclairées). Rien ne vous empêche cependant de poser 5 s en BuLb. Vous êtes cette fois en vrai mode manuel car sous un

Pose B
1 Placez le sélecteur principal sur M et tournez la molette principale vers la gauche afin d'afficher (après 30") le mot BuLb (pose B) - 2 Affichez l'ouverture de diaphragme désirée avec la molette secondaire (activée ON) - 3 Aspect de l'ACL : l'indicateur de niveau d'exposition, désormais sans objet, a disparu.

si faible éclairement (inférieur à 2 IL), ni le posemètre intégré au boîtier ni l'autofocus ne peuvent fonctionner. Notez qu'un posemètre indépendant ultra-sensible peut encore donner des indications valables. Comme il n'est pas facile de garder le doigt en pression sur le déclencheur pendant très longtemps lorsque l'appareil est sur pied, vous utiliserez la télécommande par câble (RS-60E3) qui se connecte à la prise de télécommande située sur le côté droit du boîtier ; elle dispose d'un verrouillage, de telle sorte que vous pouvez laisser l'obturateur ouvert après avoir relâché la touche de déclenchement.

Manière de procéder

1. Sélecteur principal sur M.

2. Tournez la molette principale ⚙ jusqu'à ce que BuLb soit affiché (après 30 s) sur l'ACL externe, ainsi que dans le viseur.

3. Affichez l'ouverture désirée avec la molette secondaire (activée sur ON).

   – Ce mode peut être combiné avec la fonction surimpression (pour prendre plusieurs bouquets d'un feu d'artifice sur la même vue, par exemple).

   – La pose B consomme beaucoup d'énergie : un jeu de piles CR2 neuves se décharge en quelques heures. Si vous faites des poses de plusieurs heures pour enregistrer la ronde des étoiles dans le ciel nocturne, utilisez la poignée-alimentation BP-300 avec quatre piles alcalines ; elles se videront aussi vite, mais elles vous coûteront beaucoup moins cher !

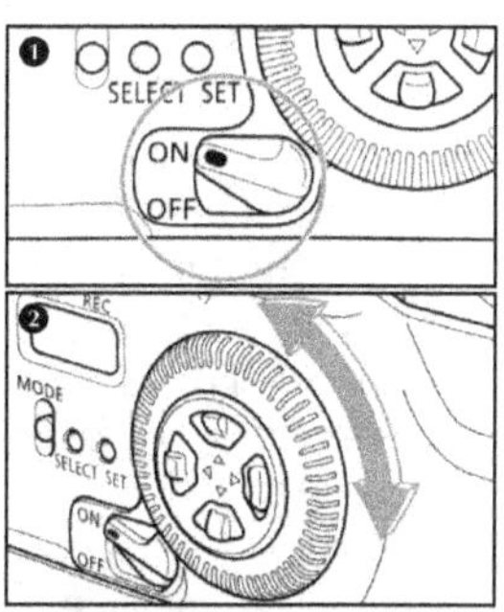

Correction d'exposition

Le correcteur d'exposition (+/– 2 IL par paliers d'une demi-valeur) est utilisable dans les modes d'exposition Expert sauf dans le mode M.

Emploi

Lorsque vous désirez volontairement sous-exposer ou surexposer vos prises de vue. Prenons comme exemple d'application un artiste éclairé sur scène par un projecteur de poursuite mais qui n'occupe qu'une toute petite place dans le cadrage. En mesure évaluative ou même sélective, le système de mesure de l'exposition risque d'être trompé par une scène qu'il « voit » globalement sombre. Le personnage lui-même, sujet principal, sera très surexposé (tel un « fromage blanc »). Afin de corriger préventivement cette erreur, vous afficherez une correction négative de – 1 à – 2 IL (diminuer l'exposition). Ce sera le

Valeur de surexposition

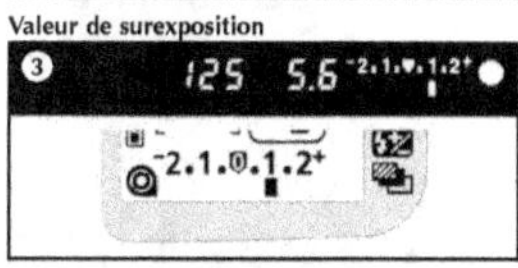

Valeur de sous-exposition

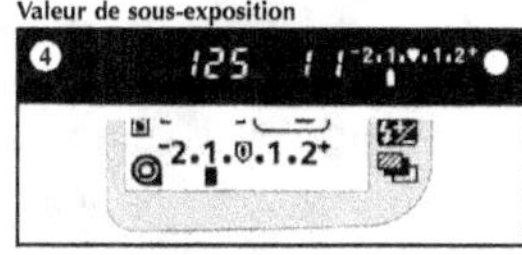

Correction d'exposition
1 Activer la molette secondaire (commutateur sur ON) - 2 Presser le déclencheur à mi-course pour faire apparaître les affichages et vérifier les paramètres d'exposition - 3 À l'aide la molette secondaire, régler comme désiré la position du curseur sur l'échelle de l'indicateur (de – 2 à + 2 IL, par paliers de 0,5 IL) - 4 Pour annuler la correction d'exposition, qui sans cela reste active dans les modes Expert, remettre le curseur de l'échelle sur la position centrale (0).

Sur quel paramètre la correction d'exposition s'applique-t-elle ?

Mode expert	La vitesse	Le diaphragme
P Programmé	•	•
Tv Priorité vitesse	–	•
Av Priorité diaphragme	•	–
DEP Priorité PdC	•	–
M Manuel/Semi-auto	–	•

• : le paramètre qui varie dans le mode d'exposition concerné.

contraire en cas de fort contre-jour avec lequel il faut appliquer une correction positive (augmenter l'exposition), afin d'obtenir quelques détails dans les ombres. On l'utilise aussi, mais avec une amplitude de 0,5 IL seulement, lorsqu'on désire que la neige soit bien blanche (+) ou que le charbon soit bien noir (–) : le système de mesure les rendrait grisâtres.

Manière de procéder

1. En cadrant la scène dans le viseur, pressez le déclencheur pour afficher les paramètres d'exposition correspondants.

2. Activez la molette secondaire ○ (commutateur sur ON) et tournez-la dans un sens ou dans l'autre de manière à positionner l'index sur la valeur de correction désirée sur l'indicateur de niveau d'exposition de l'écran ACL ou du viseur.

3. Une fois la valeur de correction spécifiée, désactivez la molette secondaire (commutateur sur OFF) afin d'éviter son déréglage accidentel.

4. Attention : la correction reste active tant qu'elle n'est pas volontairement annulée.

5. Pour annuler la correction, répétez l'opération ci-dessus en replaçant l'index en face du 0 de l'échelle.

   – L'indicateur de niveau/correction d'exposition étant toujours affiché dans ces modes, prenez l'habitude de le consulter et n'oubliez surtout pas d'annuler la correction dès que vous n'en avez plus besoin.

   – La correction introduite est mémorisée pour les quatre modes concernés, mais elle ne s'applique pas sur les mêmes paramètres.

Mémorisation de l'exposition ✳

Dans les modes Expert, la pression sur la touche ✳ de mémorisation de l'exposition verrouille l'exposition mesurée sur la partie de la scène recouverte par le Col. AF assurant la mise au point. Dans le cas général du collimateur central, cela permet, après avoir mesuré l'exposition sur le sujet situé au centre du viseur, de recadrer l'image puis de refaire la MaP AF sur le sujet (qui

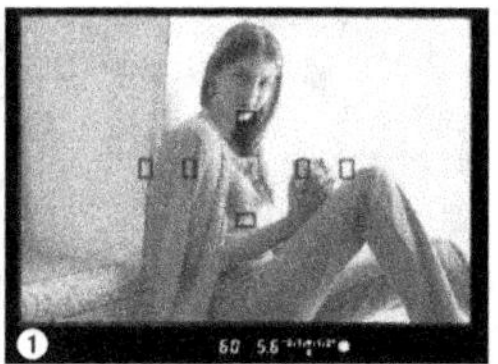 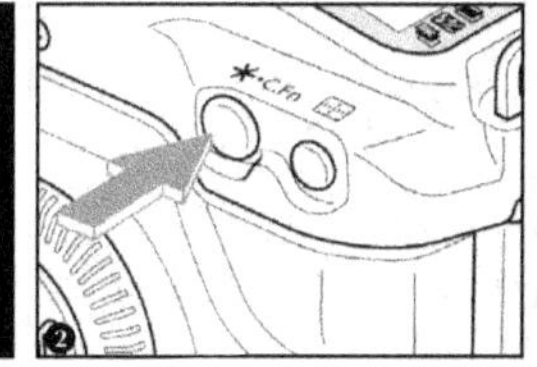 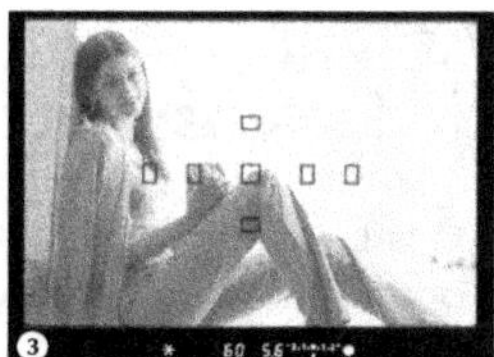

Mémorisation de l'exposition
Se référer aux explications du texte.

n'est plus à la même distance) mais en appliquant l'exposition précédemment mesurée. La procédure est classique avec tous les reflex AF, mais l'EOS 30 a le grand avantage de permettre de mémoriser l'exposition sur n'importe lequel des sept Col. AF activés. Dans bien des cas, il n'est pas nécessaire de recadrer, même quand le sujet principal n'est pas au centre du viseur. Le principe est particulièrement intéressant dans le cas de la mesure évaluative sur une scène contrastée, en contre-jour par exemple (voir le tableau suivant).

1. En pressant sur le déclencheur à mi-course, faire la mise au point AF sur la région de la scène sur laquelle vous voulez mémoriser l'exposition : les paramètres V/D d'exposition s'affichent dans le viseur.

2. Pressez sur la touche ✱-c.Fn. Le symbole ✱ s'allume dans le viseur, confirmant ainsi la mise en mémoire des valeurs d'exposition.

3. Si nécessaire, recadrez l'image et prenez la photo.

Nota

– En mode AF One-Shot et AI Focus (mais pas en AF AI Servo), l'exposition se mémorise automatiquement en même temps que l'on presse le déclencheur à mi-course pour faire la MaP.

– La fonction personnalisable C.Fn-04-1 inverse la procédure : (1) Mémorisation exposition par pression à mi-course sur le déclencheur et (2) Mise au point AF par pression sur la touche ✱.

Sur quel paramètre la correction d'exposition s'applique-t-elle ?

Mode de sélection du col. AF		Sélection manuelle/AFPO	Sélection automatique
Mesure évaluative		Mémorisation d'exposition sur le col. AF sélectionné	Mémorisation d'exposition sur le col. AF qui a effectué la MaP
Mesure sélective	C.Fn-8-0	Mémorisation d'exposition sur le col. AF central	Mémorisation d'exposition sur le col. AF central
	C.Fn-8-1	Mémorisation d'exposition sur le col. AF sélectionné*	
Mesure pondérée à prépondérance centrale		Mémorisation d'exposition sur le col. AF central	

** En mode de sélection APFO, le fait de presser la touche ⬚ avant de presser le déclencheur à mi-course a pour effet de mémoriser l'exposition sur le col. AF central.*

Affichage manuel de la sensibilité du film

Dans le cas (improbable) où votre film n'est pas codé DX ou que vous désirez l'employer à une sensibilité différente de la sensibilité nominale (celle qui est indiquée sur la cartouche, en clair et en code DX), vous pouvez régler la sensibilité sur toute valeur comprise entre 6 et 6400 ISO et cela par paliers de 1/3 de valeur. Voilà un moyen simple de sous-exposer ou de surexposer systématiquement et subtilement tout un film, par exemple, dans le but d'obtenir des diapositives globalement plus denses ou plus claires (car avec un film négatif couleur, cela n'aurait pratiquement aucun effet). Idem pour un film noir et blanc que l'on va développer grain fin (ce qui fait baisser sa sensibilité nominale) ou pour un film couleur inversible qui sera poussé (de 1/2, 1 ou 2 « diaph ») au laboratoire. La valeur à afficher est évidemment la sensibilité ISO effective.

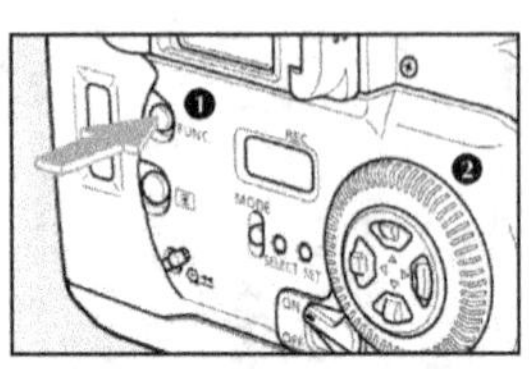

Affichage manuel de la sensibilité
Quel que soit le mode d'exposition, que le film soit codé DX ou non, il est toujours possible d'imposer au système de prendre en compte une sensibilité ISO quelconque comprise entre 6 et 6400 ISO.
1 Par pressions successives de la touche FUNC. amener l'index de l'ACL en face du symbole ISO -
2 Afficher la valeur ISO désirée avec la molette principale. Celle-ci reste mémorisée tant qu'on n'enlève pas le film de l'appareil, mais elle s'annule au profit de la valeur DX d'un nouveau film (sauf activation de la fonction C.Fn-03-1).

Manière de procéder

1. Par pressions successives sur la touche **FUNC.** amenez l'index de fonction de l'ACL en face de l'icône **ISO** : une valeur de sensibilité s'affiche sur l'écran ACL (si vous ne l'avez pas déjà modifiée, c'est la sensibilité DX du film chargé dans l'appareil).

2. Avec la molette principale ▒, affichez la sensibilité désirée.

3. Ce réglage manuel s'annule lorsque vous enlevez le film de l'appareil et que vous le remplacez par une cartouche de film codée DX.

Fonction personnalisable relative à l'affichage de la sensibilité

C.Fn-03-1 : la sensibilité que vous avez spécifiée manuellement est conservée pour les films suivants, quel que soit leur code DX : n'oubliez pas de l'annuler dans le cas contraire !

6

Modes complémentaires de prise de vue

Votre Canon EOS 30 est pourvu de quatre autres modes de prise de vue qui ne sont pas directement liés à l'exposition. Les trois premiers peuvent, à la rigueur, être qualifiés de modes « créatifs ».

Mode DEP : priorité profondeur de champ

Ce mode de prise de vue est une invention de Canon dont le premier EOS de 1987 était déjà pourvu. Le terme DEP n'est autre que les trois premières lettres du mot anglais *depth* qui signifie profondeur (de champ).

> La profondeur de champ (**PdC**) est la distance séparant le Premier Plan Net (**PPN**) du Dernier Plan Net (**DPN**). Par conséquent : PdC = DPN – PPN.

Comme vous le savez peut-être déjà[1], l'étendue de la profondeur de champ (« zone de netteté » dans le langage de Canon) dépend de quatre facteurs qui sont :

1. Le « degré de netteté » exigé, soit le diamètre du cercle de confusion admis : c'est le diamètre du plus petit cercle qui, sur la vue originale 24 × 36 mm, sera confondu par l'œil avec un point (même lorsque l'image aura été agrandie). Pour ce format 24 × 36 mm, on admet habituellement un cercle de confusion (e) de 0,03 mm (30 µm) de diamètre.

2. L'ouverture du diaphragme : plus l'ouverture est petite, plus la PdC est étendue (et inversement).

3. La longueur focale de l'objectif : de la même façon, plus la focale est courte, plus la PdC est étendue. Grande PdC avec un grand-angle ; PdC très limitée avec un long téléobjectif.

4. La distance de mise au point : plus le sujet est proche, plus la PdC est faible.

---

1. Pour tout savoir sur ce point et sur bien d'autres, consultez notre ouvrage *La Pratique du Reflex argentique & numérique*, Éditions VM, Groupe Eyrolles.

Test de profondeur de champ

Nous avons vu que l'EOS 30 est équipé (sous le verrou d'objectif) d'une touche Test de profondeur de
champ permettant de contrôler visuellement la
répartition de la PdC sur l'image de visée à l'ouverture « de travail », c'est-à-dire celle qui sera effectivement utilisée pour l'exposition. Ce dispositif est
indispensable pour la photographie « sérieuse »
comme disent les anglophones. Le test de PdC
n'étant de toute manière utilisable qu'en mode
Expert, nous le trouvons personnellement préférable au mode DEP, mais vous n'êtes pas obligé de
partager cette opinion.

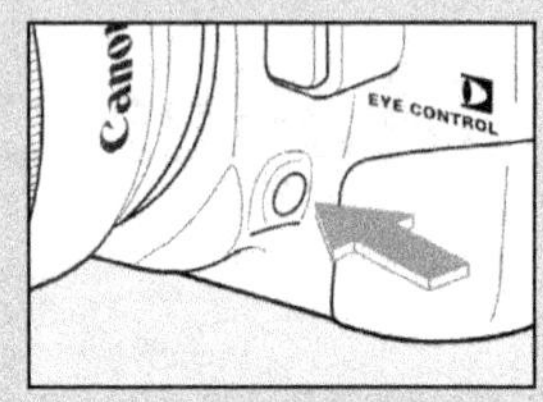

Test de profondeur de champ
*Cette précieuse fonction est utilisable
dans tous les modes Expert.*

Canon a magnifiquement résolu le problème du contrôle de la PdC en inven-
tant le mode DEP et en l'installant à demeure sur tous ses boîtiers AF, y compris sur ceux qui n'en ont pas vraiment besoin puisqu'ils sont pourvus, comme
le vôtre, d'un test de PdC. Le mode DEP n'est rien d'autre que le mode
Programmé (P), mais avec décalage de la valeur d'ouverture (la priorité diaphragme), l'exposition globale restant naturellement constante. Sur certains
boîtiers grand public, tels les EOS 500N et EOS 300, ce système est automatique (A) avec une seule mesure (mode **A-DEP**).

Pour les boîtiers à vocation pro (EOS-1V, EOS 3, EOS 30), Canon en est sage-
ment resté au système DEP d'origine nécessitant deux opérations successives :
la première mesure la distance du PPN, la deuxième celle du DPN, tels qu'ils
ont été spécifiés par l'utilisateur. Après mémorisation de ces informations,
l'appareil calcule et règle (1) la distance optimale de MaP, (2) l'ouverture du
diaphragme donnant la PdC désirée et (3) la vitesse d'obturation correspondant à l'exposition correcte.

Fonctionnement

Une fois que l'on a acquis la « gestuelle », la mise en œuvre du mode DEP
est à la fois rapide et très efficace. La mesure des distances PPN (DEP 1) et
DPN (DEP 2) s'effectue avec un seul et même collimateur. On peut sélectionner ce collimateur manuellement, avec l'AFPO, ou automatiquement avec le
Col. AF central seulement. Nous ne décrivons ci-après que la méthode avec
sélection manuelle.

1. Placez le sélecteur principal sur DEP.
2. Désactivez sur OFF le sélecteur de commande du Col AF par l'œil.

3. Sélectionnez le Col. AF désiré. Je vous conseille d'utiliser systématiquement le Col. AF central que l'on repère immédiatement et qui convient aux trois modes de sélection.

Pressez la touche ⊞ puis les touches du sélecteur en croix ⊙.

4. Faites la mise au point sur le PPN (DEP 1).

Placez le Col. AF sur le motif le plus proche que vous voulez net et pressez le déclencheur. Après MaP AF, deP 1 s'affiche dans le viseur et sur l'écran ACL.

5. Faites la mise au point sur le DPN (DEP 2).

Placez le même Col. AF sur le motif le plus éloigné que vous voulez net et pressez le déclencheur. Après MaP AF, deP 2 s'affiche dans le viseur et sur l'écran ACL.

6. Adoptez votre cadrage définitif en pressant à mi-course le déclencheur.

L'appareil a calculé l'ouverture de diaphragme donnant la PdC désirée et effectué la MaP sur la distance optimale, intermédiaire entre PPN et DPN.

Si vous relâchez le déclencheur, DEP et la valeur de diaphragme s'affichent, la vitesse se règle mais n'apparaît (à la place de dEP) qu'au moment du déclenchement.

7. Prenez la photo.

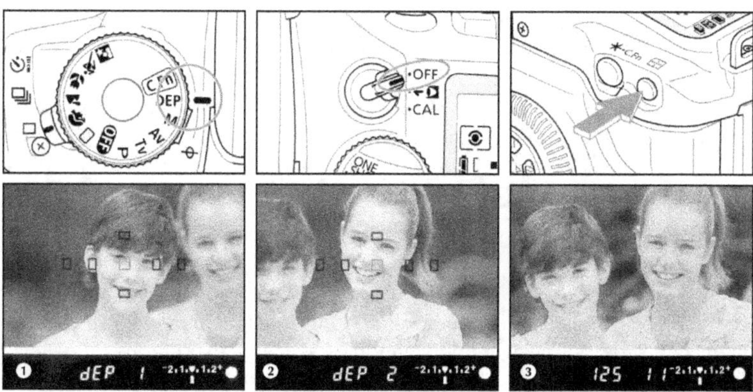

Mode priorité profondeur de champ
Préparation : *Placez le sélecteur principal sur DEP, désactivez l'AFPO (sélecteur sur OFF).*
Prise de vue : 1 *De préférence avec le col. AF central, faites la MaP AF sur la partie de la scène la plus proche (PPN) : « dEP 1 » s'affiche dans le viseur - 2 Avec le même col. AF, faites la MaP AF sur la partie de la scène la plus éloignée (DPN) : « dEP 2 » s'affiche dans le viseur - 3 Adoptez votre cadrage définitif et pressez à mi-course sur le déclencheur : l'appareil règle la distance de MaP et l'ouverture délivrant la PdC désirée, ainsi que la vitesse donnant l'exposition correcte. Ces réglages sont bons si rien ne clignote dans le viseur.*

Contrôle de l'exposition

Si la valeur d'ouverture minimale de l'objectif utilisé clignote, cela signifie que le diaphragme ne peut se fermer suffisamment pour l'obtention de la profondeur de champ désirée. Éloignez-vous (mais votre sujet sera plus petit dans le cadre) ou bien utilisez une plus courte focale (un grand-angulaire) ou une position grand-angle du zoom ; nous avons vu que la PdC est plus étendue avec une courte focale. Répétez alors les étapes ci-dessus : la zone de netteté est déterminée quand l'ouverture minimale ne clignote plus sur l'affichage. Vérifiez par ailleurs sur les affichages que la vitesse est suffisamment élevée pour permettre d'opérer à la main ; si ce n'est pas le cas, mettez l'appareil sur pied.

Conseils d'utilisation

- Pour annuler le mode DEP, placez le sélecteur principal sur une autre position.

- Le bouton Test de PdC permet de contrôler visuellement la zone de netteté établie par l'appareil (à la valeur d'ouverture et à la distance calculées par le système). Pour autoriser son fonctionnement, pressez d'abord à mi-course le déclencheur.

- La PdC dépendant de la focale et de la distance de mise au point, ne changez pas de focale ni de point de vue du zoom après le réglage (ou reprenez les opérations).

- Comme vous l'avez compris, il est très facile d'avoir une PdC très étendue avec un grand-angulaire, mais c'est pratiquement impossible avec un long téléobjectif.

- Le système n'est pas utilisable avec le flash (le boîtier fonctionne alors en mode **P**), ni en MaP manuelle, bien sûr.

Bracketing auto (AEB)

Faute de terme français approprié (la moins mauvaise traduction serait « fourchette d'expositions ») on appelle « bracketing » le fait de prendre successivement une série de plusieurs photographies avec des expositions différentes : l'une est présumée « correcte » selon le système de mesure ou selon votre estimation, les autres sont prises en diminuant ou en augmentant cette valeur d'exposition. On utilise le bracketing dans les cas les plus difficiles, lorsqu'on craint que l'exposition présumée correcte ne le soit pas. Dans la série des images différemment exposées, il y en a forcément une qui est mieux exposée que les autres.

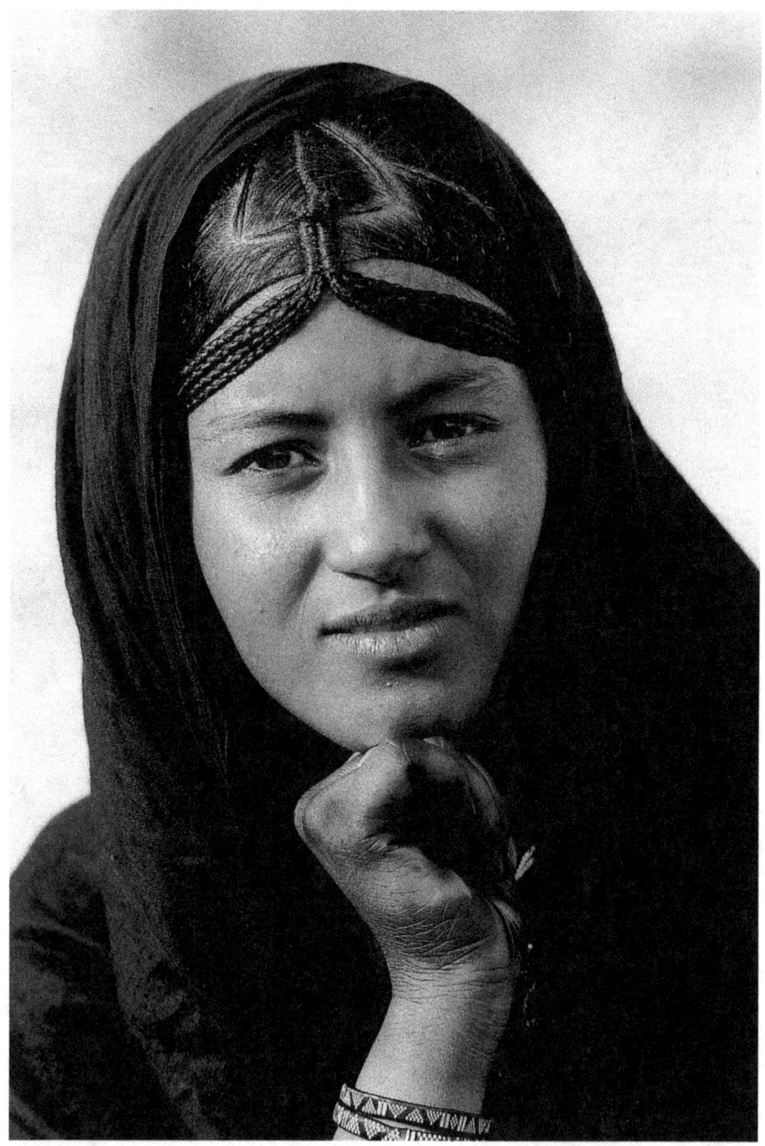

Ce séduisant portrait d'une jeune femme Touareg a été pris aux environs de Tombouctou (Mali).
La focale de 105 mm convenait idéalement pour un gros plan. Mode d'exposition priorité vitesse
(Tv), mesure Évaluative, 1/125 s f/8, film inversible Ekta 100 Plus. © Philippe Rocher

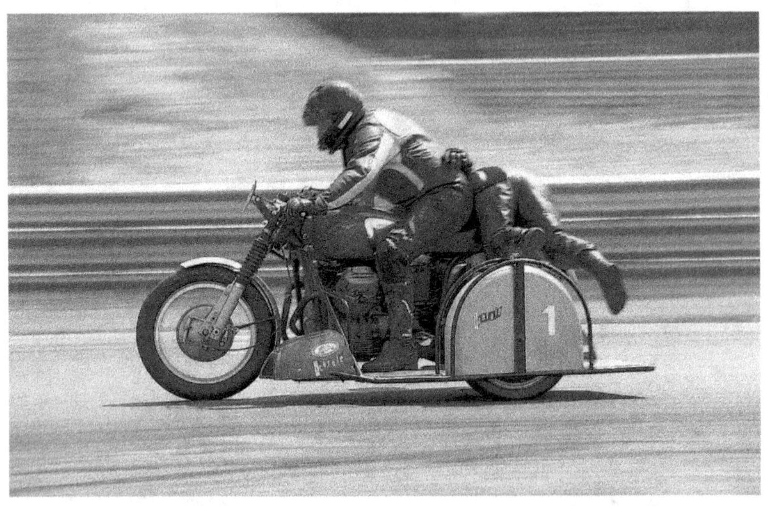

Course de motos anciennes. Rassemblement de side-cars. Privilégiée par beaucoup de photographes de sport, la technique du « filé » confère du dynamisme à l'image en évoquant la notion de vitesse. 200 mm, 1/250 s f/5,6, film négatif couleur Kodak 160 ISO. © Maël Kerneïs

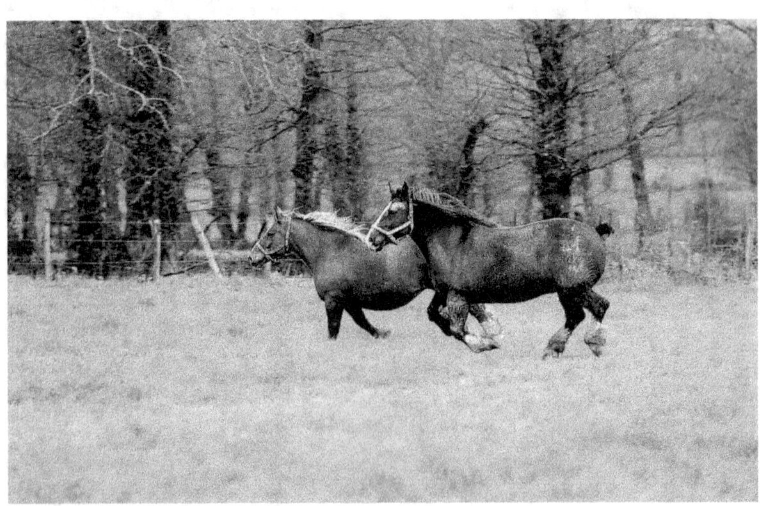

Le bonheur est dans le pré pour ces juments de trait de race bretonne. Philippe Rocher les a saisies avec son télé de 180 mm (1/250 s f/4). Compte tenu de l'éclairage naturel peu abondant, le film inversible Fuji Velvia a été « poussé » d'un diaphragme au développement.

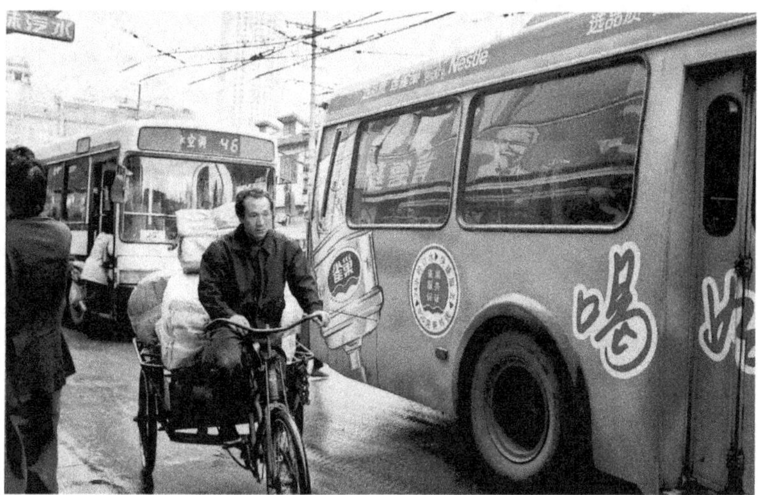

La circulation à Shanghaï. Dans les conditions habituelles de prise de vue, il n'y a que des avantages à opérer en mode P de l'EOS 30V. L'objectif semi grand-angle (EF 35 mm f/2) embrasse un champ assez large, compte tenu du faible recul. Film négatif 200 ISO. © D.R.

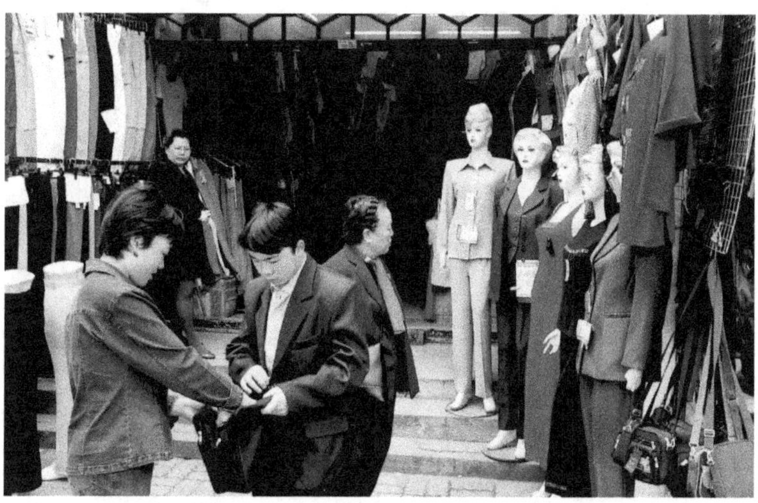

Dans une boutique de Shanghaï, le photographe a saisi sur le vif une scène amusante et contrastée : au premier plan, les Chinois se livrant à leur négoce ; à droite, la rangée des grands mannequins blonds dont la plus décolletée séduit un improbable client. © D.R.

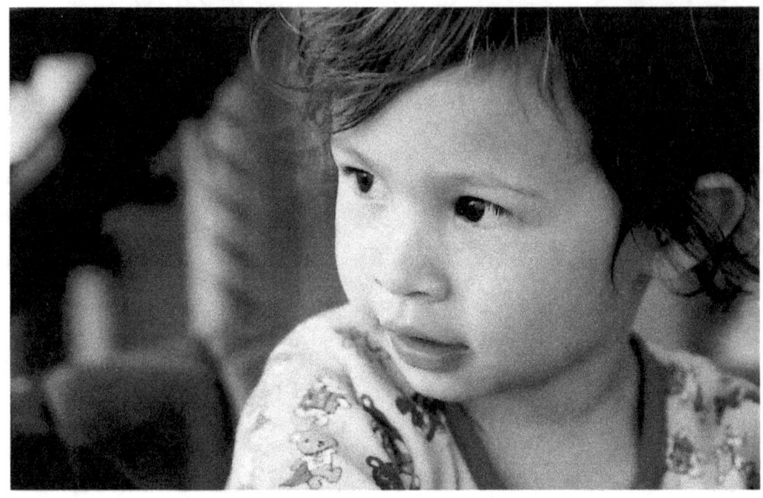

Sur le manège. Portrait pris en fin d'après-midi, sous la douce lumière d'un soleil voilé, donnant un joli modelé au visage. Notez la composition asymétrique, l'expression et la direction du regard. Zoom 28-105 mm réglé sur 85 mm, 1/125 s f/8, film négatif 200 ISO. © Wu Anhong

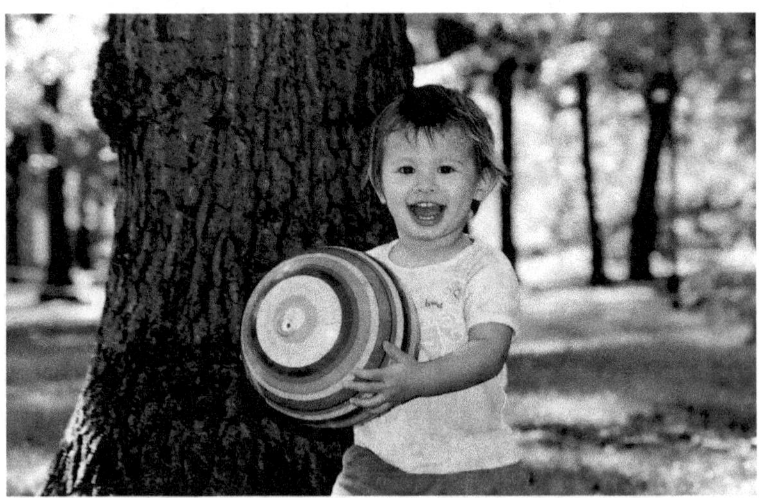

La réussite de cette image d'un charmant naturel est due à l'emploi du flash intégré en « fill-in » : l'éclair bien dosé a compensé l'ombre sur l'enfant éclairé en contre-jour. Mode programmé (P), zoom 28-105 mm réglé sur 60 mm, 1/125 s f/8, film négatif 200 ISO. © Wu Anhong

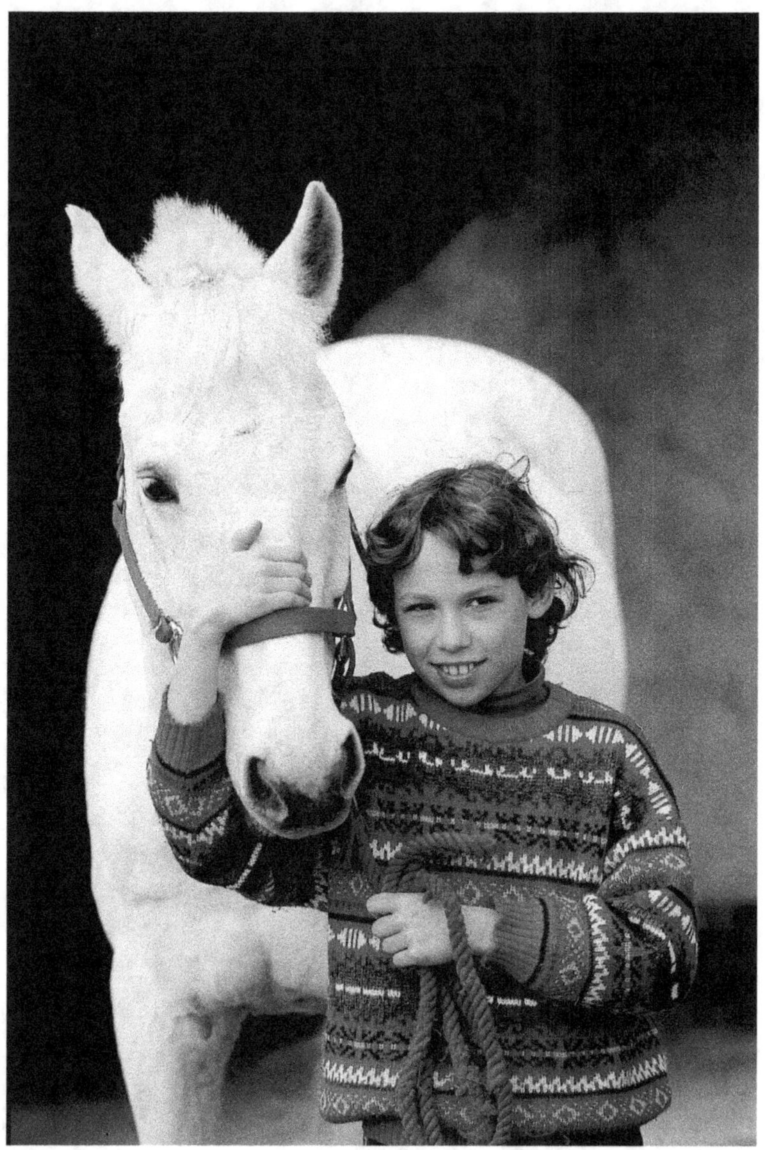

Enfant et poney. *La beauté de l'image doit tout au talent du photographe. Vous en tirerez un enseignement utile en analysant chacun de ses éléments: sujet, composition, pose, expression, éclairage, etc. Objectif de 105 mm, 1/60 s f/8, film Kodak Ekta Plus.* © Philippe Rocher

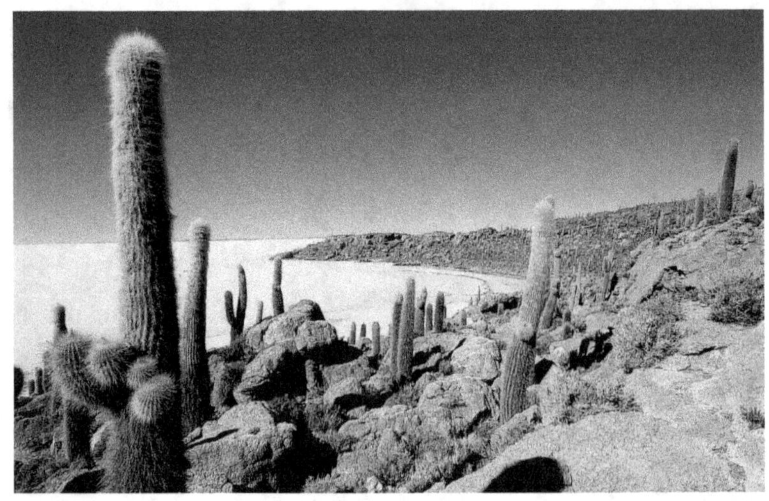

Salar d'Uyuni (Altiplano bolivien). Si beau que soit le paysage réel, son image ne présente guère d'intérêt si elle n'est, comme ici, impeccablement composée, éclairée et exposée. Pour en suggérer la vastitude, Philippe Rocher a choisi le grand-angle de 24 mm (1/125 s f/16).

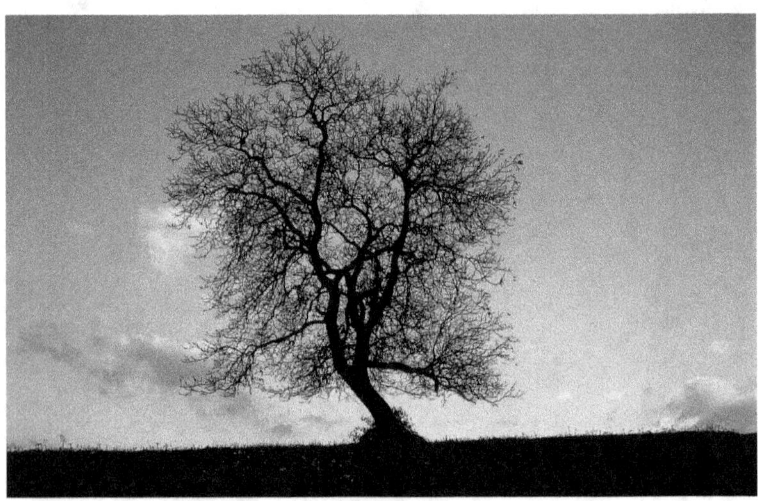

Ce n'est pas le sujet qui fait la beauté d'une image, mais la manière dont il est traité et l'instant où il est pris. Notez l'équilibre de la composition, le contre-jour silhouettant l'arbre sur le ciel parsemé de légers nuages. 28 mm, 1/60 s f/5,6, 100 ISO. © Maël Kerneïs

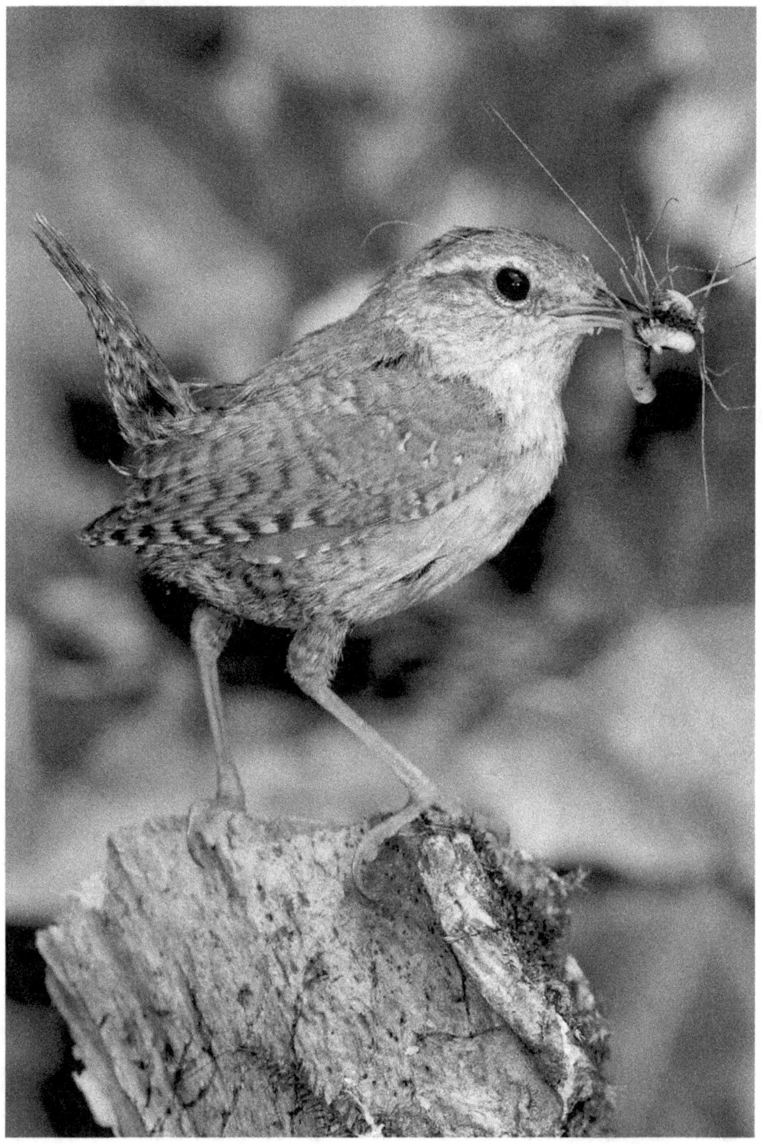

Troglodyte mignon. Un éclair de flash en fill-in met idéalement l'oiseau en valeur dans son environnement rendu indistinct grâce à la faible profondeur de champ délivrée par le super téléobjectif. Objectif Canon EF 500 mm f/4,0L IS, 1/125 s f/8 à 100 ISO © G. Van Langenhove.

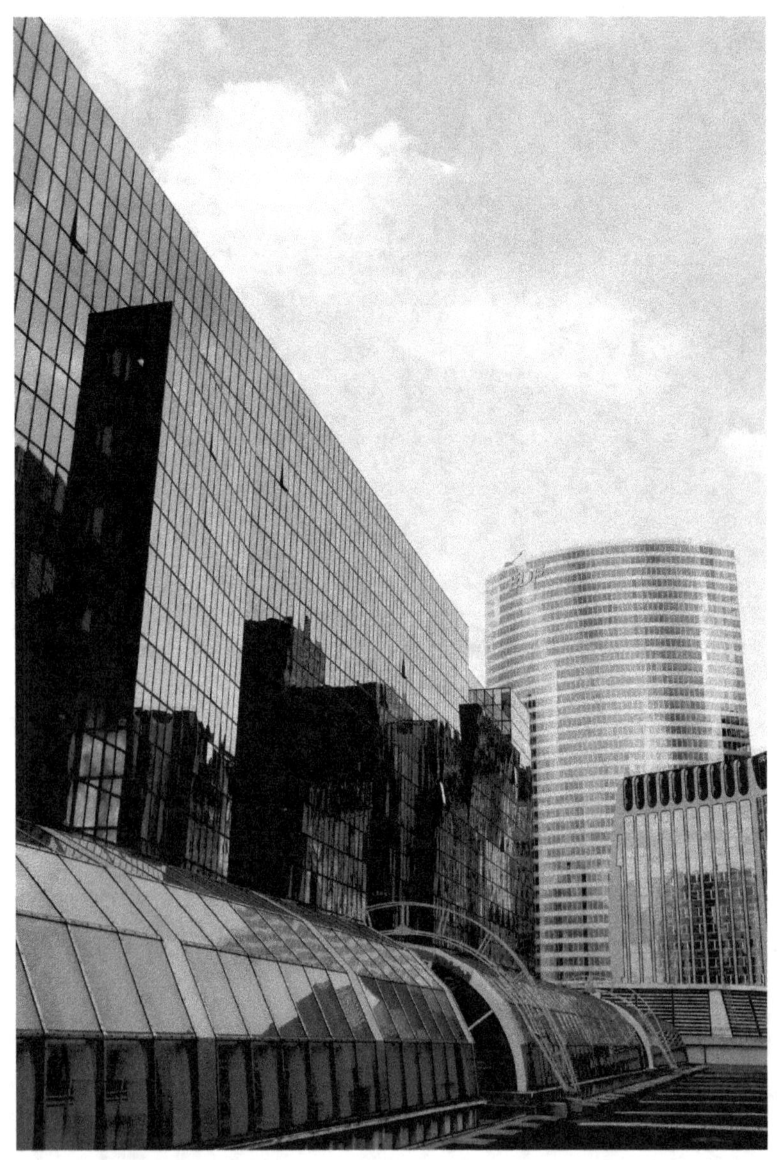

Avec les façades en verre réfléchissant le ciel et les bâtiments voisins, les Tours de la Défense sont le lieu idéal des exercices de style. La composition doit être rigoureusement équilibrée : elle aurait été très différente sans les nuages dans le ciel. © Philippe Rocher

Pour que vous ne gâchiez pas du film inutilement, rappelons que la fonction bracketing n'est pleinement utile que si l'on utilise le film inversible couleur (employé pour les diapositives), avec lequel même une très légère erreur d'exposition (± 1/2 IL par exemple) risque d'être fatale. On sait que le film négatif couleur est au contraire capable « d'encaisser » sans problème une erreur d'exposition de ± 2 IL, la correction de densité du négatif incorrectement exposé étant assurée au moment du tirage des agrandissements.

L'EOS 30 est doté d'un dispositif de bracketing automatique (AEB) jouant sur trois images, exposées selon la séquence suivante :

**Exposition standard>
Sous-exposition>Surexposition**

Vous avez la possibilité de régler l'écart d'exposition dans une plage de ± 2 IL, par paliers de 0,5 IL.

Manière de procéder

1. Placez le sélecteur principal sur le mode Expert désiré.

2. Pressez successivement sur la touche de fonction **FUNC.** jusqu'à positionner l'index de l'écran ACL en face de l'icône AEB ![icône].

3. Spécifiez la valeur de l'intervalle d'exposition désiré à l'aide de la molette principale ![icône] : ± 0,5 IL, ± 1,0 IL, ± 1,5 IL ou ± 2 IL. La valeur s'affiche à la fois en chiffres (en haut de l'écran ACL) et sous forme analogique sur l'échelle de niveau d'exposition.

Sur cette dernière, la position des trois curseurs désigne la valeur des expositions successives. Si vous choisissez, par exemple, un intervalle de 1,5 IL, les trois prises de vue se font dans l'ordre : exposition correcte, sous-exposition de − 1,5 IL, surexposition de + 1,5 IL.

4. L'intervalle de bracketing se valide automatiquement au bout de quatre secondes ou en pressant le déclencheur à mi-course.

5. Prenez les vues selon le mode d'avance en cours. À chaque déclenchement (en mode Vue par vue), les paramètres d'exposition et leur valeur

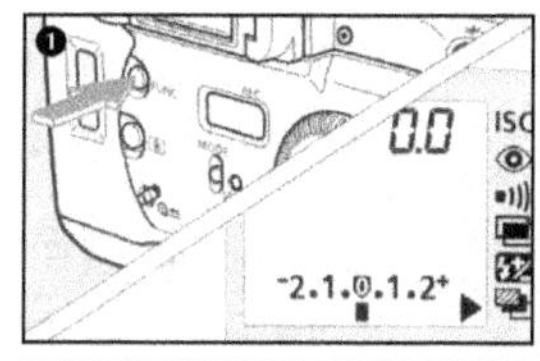

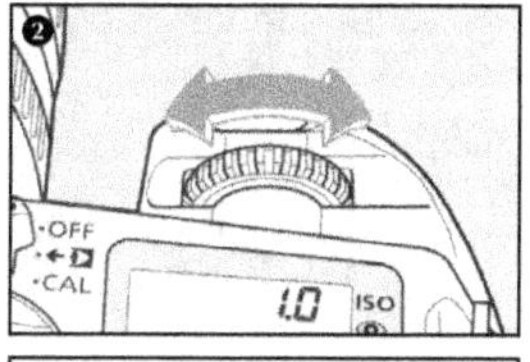

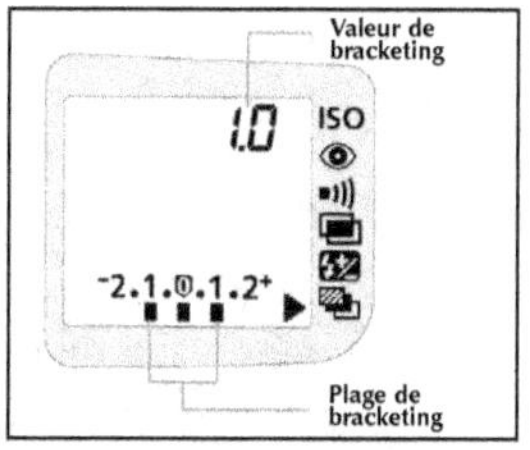

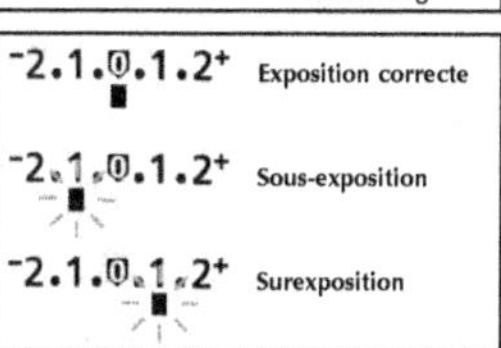

Bracketing Auto (AEB)
*1 Pressez (plusieurs fois si nécessaire) la touche de fonction FUNC. de manière à placer l'index de l'ACL en face de l'icône AEB -
2 À l'aide de la molette principale, réglez la valeur de l'écart d'exposition désiré, qui s'affiche à la fois dans le viseur et sur l'écran ACL.*

analogique sur l'échelle s'affichent à la fois dans le viseur et sur l'écran ACL.

- L'AEB est utilisable en mode Rafale et en mode Retardateur : dans ce dernier cas, les trois vues se déclenchent automatiquement après le délai normal de 10 secondes.
- Le bracketing automatique ne fonctionne évidemment pas en pose B et il s'annule si l'on utilise le flash électronique intégré ou un flash externe.

Annulation

La fonction AEB ne s'annule pas d'elle-même après que les trois vues soient prises. Pour l'annuler, réglez la valeur à **0.0** selon la procédure précédente. Dans le cas où, face à une situation imprévue, vous n'auriez pas le temps de l'annuler, commutez le boîtier en mode Tout-auto ou tout autre programme Résultat : le bracketing ne fonctionne pas dans ces modes.

Emploi conjoint de l'AEB et de la correction d'exposition

Dans ce cas, à cause de la limitation de l'échelle analogique à ± 2 IL, l'affichage se présente comme sur les exemples du tableau ci-dessous.

Mode expert	Aspect de l'indicateur	Intervalle de bracketing	Correction d'exposition
P Tv Av DEP	$^-$2.1.0.1.2$^+$ (■ ■ ■)	± 1 IL	0
	$^-$2.1.0.1.2$^+$ (■ ■ ■)	± 1 IL	– 1 IL
	$^-$2.1.0.1.2$^+$ (■■ ■)	± 1 IL	– 1,5 IL
M	$^-$2.1.0.1.2$^+$ (■ ■)	± 1 IL	– 2 IL
	$^-$2.1.0.1.2$^+$ (■ ■)	± 1 IL	– 2 IL
	$^-$2.1.0.1.2$^+$ (■■ clignotant) $^-$2.1.0.1.2$^+$ (■ clignotant)	± 1 IL	Plus de – 2 IL

Le tableau ci-après indique quel est le paramètre de l'exposition (vitesse d'obturation ou ouverture du diaphragme) modifié par l'AEB.

AEB : sur quel paramètre l'intervalle d'exposition s'applique-t-il ?

Mode expert		Vitesse d'obturation	Diaphragme
P	Programmé	●	●
Tv	Priorité vitesse	–	●
Av	Priorité diaphragme	●	–
DEP	Priorité PdC	●	–
M	Manuel/Semi-auto	●	–

● : le paramètre qui varie dans le mode d'exposition concerné.

Fonction surimpression 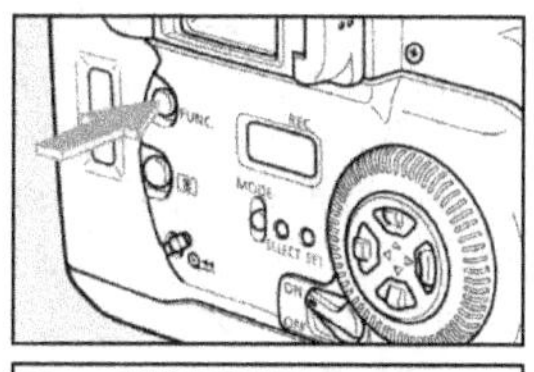

La fonction de surimpression (que Canon et d'autres constructeurs baptisent Multi-exposition) consiste à enregistrer plusieurs vues différentes sur la même portion de film. La surimpression « simple » de deux vues est un effet spécial relativement courant, mais le très élaboré EOS 30 permet d'en superposer jusqu'à neuf !

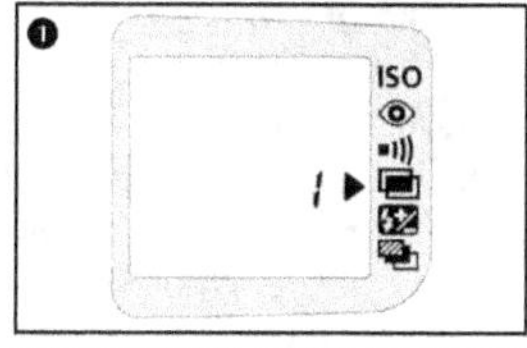

Le mode est utilisable avec tous les modes d'exposition Expert avec le retardateur si désiré, mais pas en programme Résultat ni Tout-auto. Dans ce mode, le mécanisme d'avancement du film reste débrayé jusqu'à ce que la dernière vue, dont le nombre a été préalablement spécifié, soit prise.

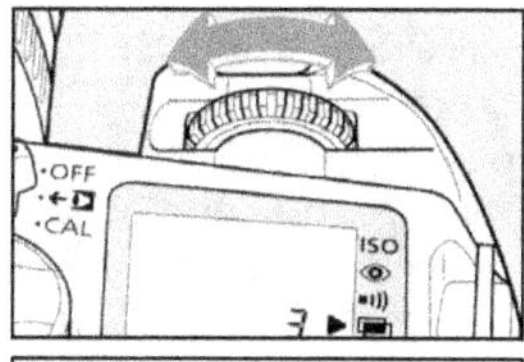

Manière de procéder

1. Positionnez le sélecteur principal sur le mode Expert désiré.

2. Pressez la touche de fonction afin de positionner l'index de l'écran ACL en face du symbole Surimpression 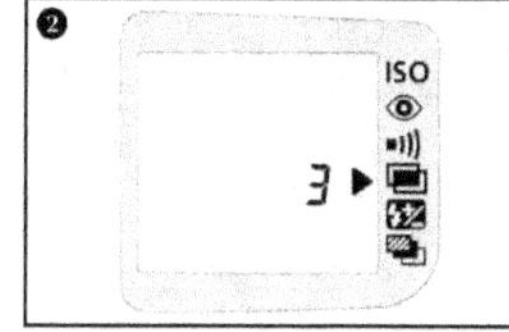. Le chiffre 1 (pas de surimpression) s'affiche à la place du compteur de vues.

3. Tournez la molette de sélection pour afficher le nombre d'expositions désiré (de 2 à 9). Pour valider ce réglage, pressez le déclencheur à mi-course ou attendez 6 secondes.

4. Vous pouvez déclencher pour débuter les prises de vue successives.

Surimpression
1 *En mode Expert, sélectionnez la fonction Surimpression -* **2** *Affichez le nombre de vues à superposer avec la molette principale. Sur cet exemple, l'ACL indique que l'on peut prendre la première vue d'une séquence de surimpression de trois vues.*

   – Dans ce mode, l'afficheur ACL reste activé, l'index désignant le symbole clignotant en permanence devant le nombre de vues de surimpression restantes.

   – Dès que la dernière vue spécifiée de la série a été prise, le film avance automatiquement à la vue suivante, tandis que le compteur de vue réapparaît.

   – Pour annuler le mode Surimpression en cours, réglez le nombre d'expositions sur 1.

Réglage d'exposition

À chaque déclenchement, l'appareil applique l'exposition présumée correcte pour chaque vue unitaire, c'est-à-dire que l'image composite serait massivement surexposée. Il est donc nécessaire de sous-exposer volontairement chaque vue, cela par l'emploi du correcteur d'exposition. Par ailleurs, la correction négative à appliquer est proportionnelle au nombre de vues superposées. Ce petit tableau peut vous être utile en tant que base de départ:

Ces valeurs indicatives de correction concernent la surimpression de différentes vues prises dans des décors différents, mais il reste très souhaitable que le fond de chaque image unitaire soit plutôt sombre, sous peine de n'obtenir qu'un horrible mélange pratiquement illisible. Deux ou trois vues superposées dans ces conditions, cela

Nombre de surimpressions	Valeur de correction d'exposition à afficher
2	– 1 IL
3	– 1,5 IL
4	– 2 IL

passe encore, mais sûrement pas davantage. Vous pouvez en revanche réaliser une image « pseudo-stroboscopique » (jusqu'à neuf positions) en faisant, par exemple, défiler lentement un personnage devant un fond sombre et en déclenchant en rafale (les neuf vues en 6 s environ). Dans un tel cas, il n'y a pas de correction d'exposition à appliquer, si toutefois les silhouettes du personnage (ou autre objet en déplacement) ne se superposent pas. Une légère correction préventive de l'exposition reste peut-être nécessaire dans le cas où l'arrière-plan ne serait pas parfaitement noir.

Pour réussir des surimpressions complexes de plusieurs images, vous devrez sans aucun doute vous livrer à des essais préalables en notant soigneusement les conditions opérationnelles. Il est à notre avis préférable d'opérer en mode d'exposition Manuel.

Retardateur ○

La fonction Retardateur diffère le déclenchement de dix secondes. Elle est utilisable avec tous les modes (Expert ou Résultat), avec le flash si désiré. Comme chacun sait, le retardateur permet au photographe de figurer seul ou en compagnie sur ses propres images: ce qui demande évidemment que l'appareil soit monté sur pied ou posé sur un support stable.

Il s'utilise ainsi:

1. Placez le sélecteur de mode de déclenchement sur ○.

   L'icône Télécommande s'affiche sur l'écran ACL.

2. Composez votre image puis, en regardant dans le viseur, pressez le déclencheur à mi-course: mise au point, mesure de l'exposition (dont les paramètres s'affichent dans le viseur et sur l'ACL).

3. Tout en visant, pressez le déclencheur à fond. Allez vous mettre en place devant l'appareil: vous avez dix secondes pour le faire et prendre la pose.

- Le bip sonore émet des tops lents (à 2 Hz) et le voyant retardateur clignote au même rythme durant les huit premières secondes. Puis, pendant les deux secondes précédant le déclenchement, les tops deviennent rapides (8 Hz) et la lampe du dispositif anti-yeux rouge reste allumée en continu.

- Le bip sonore est annulable.

- Ne vous mettez pas devant l'appareil au moment de presser le déclencheur : la mise au point AF se ferait sur vous.

- En mode Autofocus (sélecteur de l'objectif sur A), le retardateur ne démarre que si la mise au point a été assurée. Il fonctionne en revanche dans tous les cas en mode de MaP manuelle (bien préférable dans ce cas précis).

- Le décomptage s'affiche en secondes sur l'ACL.

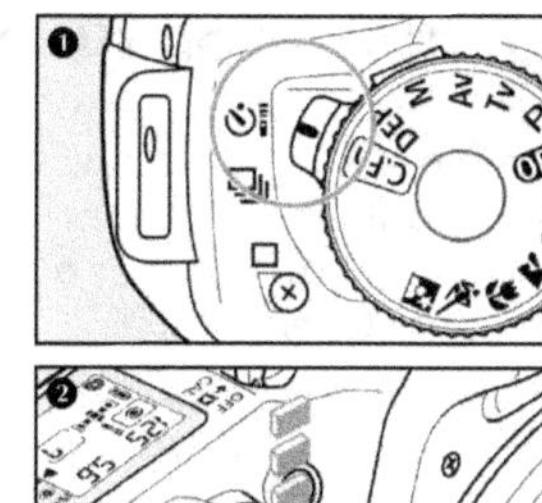

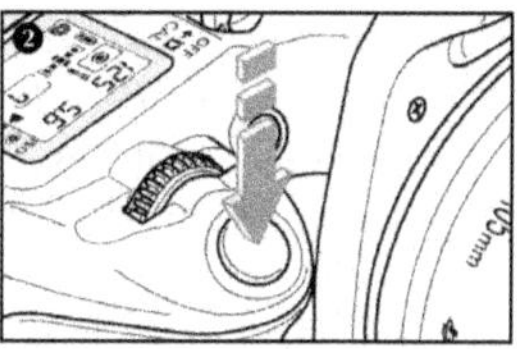

Retardateur
Il est utilisable dans tous les modes (sauf BULB*).*

1 Positionner le sélecteur de mode de déclenchement sur l'icône retardateur + télécommande : seul le symbole Télécommande s'affiche sur l'ACL.
2 Presser à fond pour démarrer le retardateur (bip sonore, décomptage des secondes sur l'ACL, fonctionnement du voyant retardateur).
Annulation du mode : placer le sélecteur de déclenchement sur le mode Vue par vue ou Rafale.

Utilisation du cache d'oculaire

En forte lumière ambiante et à chaque fois que vous prenez une photo sans regarder dans le viseur, la lumière passant par l'oculaire risque de fausser la détermination de l'exposition (nous avons vu que la cellule du posemètre à trente-cinq segments se trouve juste au-dessus de l'oculaire). C'est particulièrement le cas de la prise de vue avec retardateur. Pour l'éviter, enlevez l'œilleton de la garde du viseur et glissez sans le détacher le cache d'oculaire intégré à la courroie de transport sur la garde du viseur.

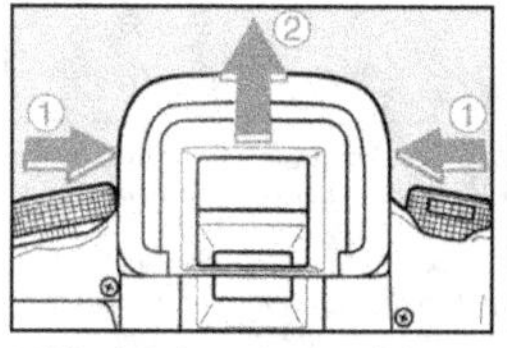
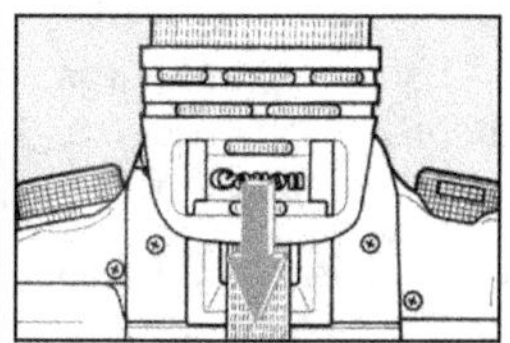
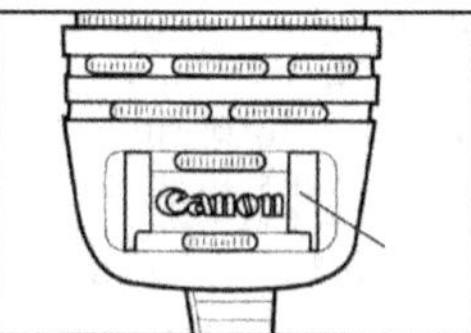

Utilisation du cache d'oculaire

Suppression du bip sonore ◀))

Le bip sonore est annulable dans tous les modes d'exposition et fonctions : signal de confirmation de MaP AF, retardateur, mesures DEP, étalonnage de l'AFPO, etc.

Pour désactiver le bip sonore :

1. Pressez la touche de fonction (FUNC.) jusqu'à placer l'index l'écran ACL en face de l'icône ◀)) : 1 s'affiche en haut à droite de l'écran ACL.

2. Tournez la molette principale ⌒ afin d'afficher 0 sur l'ACL.

3. Pour valider le réglage, pressez le déclencheur à mi-course pour revenir au fonctionnement normal.

   Même processus pour réactiver le bip sonore, mais en affichant 1 sur l'ACL.

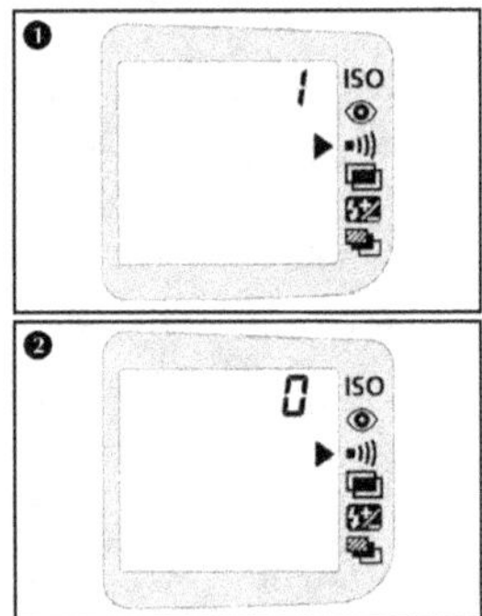

Annulation du bip sonore
Le bip sonore est annulable dans tous les modes et fonctions (mise au point AF et retardateur). Se référer au texte ci-contre.

Blocage du miroir en position haute

Cette fonction, qui est rarement offerte sur les boîtiers AF d'autres marques, est très précieuse pour certaines conditions de prise de vue sur pied. En effet, lors du cycle de déclenchement d'un reflex, les vibrations engendrées par le très rapide aller-retour du miroir peuvent provoquer une légère perte de netteté de l'image, mais d'autant plus marquée lorsque le grossissement est plus important : photomacrographie, emploi d'un super téléobjectif, tests d'émulsions ou d'objectifs, etc. Relever le miroir quelques secondes avant le déclenchement donne aux vibrations le temps de s'amortir. L'appareil étant monté sur pied, il est de plus recommandé de déclencher l'appareil à distance, grâce à la télécommande par fil RS-60E3 (voir chapitre 8 : « Accessoires »), ce qui évite aussi de transmettre au boîtier la pression du doigt sur le déclencheur. Néanmoins, le blocage du miroir en position haute supprimant la visée, le dispositif n'est guère utilisable que sur des sujets statiques ou relativement peu mobiles.

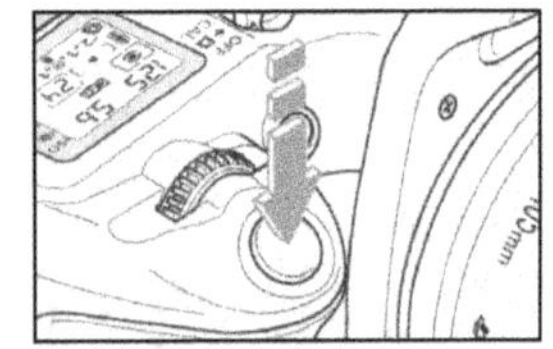

Blocage du miroir en position haute
Quand la fonction personnalisable C.Fn-5 est réglée sur C.Fn-5-1, la première pression à fond sur le déclencheur relève le miroir ; la deuxième pression déclenche l'obturateur.

1. Réglez la fonction personnalisable C.Fn-05 sur C.Fn-05-1 (chapitre 7 : « Fonctions personnalisables »).

2. Votre sujet étant cadré, la première pression à fond sur le déclencheur (du boîtier ou de la télécommande) relève et verrouille le miroir en position haute.

3. La deuxième pression sur le déclencheur déclenche l'obturateur et abaisse le miroir en position normale de visée.

   – Le pré-relevage du miroir s'applique à tous les modes Expert et reste engagé tant que la fonction C.Fn-05 n'a pas été remise à zéro.

   – En cas d'urgence (vous avez oublié d'annuler la fonction), vous pouvez prendre des photos normalement en sélectionnant le mode Tout-auto ou un autre programme Résultat.

   – Faites très attention à ne pas diriger l'appareil miroir relevé vers le soleil : l'objectif jouant le rôle d'une loupe est capable d'endommager ou de détruire assez rapidement les lamelles (noires) de l'obturateur. En plein soleil, ne relevez le miroir que peu de temps avant de déclencher l'obturateur. Par mesure de précaution supplémentaire, le miroir s'abaisse automatiquement au bout de trente secondes.

Impression de la date et de l'heure

Si votre EOS 30 ou 33, est de première ou de deuxième main, il est peu probable qu'il soit équipé du « dos dateur » (QD), mais c'est une possibilité. Le récent 33V n'en est jamais pourvu et ne le sera sans doute jamais. En revanche, les EOS 30V commercialisés en Europe par Canon sont tous Date. Allez savoir pourquoi ! Il va sans dire que la fonction n'a pas les faveurs des photographes créatifs restés fidèles au procédé argentique : comment pourraient-ils accepter que ces données soient incrustées dans le coin en bas à droite de l'image, c'est-à-dire à l'intérieur du cadrage !

Le système dateur est indépendant des fonctions purement photographiques du boîtier et, fort heureusement, rien ne vous oblige à l'activer. Il est alimenté par une pile bouton au lithium (CR 2025) qui dure environ trois ans. Le dateur comprend un petit écran LCD d'affichage et trois touches Mode, Select et Set pour le réglage de l'horloge et choix du format d'affichage des données : mois, jour, année ; jour, mois, année ; année, mois, jour ; jour, heure, minute ou « rien du tout », qui est bien sûr notre réglage favori.

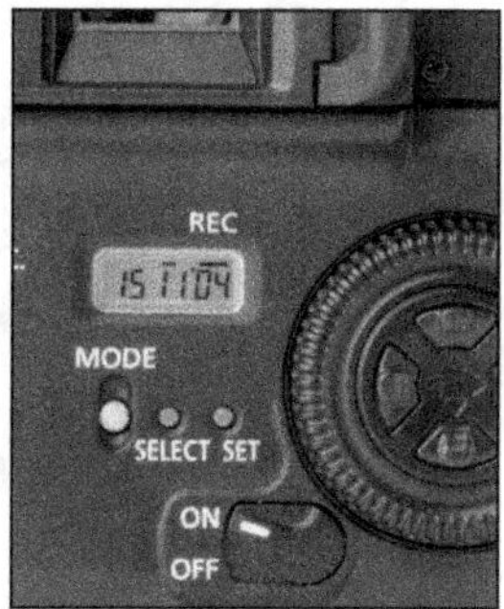

Réglage et affichage horodateur
(Modèles EOS « QD » ou « Date »).

7

Fonctions personnalisables

Il fut un temps où les fabricants de reflex AF avaient une fâcheuse tendance à doter leurs modèles d'une multitude de fonctions et de programmes dont l'utilité réelle était des plus discutables. Ce n'est pas le cas des fonctions personnalisables des EOS 30 et 33 qui répondent à des besoins précis, largement inspirés de la pratique professionnelle.

Toutes les fonctions d'un boîtier EOS 30 et 33 étant gérées par de puissants microprocesseurs, il est possible d'en reprogrammer séparément un certain nombre, de façon à les adapter à ses préférences ou à ses besoins spécifiques. Il va de soi qu'aucune des fonctions personnalisables n'augmente les performances initiales des automatismes de l'appareil selon les fonctions et réglages d'origine dits « par défaut ».

Le nouveau possesseur d'une telle merveille technologique peut être tenté de reprogrammer un maximum de fonctions alors que la plupart d'entre elles ne lui apporteront aucun avantage pratique, sinon des désagréments. Nous vous conseillons donc, d'une part, de ne valider que celles qui présentent un réel intérêt pour votre travail et qui correspondent aux prises de vue que vous privilégiez, d'autre part de ne pas changer fréquemment la configuration opérationnelle de votre boîtier car il est en effet primordial qu'il vous obéisse « au doigt et à l'œil » et le plus rapidement possible. Par exemple, changer la méthode de sélection du Col. AF ne vous permettrait plus d'être aussi réactif face à un événement imprévisible. Si la programmation des fonctions personnalisées de l'EOS 30 est une opération très simple, leur identification *a posteriori* n'est ni facile ni évidente : voilà une bonne raison de ne pas les multiplier, ni de les modifier à tout bout de champ.

Les treize fonctions sont à l'origine réglées par défaut (sur zéro), dans le but d'assurer le fonctionnement automatique idéal de l'appareil. Il ne s'agit donc que d'activer et de modifier les réglages de celles dont on a (vraiment) besoin.

Sélection et réglage d'une fonction personnalisable

1. Positionnez le sélecteur principal sur **C.Fn**.

    L'icône **C.Fn** et le numéro (de 1 à 13) de la fonction personnalisable s'affichent sur l'écran ACL.

2. Sélectionnez le numéro de la fonction personnalisable que vous voulez valider en tournant la molette principale.

3. Affichez le chiffre paramètre de réglage de la fonction.

    Pressez la touche $\bigstar$·C.Fn servant principalement à la mémorisation de l'exposition. Le chiffre paramètre affiché sur l'ACL se modifie à chaque pression sur cette touche (0 – 1 – 2 – 0 s'il y en a trois, par exemple). Vous pouvez ainsi afficher le chiffre désiré sur l'ACL.

4. Placez le sélecteur principal sur une autre position que **C.Fn** : le réglage de la fonction est validé. Cependant, l'icône **C.Fn** reste, dans un mode Expert, affichée sur l'écran ACL pour vous rappeler qu'au moins une fonction personnalisable a été programmée.

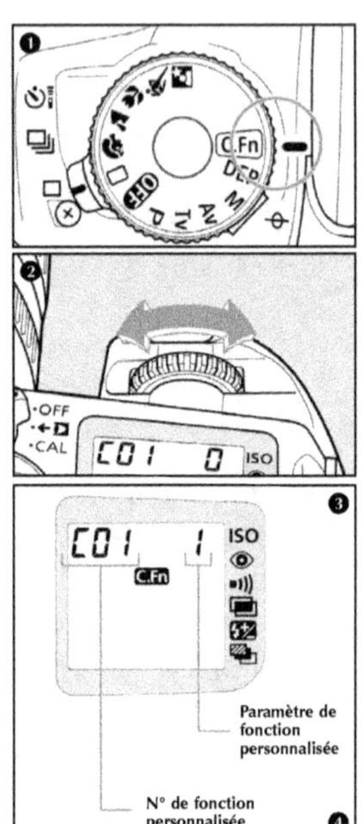

Sélection et réglage d'une fonction personnalisable
Se référer au texte ci-contre.

Annulation de programmation d'une fonction personnalisable

C'est la procédure exactement inverse :

1. Positionnez le sélecteur principal sur **C.Fn**.

    L'icône **C.Fn** et le numéro (de 1 à 13) de la fonction activée s'affichent sur l'écran ACL.

2. Sélectionnez le numéro de la fonction personnalisable que vous voulez annuler ou modifier. Tournez la molette principale jusqu'à afficher le numéro de la fonction concernée accompagnée du chiffre paramètre de réglage.

    En pressant la touche $\bigstar$·C.Fn, affichez le réglage 0.

3. Placez le sélecteur principal sur une autre position que **C.Fn** : la programmation de la fonction concernée est annulée. L'icône **C.Fn** ne disparaît de l'écran ACL que si aucune fonction personnalisable n'est programmée.

Remarque

Puisque l'appareil indique seulement qu'une ou plusieurs fonctions C.Fn ont été programmées, vous ne pouvez en connaître après coup la nature et la programmation qu'en vous livrant aux manipulations décrites précédemment; ce qui ne serait guère le moment dans le feu de l'action. Pour ces raisons, nous vous conseillons:

1. de noter par écrit la description des fonctions programmées et de conserver ces informations à portée de la main pendant les prises de vue;

2. de ne valider en permanence que des fonctions « évidentes » qui ne risquent pas de vous faire rater une prise de vue: C.Fn-01-1 (rebobinage rapide), C.Fn-02-1 (film rebobiné amorce sortie) par exemple;

3. de n'activer les fonctions d'emploi très spécifique comme C.Fn-05-1 (relèvement préalable du miroir), C.Fn-06-1 (synchronisation du flash au deuxième rideau), etc. qu'au moment où vous allez en avoir besoin et de les annuler dès les prises de vue terminées;

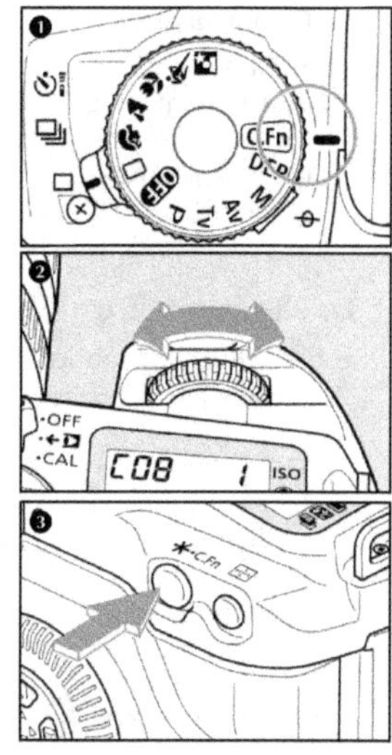

Annulation de la programmation d'une fonction personnalisable
Se référer au texte ci-contre.

4. si vous ne savez plus où vous en êtes, vous disposez d'un moyen immédiat et radical d'annuler virtuellement tous les réglages personnalisés: opérez en mode 100 % Auto rectangle vert.

Réglage des fonctions personnalisables

Il y a treize fonctions C.Fn (de C.Fn-01 à C.Fn-13), qui autorisent trente-quatre options de réglage. Nous ne décrirons que les options offertes par chacune d'elles en vous laissant le soin de régler celles qui vous intéressent en vous référant au tableau général.

C.Fn-01: vitesse de rebobinage du film

- Le rebobinage à vitesse lente silencieux (C.Fn-01-0)
- Le rebobinage rapide (C.Fn-01-1)

Commentaire

Le rebobinage silencieux est un peu plus de deux fois plus long; utilisez-le pour ne pas attirer l'attention sur vous lorsque vous opérez dans un lieu de culte ou toute autre condition de reportage « discret ».

C.Fn-02: amorce du film

En fin de rebobinage, l'amorce du film peut dépasser de la cartouche (C.Fn-02-1) ou être entièrement avalée (C.Fn-02-0).

Commentaire

Si l'amorce dépasse de la cartouche, vous risquez de confondre un film exposé avec un film vierge. Adoptez ce mode si vous désirez réaliser des surimpressions sur certaines vues déjà exposées ou finir d'exposer un film que vous avez rebobiné manuellement avant qu'il ne soit terminé. Dans les deux cas, notez soigneusement chacune des vues prises (ou la dernière vue exposée) lors du premier passage du film dans le boîtier.

C.Fn-03 : méthode d'affichage de la sensibilité ISO du film

Elle peut être automatique DX (C.Fn-03-0) ou apparaître avec la conservation de la valeur ISO imposée même après changement de film (C.Fn-03-1).

Commentaire

Ce boîtier permet de modifier la sensibilité DX du film à tout moment (même en réglage 0) : n'oubliez pas de revenir manuellement à la valeur initiale si besoin est. Le réglage C.Fn-03-1 n'est à utiliser que dans le cas où vous désirez appliquer systématiquement le changement de sensibilité d'un film aux films suivants. C'est donc très risqué de conserver ce réglage en permanence !

C.Fn-04 : méthode d'activation et de mémorisation de l'autofocus

Les 3 options sont :

- MaP AF à mi-course et mémorisation de l'exposition par la touche ✻ (C.Fn-04-0) ;
- touche ✻ début de l'AF ainsi que le déclencheur mi-course avec mémorisation de l'exposition (C.Fn-04-1) ;
- début de l'AF avec déclencheur à mi-course et fin de l'AF par pression sur la touche ✻ (C.Fn-04-2).

Commentaire

Si vous abandonnez le réglage 0 (qui est « ergonomiquement » le plus naturel) au profit de l'un des deux autres, n'en changez plus sans raison.

C.Fn-05x : verrouillage du miroir en position haute

Cette fonction est désactivée par C.Fn-05-0 et activée par C.Fn-05-1.

Commentaire

C'est une fonction à activer « au moment de l'emploi » et à annuler immédiatement après. Si vous oubliez de l'annuler, il vous serait impossible d'opérer normalement pour un reportage, par exemple. Une fois le miroir relevé par la première pression sur le déclencheur, vous ne voyez plus que du noir dans le viseur !

C.Fn-06 : mode de synchronisation flash de l'obturateur

L'éclair du flash part normalement dès l'ouverture du premier rideau (C.Fn-06-0), mais en pose lente sur sujet mobile ; les traînées de filé ne se tracent logiquement derrière le sujet que si l'éclair jaillit en fin d'exposition, juste avant la fermeture du deuxième rideau (C.Fn-06-1).

Commentaire

C'est une fonction à n'activer (1) que pour ce type de prise de vue.

C.Fn-07 : émission de l'éclair auxiliaire AF/Départ de l'éclair principal

Nous vous laissons étudier les quatre options présentées dans le tableau.

Commentaire

Pour ne pas choquer ou alerter un personnage photographié à son insu, il peut être utile de supprimer l'éclair d'assistance AF (C.Fn-07-1/C.Fn-07-2). L'emploi de (C.Fn-07-3) est plus subtil : l'éclair auxiliaire ne sert qu'à assurer la MaP AF alors que vous opérez en faible lumière ambiante.

C.Fn-08 : mesure sélective liée au Col./Mémorisation d'exposition au flash

- Mesure sélective (et mémorisation au flash) sur le Col. AF central (C.Fn-08-0) ;
- Mesure sélective (et mémorisation au flash) sur le Col. AF sélectionné (C.Fn-08-1)

Commentaire

Au flash, le réglage 1 est sans aucun doute préférable quand le sujet principal est excentré dans le cadrage.

C.Fn-09 : vitesse de synchronisation du flash en mode priorité diaphragme

- Réglage automatique (C.Fn-09-0) ;
- Vitesse de synchronisation X 1/125 s imposée (C.Fn-09-1).

Commentaire

Le réglage 0 semble mieux convenir à la majorité des cas.

C.Fn-10 : clignotement du collimateur AF dans le viseur

Les deux options sont :

- clignotement normal du Col. AF ayant effectué la MaP (C.Fn-10-0) ;
- pas de clignotement (C.Fn-10-1).

Commentaire

C'est une question de préférence personnelle.

C.Fn-11 : méthode de sélection manuelle du Col. AF

Les trois options proposées sont :

- touche ⊞ et sélecteur AF en croix ⊙ (C.Fn-11-0) ;
- sélecteur AF en croix ⊙ seulement (C.Fn-11-1) ;
- touche ⊞ + molette secondaire activée (Col. AF vertical) ou molette principale C.Fn-11-2 (Col. AF horizontal).

Commentaire

Déterminez par des essais à blanc la méthode qui vous convient le mieux puis n'en changez plus!

C.Fn-12: activation du collimateur central avec la touche ⊞

- Invalidée: C.Fn-12-0
- Validée: C.Fn-12-1

Commentaire

Le réglage 1 ne présente pas, à notre sens, un intérêt évident. En sélection automatique du Col. AF, l'EOS 30 se débrouille très bien tout seul!

C.Fn-13: fonction de la touche d'arrêt de MaP de l'objectif

Il y a six options qui ne vous concernent que si vous utilisez un objectif EF doté d'une touche d'arrêt de MaP AF et/ou à stabilisateur optique. Cela vaut alors la peine d'étudier sérieusement chacune d'entre elles...

C.Fn	Fonction	N°	Options proposées
C.Fn-01	Vitesse de rebobinage du film	0	Rebobinage lent (silencieux)
		1	Rebobinage rapide
C.Fn-02	Position de l'amorce du film rebobinage terminé	0	Amorce avalée dans la cartouche
		1	Amorce sortant de la cartouche
C.Fn-03	Affichage de la sensibilité d'un film codé DX	0	Affichage ISO automatique (décalable)
		1	Mémorisation de la valeur choisie d'un film à l'autre
C.Fn-04	Séquences AF et mémorisation de l'exposition	0	Déclencheur mi-course = début d'autofocus Pression sur touche * = mémorisation exposition
		1	Pression sur touche * = début d'autofocus Déclencheur mi-course = mémorisation exposition
		2	Déclencheur mi-course = début d'autofocus Pression sur touche * = fin d'autofocus
C.Fn-05	Relevage préalable du miroir	0	Fonctionnement normal
		1	Miroir relevé par la première pression sur le déclencheur
C.Fn-06	Synchronisation du flash intégré ou du flash accessoire	0	Départ de l'éclair à l'ouverture du premier rideau
		1	Départ de l'éclair avant la fermeture du deuxième rideau
C.Fn-07	Éclair d'assistance AF (éclair AF) Éclair de prise de vue (éclair P)	0	Flash intégré/accessoire: éclair AF (oui) éclair P (oui)
		1	Flash intégré/accessoire: éclair AF (non) éclair P (oui)
		2	Flash intégré: éclair AF (non) éclair P (oui) Flash accessoire: éclair AF (oui) éclair P (oui)
		3	Flash intégré/accessoire: éclair AF (oui) éclair P (non)
C.Fn-08	Couplage mesure sélective et Col. AF/mémorisation d'exposition au flash	0	Désactivé (mesure sélective et mémorisation d'exposition au flash sur le seul Col. AF central)
		1	Activé (mesure et mémo. du flash sur le Col. AF actif)
C.Fn-09	Vitesse de synchronisation flash en mode priorité diaphragme (Av)	0	Réglage automatique (1/125 s ou vitesse plus lente)
		1	Imposée sur 1/125 s (vitesse limite de synchro X)
C.Fn-10	Clignotement dans le viseur du Col. AF utilisé pour la MaP	0	Le Col. AF concerné clignote après la MaP
		1	Le Col. AF concerné ne clignote pas après la MaP
C.Fn-11	Méthode utilisée pour la sélection manuelle du Col. AF	0	Touche ⊞ + sélecteur en croix ⊙
		1	Sélecteur en croix ⊙ seulement
		2	Touche ⊞ + molette ◠ + molette O
C.Fn-12	Sélection immédiate du Col. AF central avec la touche ⊞	0	Fonction (normalement) désactivée
		1	Fonction activée
C.Fn-13	Fonction de la touche d'arrêt de la mise au point [AF Stop] de l'objectif. La fonction ne concerne que les super téléobjectifs qui en sont équipés: étudier le mode d'emploi de l'objectif concerné.	0	Arrêt de la MaP AF
		1	Activation de la MaP AF
		2	Mémorisation de l'exposition en cours de mesure
		3	Commutation du mode de sélection du Col. AF (sélection automatique ou manuelle)
		4	Commutation du mode autofocus (entre AF One-Shot et AF AI Servo)
		5	Activation du stabilisateur optique

Le flash électronique

Le flash électronique incorporé au EOS 30 rend de grands services mais il est loin d'être universel. Pour des prises de vue élaborées, vous aurez sans doute besoin d'un flash indépendant plus puissant et performant, synchronisé via la griffe porte-accessoires du boîtier.

Immédiatement et toujours disponible, le flash incorporé à l'EOS 30 est essentiellement pratique pour la photo d'amateur facile. Mais, comme tout flash intégré à un appareil, il éclaire le sujet de pleine face et ne peut donner que des résultats médiocres sur le plan esthétique surtout lorsqu'il est l'unique source de lumière. Heureusement, pour les photographes « avertis », l'emploi d'un film de haute sensibilité et/ou d'un objectif à grande ouverture permet souvent de s'en dispenser. Il est bon de se rappeler que les plus grands photographes de terrain n'utilisaient ou n'utilisent *jamais* le flash. Sans lui, on conserve l'ambiance naturelle de la scène et l'on opère sans se faire repérer. Autre point fondamental, l'emploi du flash est interdit dans la plupart des lieux publics (salles de spectacle, de sport, musées, etc.).

Le flash n'en est pas moins utile dans certains cas :

- lorsque l'éclairage ambiant est insuffisant, particulièrement si le film chargé dans l'appareil est de sensibilité moyenne (et/ou que l'objectif n'est pas très lumineux) ;
- pour immobiliser le mouvement rapide d'un sujet placé à quelques mètres ;
- pour les photos en intérieur sans problème : reportage, photos familiales…
- pour donner un éclair d'appoint en extérieur lorsque l'éclairage solaire est trop contrasté ; on appelle cela le *fill-in*.

Le flash électronique devient la source de lumière idéale quand il illumine le sujet selon une incidence appropriée, qué l'on peut en moduler, en diffuser ou en réfléchir le faisceau, etc. Ces possibilités ne sont offertes que par l'emploi d'un flash accessoire « dédié », c'est-à-dire conçu pour se coupler à 100 % avec un boîtier EOS : un flash *Speedlite Canon EX*.

Synchronisation

Le flash électronique est une source de lumière légère, compacte et puissante. L'éclair est très bref (1/1 000 s ou moins) et doit jaillir au moment précis où les deux trains de lamelles de l'obturateur focal découvrent la surface du film complètement ; autrement dit, quand le premier « rideau » est arrivé en bout de course et que le deuxième n'est pas encore parti, faute de quoi une portion du film ne serait pas exposée. La *vitesse limite de synchronisation (X)* de l'EOS 30 est 1/125 s. Comparée à celle de l'EOS 3 (1/200 s) et de l'EOS-1V (1/250 s), cette vitesse de synchronisation X un peu basse est un inconvénient lorsqu'on utilise le flash en extérieur (fill-in). Quand le flash intégré (ou un flash accessoire compatible connecté au boîtier via la griffe porte-accessoires) est mis en service, l'obturateur se règle automatiquement sur le 1/125 s ou une vitesse plus lente.

Principe de fonctionnement du flash électronique

Le gaz rare (du xénon) enfermé dans le minuscule tube-éclair est ionisé, c'est-à-dire rendu conducteur de l'électricité, par un circuit d'amorçage déclenché en même temps que l'obturateur (par la fermeture d'un contact). Le condensateur dans lequel était emmagasinée une grande quantité d'électricité se vide brusquement dans le tube, en produisant la lueur extrêmement brève et fulgurante que chacun connaît. Il n'y a aucun retard entre le moment où le contact de l'obturateur est fermé par le déclenchement et celui où jaillit l'éclair.

Le nombre-guide

La puissance d'un flash est exprimée par son nombre-guide (**NG**), pour une sensibilité de 100 ISO et à pleine puissance (c'est-à-dire en « manuel », exposition automatique débrayée). Le NG est une valeur arbitraire qui est le produit du nombre d'ouverture du diaphragme (**n**) par la distance flash-sujet en mètres (**m**), soit :

$$NG = n \times m$$

Si l'on connaît le NG d'un flash (valeur indiquée par le constructeur), il est facile d'en déduire l'ouverture à utiliser en fonction de la distance :

$$N = NG/m$$

Même avec un flash externe que l'on utilise en manuel, ces calculs ne sont pas nécessaires : le « calculateur » au dos du flash indique directement l'ouverture à utiliser en fonction de la distance et de la sensibilité ISO du film. Avec un flash de NG 20 pour 100 ISO, par exemple, le calculateur indique qu'il faut diaphragmer à f/20 à 1 m (en pratique f/19) ; f/10 (f/11) à 2 m, f/8 à 2,5 m, f/6,6 (f/6,7) à 3 m, etc.

Mode Auto-TTL

Avec le flash intégré (et les flashes Canon Speedlite qui ne sont pas EX), la mesure de l'exposition au flash s'effectue en mode **Auto-TTL** dont nous rappelons le principe :

À l'intérieur du boîtier, une photodiode au silicium segmentée en quatre zones (un multicapteur) est dirigée vers le film. Au moment où l'éclair jaillit – toute la surface du film étant alors découverte – cette cellule mesure la quantité de lumière réfléchie par le film ; quand la quantité de lumière intégrée par ce détecteur correspond à la valeur d'exposition correcte du film (compte tenu de sa sensibilité ISO), un circuit à thyristor coupe instantanément l'émission de l'éclair ; c'est pourquoi l'éclair est parfois aussi bref que 1/20 000 s. Avec la mesure Auto-TTL (géniale découverte du fabricant Olympus), l'exposition est déterminée avec précision sur l'éclairement réellement reçu par le film et elle ne dépend nullement de l'ouverture du diaphragme, d'un filtre présent sur l'objectif ni même de l'allongement du tirage en photomacrographie. Ces facteurs, diminuant la quantité de lumière atteignant le film, seraient impérativement à prendre en compte avec une mesure non-TTL.

Nous avons vu (chapitre 4 : « Mesure de l'exposition ») que, grâce à ses quatre zones de mesure (tenant compte des informations qui lui sont communiquées par la sélection automatique, manuelle ou AFPO d'un Col AF), le mode Auto-TTL de l'EOS 30 a la capacité de déterminer l'exposition correcte même quand le sujet principal ne se trouve pas au centre de l'image.

Le flash intégré de l'EOS 30

L'érection automatique du flash est motorisée (moteur M2 du boîtier). Dans les programmes d'exposition Tout-auto et Résultat (sauf Sport et Paysage), il s'éjecte et s'active de lui-même en cas de faible lumière ambiante ou de violent contre-jour. Si l'on veut l'utiliser dans les modes Expert, il suffit de le mettre en place manuellement : il commence immédiatement à se charger. Pour le mettre hors service, il suffit de le repousser doucement dans son logement.

Le flash de l'EOS 30 à un nombre-guide de 13 (pour 100 ISO) ; sa durée normale de recyclage est de 2 s et il couvre au maximum le champ d'un grand-angle de 28 mm.

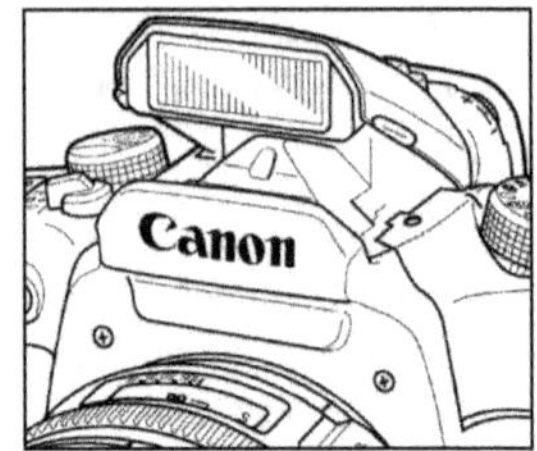

Flash intégré des EOS 30 et 33
Si les conditions d'éclairage ambiant l'exigent, il se met automatiquement en service dans les modes Tout-auto, Portrait, Gros plan et Scène de nuit (avec émission des éclairs d'assistance AF si nécessaire). Pour l'activer dans un mode Expert, il suffit de le sortir manuellement.

Illuminateur d'assistance AF

En dépit de sa grande sensibilité, l'autofocus ne peut pas fonctionner en très faible lumière ambiante, ni bien sûr dans l'obscurité complète. Nous avons indiqué (chapitre 3 : « Mise au point ») que, dans ces conditions, le flash intégré au boîtier émet une salve d'éclairs de faible puissance permettant à l'AF de fonctionner. La portée de l'assistance AF au flash est d'environ 4,5 m au centre de l'image et de 4 m à la périphérie.

Déclenchement automatique du flash intégré

Dans les modes Tout-auto, Portrait, Gros Plan et Scène de nuit, le flash sort et se déclenche automatiquement dans la pénombre ou lorsque le sujet est en fort contre-jour (arrière-plan trop lumineux par rapport au sujet principal) : il est impossible dans ces conditions d'éviter le déclenchement du flash.

Si vous voulez empêcher l'émission de l'éclair (parce que son usage est interdit, pour respecter l'ambiance naturelle du lieu, etc.), choisissez un mode Expert (**P** par exemple), et si le flash est sorti, repoussez-le doucement dans son logement. Procédez de même si, pour une raison ou pour une autre, le flash s'est mis en place sans que vous lui ayez demandé.

Emploi volontaire du flash intégré dans les autres modes

Le flash est utilisable à tout moment et dans tous les modes (sauf Sport, Paysage et DEP). Dans un mode Expert, vous l'utiliserez si désiré en basse lumière, mais également – et surtout – pour déboucher les ombres d'un sujet au premier plan en extérieur (contre-jour, scène très contrastée). Cette technique de fill-in est très précieuse afin de donner un équilibre naturel entre le sujet et l'arrière-plan. Dans un tel cas, le flash peut se synchroniser à une vitesse d'obturation plus lente que le 1/125 s.

1. Sortez le flash manuellement; il commence immédiatement à se charger.

2. Pressez le déclencheur à mi-course : mise au point sur le sujet.

3. Avant de déclencher, assurez-vous que le symbole Éclair s'est bien allumé dans le viseur.

Emploi de l'illuminateur anti-yeux rouges

Sur l'EOS 30, ce mini-projecteur sert aussi de voyant retardateur. Il est utilisable dans tous les modes sauf Paysage et Sport (mais il ne fonctionne pas en mode AF AI Servo avec lequel le déclenchement est prioritaire sur la mise au point). Lorsqu'il a été activé, la pression sur le déclencheur illumine le sujet pendant 1,25 s, le déclenchement de l'obturateur synchronisé à l'éclair du flash n'ayant lieu qu'à la fin de cette séquence. Il fonctionne exactement de la même façon en cas d'emploi d'un flash accessoire (mais vous n'en avez pas besoin!).

L'effet « yeux rouges » est une conséquence de la trop grande proximité du réflecteur du flash avec l'axe optique de l'objectif (un éclairage anti-esthétique s'il en est). Dans ce cas, la lumière de l'éclair se réfléchit à travers la pupille de l'œil sur la rétine qui devient luminescente d'un rouge vif, le pauvre modèle se voyant transformé en lapin russe. Le flash s'utilise généralement en faible lumière, les pupilles des yeux étant alors dilatées au maximum : ce qui ne fait qu'accentuer le mal. La contre-mesure consiste donc à obliger préventivement les pupilles à se rétracter en les illuminant fortement, soit par des pré-éclairs d'une diode DEL rouge ou du flash lui-même, soit, dans le cas de l'EOS 30, par le faisceau lumineux continu de 1,25 s. Quand on a pris le parti d'utiliser en intérieur ou en faible lumière ambiante le flash intégré pour photographier des personnages dont on voit le visage de face, il est raisonnablement impossible d'éviter l'emploi du dispositif anti-yeux rouges, lequel réduit suffisamment le phénomène sans l'éliminer totalement dans certains cas (yeux clairs, regard dirigé vers l'objectif, etc.).

Activation du système anti-yeux rouges
1 Pressez la touche FUNC. (plusieurs fois si nécessaire) afin de faire apparaître l'index de l'ACL en face de l'icône œil - 2 Tournez la molette principale dans un sens ou dans l'autre pour afficher « 1 » sur l'écran ACL. Afficher « 0 » sur l'ACL pour le désactiver (l'index de fonction disparaît).
(En bas) : le fonctionnement de l'illuminateur est indiqué dans le viseur en temps réel.

Utilisation de la fonction anti-yeux rouges

1. Pressez la touche de fonction **FUNC.** jusqu'à ce que l'index de l'ACL se place en face du symbole Œil ⊙ .
2. Tournez la molette principale ⌒ de manière à afficher 1 sur l'ACL.
3. Validez la fonction en plaçant le sélecteur sur le mode d'exposition désiré ou attendez 6 s.
4. Le flash étant en place, pressez le déclencheur : il y a mise au point AF et émission de la lampe pendant 1,25 s (confirmée dans le viseur et sur l'ACL par l'indicateur Lampe allumée). En mode Tout-auto ou Résultat, le déclenchement ne s'effectue qu'après : prévenez éventuellement la ou les personne(s) photographiée(s) de ce retard.

Pour annuler la fonction anti-yeux rouges, affichez 0 sur l'ACL : l'index de fonction disparaît de l'affichage.

Prises de vue en mode Synchro vitesse lente

Nous avons vu que le mode Scène de nuit assure automatiquement l'exposition convenable quand le sujet du premier plan se trouve dans un environnement crépusculaire ou de nuit. Pour obtenir un résultat équivalent en mode Expert, c'est-à-dire enregistrer les détails de l'arrière-plan, adoptez le mode Priorité diaphragme (Av) et mettez le flash intégré en service. De cette manière, le sujet du premier plan est correctement exposé par le flash, tandis que le temps de pose se prolonge afin d'enregistrer l'arrière-plan peu lumineux. Pour éviter le bougé, il faut mettre l'appareil sur pied. Activez éventuellement le dispositif anti-yeux rouges si le ou les personnage(s) regarde(nt) vers l'appareil.

Correction d'exposition au flash 🔳

Utilisable seulement en mode Expert, la fonction est analogue à la correction d'exposition en lumière continue (chapitre 5 : « Modes d'exposition ») ; elle s'applique aussi bien avec le flash intégré qu'avec un flash accessoire Speedlite.

1. Pressez la touche **FUNC.** jusqu'à amener l'index de l'ACL en face de l'icône 🔳 .
2. Affichez la valeur de correction désirée sur l'indicateur de niveau d'exposition avec la molette principale ⌒ ou avec la molette secondaire ⦿, laquelle doit être activée (sur ON).

- La valeur de correction possible s'étend de – 2 IL à + 2 IL et elle peut être réglée par paliers de 0,5 IL sur l'indicateur de l'ACL. Côté + = surexposition ; côté – = sous-exposition.

- Dans tous les modes Expert, le fait qu'une correction au flash ait été spécifiée est rappelé par l'icône 🔀 dans l'affichage du viseur, même si vous n'utilisez pas le flash. Pour vérifier la valeur et la polarité de la correction, faites apparaître avec la touche FUNC. l'indicateur d'exposition sur l'ACL.

- La valeur de correction d'exposition reste en mémoire ; la seule manière de l'annuler est d'afficher une correction zéro.

3. Déclenchez.

Limitations d'emploi du flash intégré

Dans un reflex aussi élaboré que le vôtre, le flash intégré joue le même rôle utilitaire que dans tout appareil grand public : la photo souvenir sans effort ni connotation artistique. Nous n'avons rien contre ce type d'images qui représente l'essentiel du marché de la photo, mais, pour les prendre, notre « presse-bouton » n'a pas besoin d'un reflex et encore moins de lire ce livre ! Outre son incapacité à délivrer (avec ou sans yeux rouges) un éclairage principal acceptable sur le plan esthétique (cette remarque ne concerne donc pas le flash d'appoint en extérieur), d'autres facteurs matériels en restreignent sévèrement l'emploi :

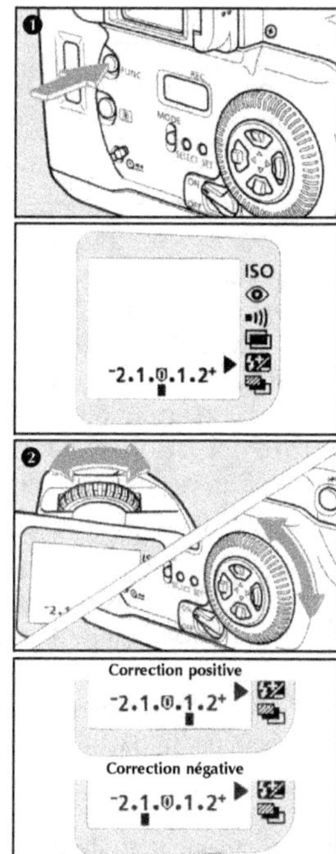

Correction d'exposition au flash
Le fonctionnement est identique avec un flash Speedlite.
1 Pressez la touche FUNC. (plusieurs fois si nécessaire), afin de faire apparaître l'index de l'ACL en face de l'icône Correction d'exposition au flash - 2 Tournez la molette principale (ou la molette secondaire) dans un sens ou dans l'autre pour afficher la valeur de correction négative ou positive désirée.

1. Portée du flash intégré

Celle-ci dépend à la fois de l'ouverture maximale de l'objectif (qui, dans un zoom courant, est très réduite sur la plus longue focale), de la distance minimale de mise au point et de la sensibilité du film. La portée du flash est donc variable selon l'objectif concerné mais elle est toujours modeste, ce qui limite son efficacité aux sujets proches. Le tableau suivant s'appliquant au zoom « standard » de l'EOS 30 n'est qu'un exemple réaliste situant le problème général :

Plage de couplage du flash en distance (avec le zoom EF 28-105 mm f/3,5-4,5)

Sensibilité	Focale = 28 mm		Focale = 90 mm	
ISO	Négatif couleur	Film inversible	Négatif couleur	Film inversible
100	1 – 5,2 m	1 – 3,7 m	1 – 4,0 m	1 – 2,8 m
200	1 – 7,4 m	1 – 5,2 m	1 – 5,7 m	1 – 4,0 m
400	1 – 10,5 m	1,2 – 7,4 m	1 – 8,1 m	1 – 5,7 m

Voici une bonne question : pourquoi, à sensibilité égale, la portée du flash est-elle moins grande avec le film inversible couleur ? Réponse : parce que ce type de film exige une grande précision d'exposition (un écart d'exposition de ± 0,5 IL lui est fatal), alors que le film négatif couleur peut encaisser une erreur d'exposition allant de – 2 IL à + 4 IL. Sur son EOS 30, Canon admet raisonnablement une sous-exposition systématique de – 1 IL pour le film négatif couleur, ce qui augmente d'autant la portée utile du flash.

2. Masquage du faisceau par l'objectif

Le réflecteur du flash étant placé à faible distance de l'axe de l'objectif (compacité oblige), la partie basse du faisceau émis par le flash est masquée par le fût de l'objectif lorsque celui-ci est de grand diamètre (grande ouverture maximale), de longue focale, s'il est équipé d'un parasoleil, ou encore si le sujet est situé à un mètre ou moins de l'appareil. Dans tous ces cas, la partie inférieure de l'image n'est pas éclairée par le flash.

Fonctionnement du flash intégré dans les différents modes

Mode d'exposition	Flash auto	Flash forcé	Anti-yeux rouges	Correction d'exposition	Assistance MaP AF
P Programme décalable	■	o	o	o	●
Tv Priorité vitesse	■	o	o	o	●
Av Priorité diaphragme	■	o	o	o	●
DEP Priorité profondeur de champ	■	o**	o**	o	●
☐ Tout-auto	●*	■	o	■	●
◉ Portrait	●*	■	o	■	●
▲ Paysage	■	■	■	■	●
❀ Gros plan	●*	■	o	■	●
✕ Sport	■	■	■	■	●
◪ Scène de nuit	●*	■	o	■	●
M Manuel/Semi-automatique	■	o	o	■	●

Code :
● : *Sélection automatique*
o : *Sélectionnable par l'utilisateur*
■ : *Inutilisable*

** Dans ces modes, le flash fonctionne automatiquement en faible lumière et en contre-jour, même s'il est inefficace parce que le sujet est trop éloigné pour la portée effective de l'éclair. Si le flash s'est mis tout seul en service dans un lieu où son emploi est interdit ou inutile, adoptez un mode Expert (P par exemple) et escamotez-le dans son logement.*
*** Dans ce cas, le mode DEP est annulé au profit du mode P.*

La plupart des zooms standard dont l'ouverture maximale est limitée à f/3,5 ou f/4 en position grand-angle sont utilisables, mais sans parasoleil, sur toutes les focales.

3. **L'angle de couverture maximale du flash intégré** correspondant à une focale de 28 mm, on ne peut pas l'employer avec un super grand-angle de 24 mm ou moins : la zone périphérique de la scène ne serait pas éclairée.

Utilisation d'un flash externe

Outre le flash intégré, vous pouvez théoriquement utiliser n'importe quel flash électronique monté sur la griffe porte-accessoires de votre Canon EOS 30. Ce flash, s'il n'est pas d'origine Canon « dédié » EOS, ne pourra pas fonctionner en mode Auto-TTL mais seulement en mode manuel ou en automatique « à computer », c'est-à-dire avec réglage de l'exposition à partir des informations reçues par le détecteur externe du flash lui-même.

Attention !

En montant un flash dédié d'une autre marque sur votre EOS 30, vous feriez courir un certain risque à votre boîtier qui peut recevoir une décharge fatale à ses circuits électroniques. Il suffit en effet que l'un des quatre contacts spéciaux de la griffe porte-accessoires reçoive une tension non appropriée pour « tuer » les microcircuits. Le jeu n'en vaut pas la chandelle.

Nous vous conseillons vivement d'utiliser un flash externe Canon Speedlite de la série EX (420EX, 220EX, 55OEX) et, pour la photomacrographie, le flash annulaire MR-14EX. Si vous possédez déjà un flash électronique indépendant plus ancien, vous pouvez quand même l'utiliser, dans les conditions suivantes.

Emploi d'un flash externe autre que les Canon Speedlite EX

1. Flashes Canon série M, T, A (automatique par le détecteur du flash). En mode d'exposition M, réglez manuellement la vitesse d'obturation entre 1/125 s et 30 s ou sur BULB. Affichez la même ouverture de diaphragme sur le boîtier EOS et sur le flash. Pour le reste, référez-vous au mode d'emploi du flash.

2. Flashes Canon Speedlite série EZ/E (automatique A-TTL). Quand le flash monté sur le boîtier est chargé, la vitesse d'obturation se règle automatiquement entre 1/60 s et 1/125 s. Le programme A-TTL de l'appareil détermine automatiquement l'ouverture de diaphragme grâce à l'éclair de pré-flash rouge sombre (mesure de luminosité et de la distance du sujet). Comme avec le flash intégré, la mesure est quatre zones TTL et elle est liée à la sélection automatique ou manuelle des Col. AF. Le fill-in automatique est également possible.

3. Flashes Canon Macro ML-3 et 480EG. Fonctionnement en mode Auto-TTL comme avec le flash intégré. En mode Priorité vitesse, on peut synchroniser le flash au 1/125 s ou plus lent.

4. Flash automatique (non dédié) d'une autre origine. En mode d'exposition M, la synchronisation est possible au 1/125 s ou moins. Veillez à ce qu'aucun autre contact que le contact central X de synchronisation de la griffe ne soit en liaison avec le sabot du flash (l'isoler éventuellement avec un petit morceau de bande adhésive). Le risque est nul si le flash concerné n'offre que ce seul contact (ou si le flash est déclenché via un cordon de synchronisation à câble coaxial). Dans ce cas, les réglages du boîtier et du flash sont tous manuels, sans indication Flash prêt dans le viseur.

5. Flash électronique de studio. Le mode d'exposition M est obligatoire. La synchronisation est normalement possible au 1/60 s ou à une vitesse plus lente (probablement pas au 1/125 s). Vérifiez ce point par des essais et n'utilisez strictement que le contact central de synchronisation X.

Utilisation d'un flash Canon Speedlite série EX

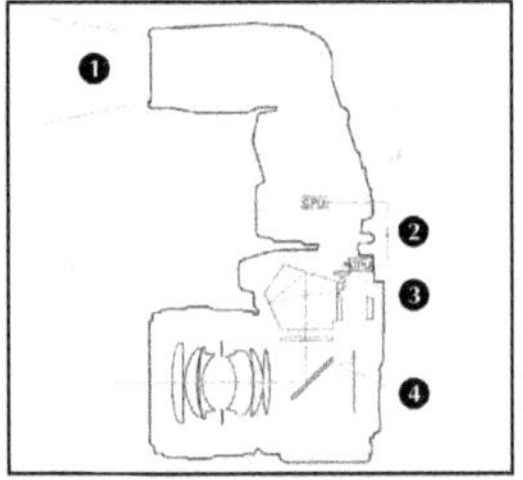

Fonctionnement d'un flash Speedlite série EX en mode E-TTL (ou E-TTL II)
Quand on presse le déclencheur à mi-course, l'appareil détermine normalement l'exposition pour la lumière ambiante, analysée par la cellule de mesure évaluative à trente-cinq segments. Au déclenchement, le flash émet un pré-éclair (70 ms avant l'exposition), ce qui permet à l'appareil de mesurer à l'aide de la même cellule évaluative l'exposition pour le flash. Les circuits de calcul (CPU du boîtier et du flash) déterminent, en temps réel, l'exposition et l'intensité de l'éclair assurant le meilleur dosage ambiance/flash.
1 Pré-éclair - 2 Signal de commande du flash - 3 Cellule segmentée trente-cinq zones - 4 Miroir principal en position de visée.

Outre sa plus forte puissance et un angle d'éclairage esthétiquement plus favorable (ne créant pas d'effet yeux-rouges), un flash Canon Speedlite de la série EX tels les 420EX, 220EX, 550EX fonctionne selon un nouveau principe d'automatisme dit E-TTL fondé sur l'emploi d'un pré-éclair effectuant une mesure évaluative et assurant un équilibre parfait entre la lumière instantanée de l'éclair et l'éclairage ambiant de la scène. Associés à l'EOS 30, ces flashes élaborés offrent d'autres fonctions valorisantes comme la synchronisation aux vitesses élevées d'obturation (mode FP) et la mémorisation de l'exposition au flash.

Le mode flash E-TTL

Alors qu'en mode Auto-TTL le flash intégré mesure l'exposition avec le multicapteur TTL/OTF du boîtier, le mode E-TTL permis par un flash EX détermine l'exposition à l'aide de la cellule de mesure évaluative à trente-cinq segments normalement utilisée en lumière continue. Dans ce mode, le capteur TTL/OTF est débrayé. Quand on déclenche l'obturateur et juste avant la remontée du miroir, le flash EX émet un pré-éclair permettant à la cellule segmentée de mesure évaluative de comparer la même image de la scène éclairée par le flash et par la lumière ambiante. Travaillant de concert, les microprocesseurs du boîtier et du flash établissent une exposition intelligente optimisant les mesures et l'exposition au flash en fonction du Col. AF sélectionné, c'est-à-dire de l'emplacement du sujet principal dans le cadre de l'image.

Ce principe lui permet de contrôler à la fois l'exposition pour le sujet principal (surtout éclairé par le flash) et pour son environnement et l'arrière-plan (qui sont éclairés par la lumière ambiante) et, par conséquent, de doser automatiquement le rapport des deux éclairements.

Séquence des opérations en mode flash E-TTL (et E-TTL II)

1. Pression à mi-course sur le déclencheur
Mise au point AF et mesure évaluative multizone de la scène éclairée par la lumière ambiante (liées au Col. AF activé).

2. Pression à fond sur le déclencheur
Émission d'un pré-éclair : mesure évaluative multizone de la lumière du flash réfléchie par le sujet.

3. Comparaison des mesures recueillies respectivement en lumière ambiante et avec le pré-éclair ; calcul de l'intensité nécessaire de l'éclair (en réalité sa durée) et mise en mémoire des paramètres d'exposition.

4. Remontée du miroir, départ du premier rideau de l'obturateur, départ de l'éclair, exposition du film, fermeture du deuxième rideau, retour du miroir.

5. Le voyant de confirmation d'exposition correcte au flash s'allume au dos du flash.

Flash Speedlite 420EX

Nous avons pris ce modèle en exemple parce qu'il a été spécialement conçu pour l'EOS 30 et mis sur le marché en même temps que lui fin 2000 ; les autres flashes de la série EX, tel le 220EX plus simple ou le plus élaboré 550EX sont bien sûr 100 % compatibles avec votre boîtier.

La tête du flash est orientable horizontalement et verticalement afin de permettre l'éclairage indirect par réflexion sur une surface voisine du sujet : mur, plafond, réflecteur installé exprès. Le tube-éclair est installé dans un système optique zoom faisant varier automatiquement la largeur du faisceau éclairant en fonction de la focale de l'objectif monté sur le boîtier, cela de 24 à

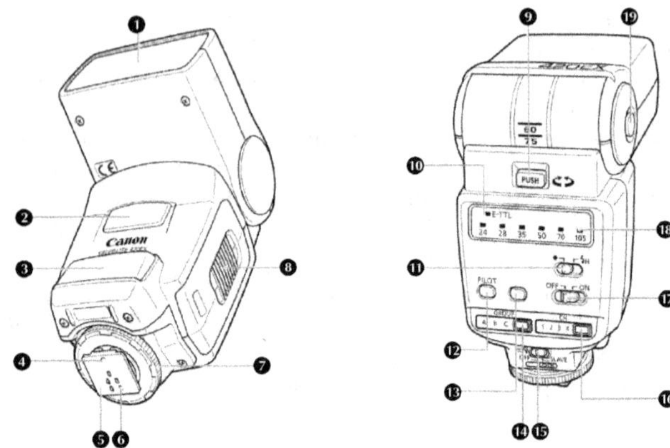

Nomenclature du flash Speedlite 420EX
• *Vue avant* - **1** *Tête du flash* - **2**. *Récepteur de télécommande* - **3** *Émetteur d'éclair d'assistance AF* - **4** *Griffe de verrouillage* - **5** *Sabot de fixation* - **6** *Contacts de synchronisation X et de couplage direct* - **7** *Molette de verrouillage* - **8** *Porte du logement des piles.*
• *Vue arrière* - **9** *Verrou d'orientation horizontale* - **10** *Voyant de fonctionnement en mode E-TTL* -
11 *Sélecteur de fonctionnement en mode Flash FP* - **12** *PILOT: voyant de charge/Touche d'éclair manuel* -
13 *Voyant de confirmation d'exposition correcte* - **14** *Touches d'identification du groupe de flashes asservis* -
15 *Sélecteur de commande sans fil* - **16** *Touches de sélection du canal de télécommande* - **17** *Commutateur Arrêt/Marche* - **18** *Voyants de couverture du flash selon la focale d'objectif* - **19** *Verrou d'orientation verticale.*

105 mm. À la base du flash se trouve le système d'assistance autofocus (flash auxiliaire rouge sombre) nécessaire à la MaP en cas de lumière ambiante insuffisante. Il est alimenté par quatre piles alcalines AA, ou 4 accus NiCd ou Ni-MH de même format. Comme nous le verrons en fin de chapitre, il est également compatible avec un système multiflash, avec ou sans câbles de synchronisation.

Flash automatique E-TTL en mode Tout-auto ou P

1. Sélectionnez le mode d'exposition.
2. Le flash monté sur la griffe étant sous tension, vérifiez que le témoin de charge du flash est allumé (symbole éclair dans le viseur et voyant Pilot au dos du flash).
3. Pression à mi-course sur le déclencheur (mise au point, mesure de l'exposition), affichage des paramètres d'exposition.
4. Déclenchement.

   Le voyant vert de confirmation au dos du flash s'illumine durant trois secondes si l'exposition donnée par le flash est correcte. S'il ne s'allume pas, c'est que le sujet était placé au-delà de la portée de l'éclair.

Flash E-TTL dans les autres modes

Dans les autres modes d'exposition, le fonctionnement du flash en E-TTL est également automatique, mais après affichage manuel sur le boîtier de la vitesse (**Tv**) ou de l'ouverture (**Av**) ou des deux (**M**). La vitesse maximale d'obturation est automatiquement limitée au 1/125 s.

Réglages de la vitesse d'obturation et de l'ouverture en fonction du mode Expert

Mode d'exposition	Réglage de la vitesse	Réglage de l'ouverture
P Programmé	Automatique : 1/60 à 1/125 s	Automatique
Av Priorité diaphragme	Automatique : 30 s à 1/125 s	Manuel sur le boîtier
Tv Priorité vitesse	Manuel : 30 s à 1/125 s	Automatique sur le boîtier
M Manuel/Semi-auto	Manuel : pose B, 30 s à 1/125 s	Manuel

Avertissements d'exposition (flash monté sur le boîtier)

Mode*	Avertissement	Symptôme	Remarque/Remède
P Programmé	L'ouverture minimale de l'objectif clignote. (Flash d'appoint en extérieur : fill-in)	L'éclairage ambiant de la scène est trop intense.	1. Utiliser un film plus lent. 2. Monter un filtre gris-neutre (ND) sur l'objectif pour réduire la quantité de lumière entrant dans l'appareil.
Av Priorité diaphragme	La vitesse de synchro X (1/125 s) clignote.	L'arrière-plan sera surexposé.	Seul le sujet du premier plan sera correctement exposé. 1. Mode FP si le flash est de type Speedlite EX. 2. Afficher une plus petite ouverture.
Tv Priorité vitesse	L'ouverture minimale de l'objectif clignote.	L'arrière-plan sera surexposé.	Mode FP avec un flash Speedlite EX. Sinon, seul le sujet illuminé par le flash est correctement exposé.
	L'ouverture maximale de l'objectif clignote.	L'arrière-plan sera sous-exposé.	Seul le sujet illuminé par le flash est correctement exposé.

** Seuls ces trois modes Expert figurent dans ce tableau car le chargement du flash en mode DEP transforme automatiquement celui-ci en mode Programmé (P).*

Synchronisation vitesse lente

Nous avons vu ci-dessus que le flash est utilisable en automatisme E-TTL dans tous les modes et à une vitesse égale ou inférieure à la vitesse de synchronisation X (1/125 s). Si vous voulez imposer le temps de pose – ce qui demanderait normalement le mode priorité vitesse (**Tv**) – il est paradoxalement préférable d'opérer en mode **Av**, qui permet à l'appareil de régler automatiquement le temps de pose en fonction de la luminosité de l'environnement et de l'arrière-plan (l'exposition du sujet au premier plan restant bien entendu correctement déterminée par la puissance de l'éclair). Fermez progressivement le diaphragme jusqu'à ce que la durée de la pose affichée soit celle que vous souhaitez. Vous pouvez évidemment faire de même en mode semi-automatique M ou en pose B, les deux paramètres V/D étant alors à spécifier manuellement sur le boîtier.

S'il s'agit d'enregistrer, avec l'appoint du flash, les traînées lumineuses marquant la trajectoire d'un sujet en déplacement, vous adopterez probablement le mode de synchronisation flash 2e rideau avec lequel ces traînées se prolongent derrière le sujet mobile et non pas en avant, comme avec la synchronisation normale 1er rideau. Vous pouvez réaliser cet effet avec tout flash compatible grâce à la fonction personnalisable **C.Fn-06-1** de l'EOS 30.

Synchronisation FP à grande vitesse d'obturation

FP est l'abréviation de *Focal Plane* (pour obturateur situé au plan focal). Quand il est dans ce mode, le flash EX émet une série continue de faibles éclairs à très haute fréquence (50 kHz) assimilable à un éclair long, se prolongeant pendant toute la durée de défilement de la fente de l'obturateur focal, ce qui autorise son emploi avec les vitesses d'obturation supérieures à 1/125 s, jusqu'au 1/4 000 s. Cependant, chaque portion du film ne recevant qu'une partie de la lumière émise par le flash, le NG nominal du flash décroît considérablement en corrélation avec l'élévation de la vitesse.

Si, en mode **Tv**, la vitesse affichée sur l'appareil est supérieure au 1/125 s, le flash 420EX se commute automatiquement en mode FP : un petit **H** apparaît dans le viseur à droite du symbole éclair **⚡H**.

La synchronisation grande vitesse permet d'utiliser le flash en extérieur bien éclairé conjointement avec une grande ouverture (flou de l'arrière-plan), de donner un éclat aux yeux ou un subtil effet de fill-in dans un portrait. Néanmoins, le faible rendement lumineux du mode FP en limite l'emploi aux sujets proches.

Nombre-guide en mode « Flash FP » (pour 100 ISO)

Vitesse d'obturation	Focale de l'objectif et couverture du flash					
	24	28	35	50	70	105
1/125 s (X)	23	25	31	34	37	42
1/180 s	12,1	13,1	16,3	17,9	19,5	22,1
1/250 s	11,0	12,0	14,9	16,3	17,7	20,1
1/350 s	9,7	10,5	13,0	14,3	15,6	17,7
1/500 s	8,1	8,8	11,0	12,0	13,1	14,8
1/750 s	6,8	7,4	9,2	10,1	11,0	12,5
1/1 000 s	5,8	6,3	7,8	8,5	9,3	10,5
1/1 500 s	4,8	5,3	6,5	7,1	7,8	8,8
1/2 000 s	4,1	4,4	5,5	6,0	6,5	7,4
1/3 000 s	3,4	3,7	4,6	5,1	5,5	6,2
1/4 000 s	2,9	3,1	3,9	4,3	4,6	5,3

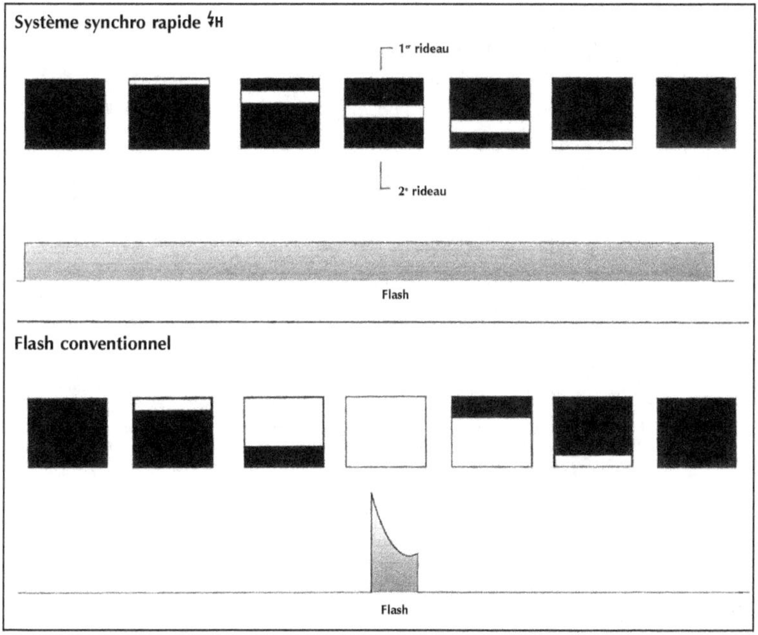

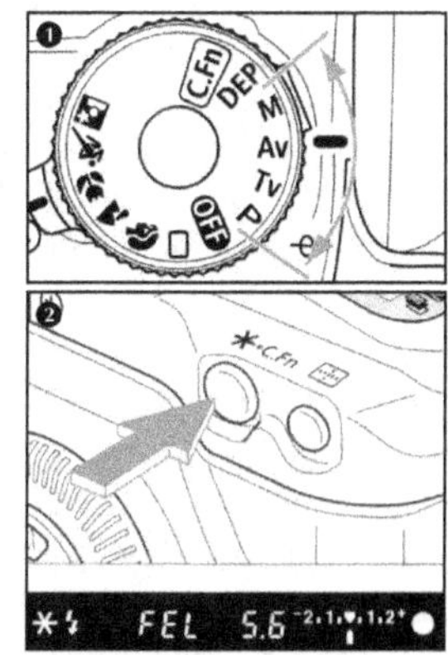

Système synchro rapide 4H

Synchro vitesse rapide (mode FP)
(En haut) Mode Flash FP. Le flash Speedlite EX émet une série d'éclairs haute fréquence durant toute la durée de défilement de la fente de l'obturateur : on peut donc opérer à toutes les vitesses d'obturation, jusqu'au 1/4 000 s.
(En bas) Synchronisation X. L'éclair du flash ne peut être déclenché qu'au moment où la surface du film est entièrement découverte (vitesse maximale : 1/125 s).

Mémorisation d'exposition au flash

Comme en lumière continue, cette fonction permet de mesurer sélectivement l'exposition au flash sur la partie choisie du sujet (à condition qu'il soit à la portée du flash), de la mettre en mémoire par pression sur la même touche ✶, puis de recadrer si désiré avant de déclencher.

1. Sélectionnez un mode Expert (sauf DEP).

2. Positionnez le Col. AF central sur la partie du sujet dont vous souhaitez mémoriser l'exposition, effectuez la MaP par pression à mi-course sur le déclencheur et pressez la touche ✶.

Mémorisation d'exposition au flash
Voir le texte ci-contre.

L'icône ✳ s'affiche dans le viseur; le 420EX émet un pré-éclair permettant à l'appareil de déterminer l'intensité de l'éclair nécessaire.

La valeur d'exposition (au flash, pour cette partie du sujet) est mémorisée.

Le sigle FEL (*Flash Exposure Lock* = verrou d'exposition au flash) apparaît une demi-seconde dans le viseur.

3. Recadrez et déclenchez.

Mode de sélection du collimateur autofocus		Col. AF utilisé pour la mémorisation d'expo. au flash
Automatique		Central
Manuelle	Fonction personnalisable C.Fn-8-0	Central
	Fonction personnalisable C.Fn-8-1	Sélectionné par l'utilisateur
AFPO	Fonction personnalisable C.Fn-8-0	Central
	Fonction personnalisable C.Fn-8-1	Sélectionné par l'utilisateur*

** Si, en sélection AFPO, on presse le déclencheur à mi-course, puis la touche ✳, la mémorisation d'exposition au flash s'applique au Col. AF sélectionné. Il en est de même si l'on presse la touche ✳ juste avant de faire la MaP AF (par pression à mi-course sur le déclencheur).*

Éclairage pilote

Le Speedlite 420EX est doté de cette fonction qui vous permet d'apprécier visuellement la qualité esthétique de l'éclairage, y compris en système multiflash.

1. Basculez le sélecteur de commande sans fil du 420 EX sur la position **SLAVE**.

2. Pressez le poussoir test de profondeur de champ du boîtier: le flash émet une série d'éclairs à 70 Hz pendant 1 s environ.

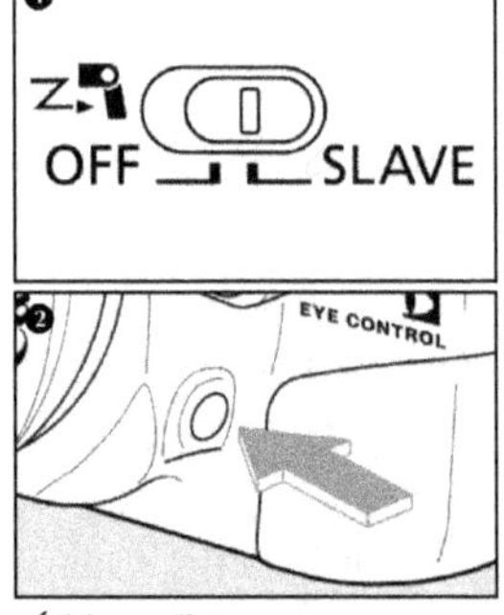

Éclairage pilote
1 Placez le sélecteur du flash EX sur la position SLAVE (flash esclave) -
2 Pressez la touche Test de profondeur de champ de l'EOS: le flash émet une lumière apparemment continue durant une seconde, ce qui permet d'apprécier la qualité de l'éclairage sur le sujet.

Système multiflash sans câble

Le Speedlite 420EX peut jouer le rôle de flash asservi, dit « esclave » (slave), dans un système d'éclairage multiflash, c'est-à-dire composé de plusieurs flashes ou groupes de flashes commandés à distance sans cordon, avec détermination automatique de l'exposition en mode E-TTL. Ceci permet de bâtir des éclairages très élaborés à plusieurs sources. Il faut cependant disposer d'un flash « maître » (550EX, MR-14EX Macro ou émetteur Speedlite ST-E2) monté sur la griffe du boîtier, lequel déclenche un ou plusieurs flashes esclaves et assure le contrôle de l'exposition en liaison avec le boîtier. Le 420EX ne pouvant jouer le rôle de flash maître, référez-vous pour plus de détails au mode d'emploi du flash maître concerné.

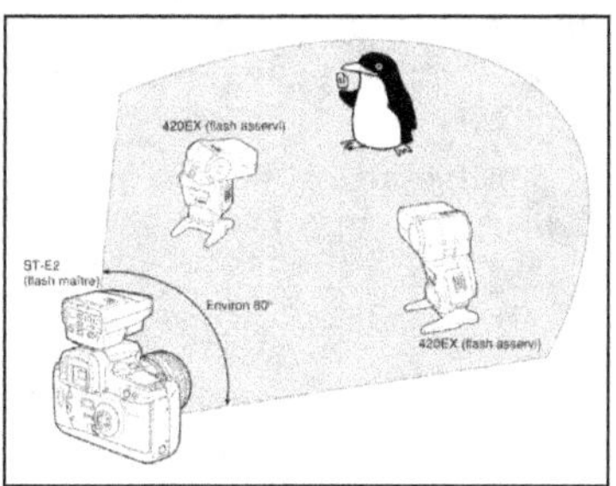

Système multiflash sans cordon
Dans cet exemple, les deux flashes 420EX sont asservis, c'est-à-dire commandés et réglés à distance à partir du flash monté sur la griffe du boîtier. Cette fonction de flash maître demande l'emploi d'un modèle de flash 550EX, MR-14EX (annulaire macro) ou, comme ici, de l'émetteur ST-E2.

1. Montez le flash 550EX, MR-14EX ou ST-E2 sur la griffe porte-accessoires de l'EOS 30 et réglez-le en « maître », comme cela est indiqué dans son mode d'emploi.

2. Réglez le 420EX en tant que flash asservi :

- Lorsque le sélecteur de commande est sur SLAVE, le flash se règle automatiquement sur la couverture 24 mm.

- Lorsqu'il est recyclé, l'émetteur d'éclair d'assistance AF clignote à 1 Hz (une fois par seconde).

- Les opérations suivantes sont seulement évoquées :
  - Réglage sur le flash maître du numéro de canal, enregistrement du numéro d'identification du groupe de flashes asservis.
  - Installation des flashes, contrôle de leur fonctionnement par un éclair d'essai, etc.
  - Le processus de commande de base débute quand le flash maître émet un pré-éclair de mesure de la lumière réfléchie par le sujet. L'appareil calcule l'intensité nécessaire de l'éclair qu'il mémorise. Ces données sont alors communiquées par le maître (ou bien par l'émetteur infrarouge Speedlite ST-E2) aux flashes (ou groupe de flashes) esclaves.

Système multiflash avec liaisons par câbles

Contrairement à la configuration multiflash sans cordon ci-dessus où le 420EX n'est pas utilisable comme flash maître, la liaison par câbles autorise l'emploi de tous les modèles de flashes Speedlite pour Canon EOS (de type EX, EZ, EG ou E).

Le système permet d'utiliser conjointement un maximum de quatre flashes.

Nota

Les éléments permettant de constituer un système multiflash avec liaisons par câbles sont présentés dans le chapitre 10 : « Accessoires ».

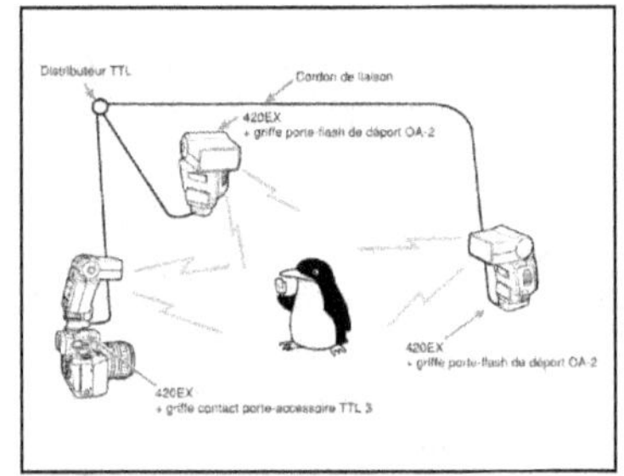

Système multiflash avec liaisons par câbles
La liaison par câbles multipolaires permet au contraire d'utiliser le 420EX en flash maître et d'employer d'autres modèles de flashes Speedlite en tant qu'esclaves.

Spécificités du mode E-TTL II

Introduit en 2004 en même temps que le reflex numérique Canon EOS 1D Mark II et les reflex EOS 30V et 33V, le mode flash E-TTL II est une version améliorée de l'E-TTL d'origine décrit ci-dessus. Notez surtout qu'il ne s'applique pas aux EOS 30 et 33 : c'est pour cela que nous le présentons séparément. Fonctionnant tout à fait de la même manière, le mode E-TTL II se caractérise par deux remarquables innovations.

Algorithmes de mesure au flash améliorés

Tout d'abord, l'E-TTL II examine et compare les zones de mesure évaluative (trente-cinq zones, lumière continue) avant et après l'émission du pré-éclair. Les zones qui présentent des variations relativement faibles de luminosité sont alors pondérées pour la mesure du flash. Ceci a pour but d'éviter le problème rencontré avec l'E-TTL en présence de sujets très réfléchissants, c'est-à-dire produisant des reflets spéculaires, des hautes lumières qui faussent la mesure. Le pré-éclair de l'E-TTL II les détecte et les prend en compte pour la mesure.

Intégration de la distance du sujet principal dans les calculs

Lorsqu'elles sont disponibles, l'E-TTL II utilise les données de distance du sujet principal. Beaucoup d'objectifs Canon EF (signalés dans la colonne E-TTL II du tableau Spécifications des objectifs chapitre 9) sont équipés d'un moteur de mise au point (généralement USM) et d'un codeur rotatif qui transmet en retour aux circuits du boîtier la distance de MaP déterminée par l'autofocus.

Dans certaines conditions de PdV, cette donnée de distance est prise en compte dans le calcul déterminant la puissance de l'éclair délivrée par le flash. Ceci est particulièrement utile lorsqu'on fait la mise au point avant de recomposer l'image, mais sans utiliser le verrou d'exposition au flash (FEL, *Flash Exposure Lock*). Le nouveau système minimise grandement les erreurs de mesure.

Avec l'E-TTL d'origine, la distance du sujet principal n'était pas clairement exploitée par les boîtiers EOS pour la mesure d'exposition au flash, sauf de manière élémentaire dans certains modes d'exposition Résultat. L'E-TTL II est donc le premier système Canon utilisant pleinement cette information.

Pour être juste, il faut dire que cette information de distance pour la mesure au flash en lumière mixte est exploitée par Nikon depuis 1992 (lancement du modèle F90, associé aux objectifs de type D communiquant la distance du sujet au boîtier). Sur ce point particulier, Canon a en quelque sorte comblé son retard sur un valeureux concurrent.

Lorsque les données de distance ne sont pas utilisées par E-TTL II

Avec un objectif compatible et un flash Canon EX, il y a trois conditions d'emploi qui ne permettent pas au système E-TTL II d'utiliser les données de distance: éclairage indirect par réflexion, flash en macro et système multiflash sans câble. Il est facile de comprendre pourquoi.

Lorsqu'on opère au flash en lumière réfléchie (disons à chaque fois que le flash n'illumine pas directement le sujet), le boîtier « sait » à quelle distance se trouve le sujet sur lequel on a fait la MaP AF, mais il n'a en revanche aucun moyen de connaître la distance parcourue par la lumière avant d'atteindre le sujet, donc d'en déduire la puissance « idéale » de l'éclair. La lumière réfléchie étant une technique de choix pour améliorer la qualité plastique de l'éclairage, on peut dire que l'avantage du mode E-TTL II se réduit alors à une mesure évaluative (peut-être et dans certains cas) supérieure à l'E-TTL d'origine.

Il en va de même pour les deux autres conditions. Avec le flash macro (annulaire sur l'objectif, voir chapitre 11 : « Photomacrographie »), l'objectif est trop proche du sujet pour recueillir une information précise de distance; en revanche, en configuration multiflash sans cordon, l'appareil ne reçoit aucune information relative à la position des flashes esclaves par rapport au sujet. Néanmoins, l'E-TTL II peut jouer son rôle si le flash est éloigné de l'appareil grâce à un cordon de synchronisation ou déporté avec une barrette: il faut dans ce cas que le flash éclaire directement le sujet.

Conclusion sur l'E-TTL II

En résumé, l'emploi de l'E-TTL II est 100 % compatible avec les flashes Canon Speedlite EX et les objectifs cités, mais il n'est exploité qu'avec les boîtiers EOS dotés de ce mode, c'est-à-dire les EOS 30V et 33V. De plus, il n'est pleinement efficace qu'en mode flash direct style reportage : c'est un genre que les professionnels pratiquent exclusivement aujourd'hui avec un reflex numérique. Dans tous les autres cas, le système boîtier + flash fonctionne excellemment en mode E-TTL, tel qu'il a été décrit dans ce chapitre.

Ceci nous conforte dans l'idée exprimée dès les premières lignes de cet ouvrage : pour la photographie créative et toutes les conditions opérationnelles, les quatre déclinaisons de l'EOS 30 (30, 33, 30V et 33V) affichent des performances strictement équivalentes !

Objectifs Canon EF

Comme tous les boîtiers Canon EOS produits depuis 1987, les EOS de la famille 30 n'acceptent que les objectifs Canon EF à moteurs intégrés. Ces objectifs sont à transmission intégralement électronique des échanges de données entre le boîtier et l'objectif. Ils ne comportent pas de bague de diaphragme.

Aucune compatibilité n'est donc possible avec les objectifs Canon FD conçus pour les très anciens boîtiers non-AF de la marque, ni avec les optiques d'autre origine, à l'exception bien sûr des objectifs fabriqués par des opticiens indépendants, mais équipés exactement de la même monture et du même système AF qu'un objectif Canon EF. Depuis le lancement des premiers boîtiers EOS, le défi de Canon (très courageux à l'époque) de ne permettre aucune interchangeabilité entre objectifs à monture FD et à monture EF a été magnifiquement gagné.

La monture d'objectif a un diamètre interne de 54 mm (ce qui permet l'emploi d'objectifs à très grande ouverture), tandis que le tirage mécanique, c'est-à-dire la distance entre la face d'appui de l'objectif et le plan du film, est de 44 mm.

Bref rappel d'optique photographique

Une *lentille simple convergente* est capable de former une image réelle que l'on peut recevoir sur un écran. L'image est renversée, c'est-à-dire que les objets sont tête en bas. Une *lentille divergente* ne forme que des images virtuelles : elle ne s'utilise qu'en combinaison avec des lentilles convergentes. La caractéristique la plus importante d'une lentille, c'est sa puissance qui s'exprime en dioptries, ou, de manière plus habituelle en photographie, par sa longueur focale (ou focale) en millimètres. La focale est l'inverse de la puissance : une lentille de + 4 dioptries, par exemple, à une focale de 1/4 = 0,25 m ou 250 mm.

La *longueur focale* est la distance séparant un point de l'objectif appelé *point nodal d'émergence* situé sur l'axe de symétrie (axe optique) du *foyer principal image :* là où se forme l'image nette d'un point situé à l'infini. Notons qu'il ne se forme une image réelle que dans le cas où l'objet est situé entre l'infini et

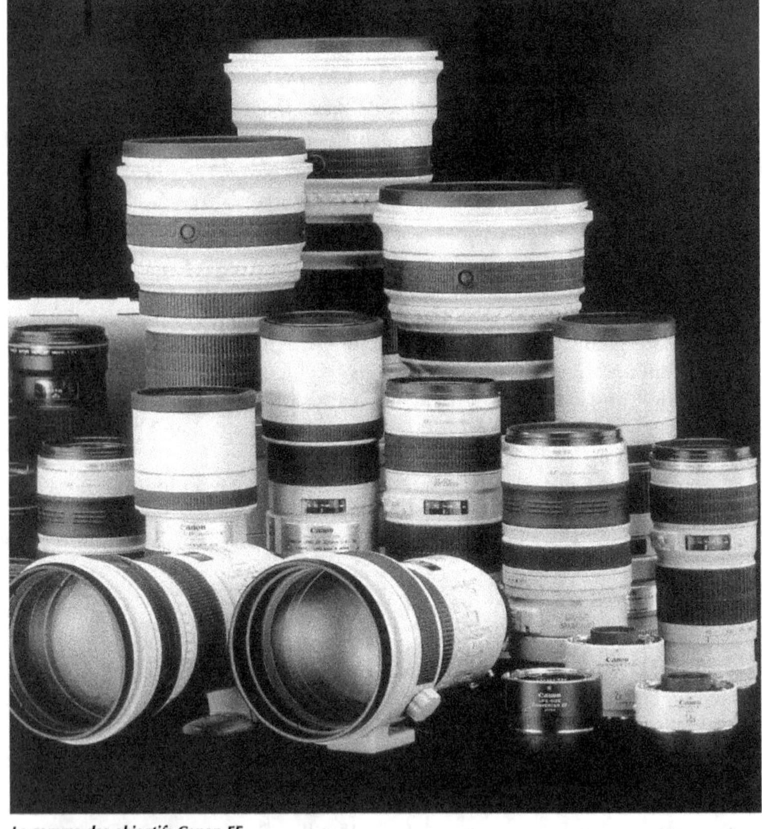

La gamme des objectifs Canon EF
Du super grand-angulaire de 14 mm au super téléobjectif de 1 200 mm, en passant par de nombreux zooms (de 17-35 mm à 100-400 mm) et des objectifs spéciaux : une soixantaine de performantes optiques qui se montent toutes sans problème sur votre boîtier Canon EOS, quel que soit son modèle.

le point symétrique du foyer image appelé « foyer objet ». Si l'objet est placé sur ce foyer ou plus près de l'objectif, il ne se forme plus qu'une image virtuelle : l'objectif joue le simple rôle d'une loupe !

Dans l'intervalle où se forme une image réelle, la distance séparant le point nodal d'émergence du plan où se forme une image réelle nette (ou plan de mise au point) est d'autant plus grande que l'objet est proche. Cette distance est appelée « tirage optique » (ou tirage). Dans le cas d'une lentille simple, le tirage est égal à la focale quand l'objet est à l'infini (∞) ou, en pratique, à une distance égale ou supérieure à 1 000 fois la focale (50 m pour l'objectif standard de 50 mm, par exemple). Mais dans le cas d'un objectif pour reflex, la face d'appui de l'objectif est toujours à la même distance du film (44 mm pour les EOS). Afin de permettre l'emploi de différentes focales, du super grand-angulaire (ou du fisheye) au super téléobjectif en passant par de nombreux zooms, l'opticien adopte une formule telle que le point nodal d'émergence soit rejeté en avant de l'objectif dans le cas d'une longue focale et en arrière dans le cas d'une focale plus courte que 44 mm. Cela permet de toujours focaliser l'image sur le film tout en diminuant la longueur et le poids de l'objectif. Vous pouvez constater (voir le n° 22 du tableau Spécificités des objectifs Canon EF à la fin de ce chapitre) qu'un objectif de 400 mm de focale, le EF 400 mm f/5,6 L, par exemple, ne mesure que 256,5 mm de long : c'est donc bien que les rayons incidents se « croisent » (sur le point nodal d'émergence) bien en avant de la lentille antérieure.

Une simple lentille convergente ne peut former que des images de très pauvre qualité, entachées de toutes sortes de défauts appelés *aberrations*, dont la correction demande toujours l'emploi de plusieurs lentilles savamment calculées et assemblées. On arrive ainsi à l'objectif photographique, un système optique complexe comprenant déjà, dans le cas de l'objectif Canon à focale fixe le plus simple, le EF 50 mm f/1,8, six lentilles dont deux sont collées (soit cinq groupes).

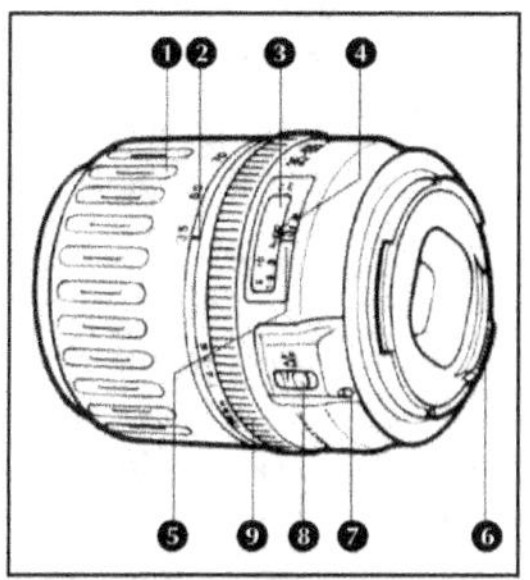

Structure d'un zoom Canon standard
1 *Bague de zooming* - 2 *Index de longueur focale* - 3 *Fenêtre d'affichage des distances* - 4 *Repère infrarouge* - 5 *Index de distance* - 6 *Contacts de communication objectif-boîtier* - 7 *Point rouge de positionnement pour le montage* - 8 *Sélecteur AF/MF de mode de mise au point* - 9 *Bague de mise au point manuelle.*

Qualités de l'objectif

Sur le plan de l'optique, on demande à l'objectif du reflex de réunir des qualités très particulières. Quelle que soit sa focale, il doit en effet :

- permettre le fonctionnement du miroir : son tirage mécanique doit être supérieur à sa focale réelle lorsqu'il s'agit d'un grand-angulaire ;
- avoir une bonne luminosité donc une grande ouverture relative maximale ;
- donner des images de très bonne qualité qui ne soient pas entachées d'aberrations ni de reflets parasites (qui diminueraient le contraste de l'image) ;
- n'être ni lourd ni encombrant (compte tenu de son ouverture maximale et de sa focale) ;
- ne pas être d'un prix excessif, eu égard à ses performances et aux exigences commerciales. En pratique, un objectif à hautes performances est plus cher que le boîtier auquel il est destiné.

Constantes de l'objectif

Les objectifs photographiques peuvent être caractérisés par trois constantes qui sont :
- la longueur focale ;
- l'angle de champ ;
- l'ouverture relative maximale ou « luminosité ».

La focale (en mm) et l'ouverture maximale sont toujours gravées sur l'objectif. Dans le cas d'un zoom, les deux focales extrêmes sont indiquées et, le cas échéant, l'ouverture relative maximale correspondant à ces deux focales extrêmes (car un zoom est généralement, mais pas toujours, moins « ouvert » sur la plus longue focale que sur la plus courte, cela permettant de limiter son diamètre maximal, donc son poids et son prix). Puisqu'il s'agit ici de couvrir le même format 24 × 36 mm, la focale et l'angle de champ sont toujours liés : tous les objectifs affichant une focale de 35 mm embrassent un angle diagonal de 63°.

Longueur focale

C'est la caractéristique la plus importante puisque c'est d'elle que dépendent les dimensions du sujet sur le film, en fonction de sa taille propre et de son éloignement. Si, par exemple, un objet mesure 5 mm sur le film avec l'objectif 50 mm, il mesurera 10 mm avec le 100 mm et 15 mm avec une focale de 150 mm.

Le format 24 × 36 étant une constante, on a pris l'habitude de caractériser les objectifs en fonction de leur focale.
- Un objectif est dit *de focale normale* (ou simplement normal) quand sa focale est voisine de la diagonale du format. Celle-ci mesure un peu plus

de 43 mm mais un objectif normal ou standard a habituellement 50 mm de focale.

- La focale d'un objectif de *courte focale* est égale ou inférieure à 35 mm. Il embrasse un champ nettement supérieur à celui d'un objectif normal, d'où son nom courant de *grand-angulaire* (ou grand-angle).

- Un objectif de *longue focale* a une focale supérieure à 65 mm. Le sujet est grossi par rapport à la focale normale. Son surnom habituel *Téléobjectif,* signifie « l'objectif qui rapproche ». Plus la focale est longue, plus le grandissement du sujet est important et plus le champ embrassé par le format est restreint.

- Ces désignations traditionnelles conservent leur signification avec un *objectif à focale variable,* dit *zoom.* Un zoom tel le Canon EF 28-105 mm f/4,0-4-5,6 USM (n° 35 du tableau) remplace à lui seul le grand-angulaire (28 mm), la focale normale (50 mm) et le semi-téléobjectif (105 mm) ; il couvre également toutes les focales (et les angles de champ) intermédiaires. Un zoom dont la variation de focale s'étend de part et d'autre de 50 mm est souvent appelé « transtandard ».

Angle de champ

Ce qui différencie essentiellement l'image donnée par un objectif de courte focale (un grandangulaire de 24 mm par exemple) de celle donnée par une longue focale (tel un téléobjectif de 135 mm) c'est, d'une part le grandissement du sujet (avec le 135 mm le même objet sera environ cinq fois et demie plus grand sur l'image) et, d'autre part, l'angle embrassé selon la diagonale du format ou *angle de champ :* l'angle de champ du 24 mm est de 84°, tandis que celui du 135 mm n'est que de 18° (soit environ quatre fois et demi plus restreint).

L'objectif peut tout aussi bien être caractérisé par son angle de champ que par sa longueur focale : Courte focale = grand-angulaire ; longue focale = téléobjectif.

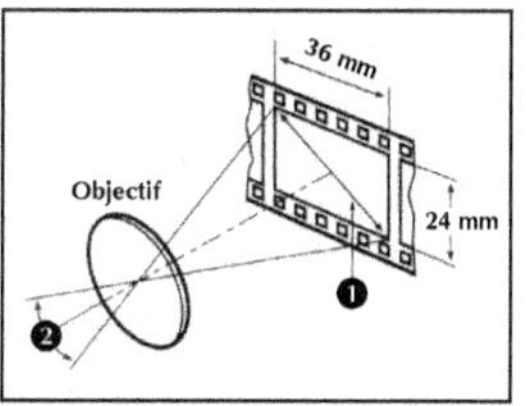

L'angle de champ
On appelle angle de champ la portion d'espace embrassée par l'objectif selon l'une des dimensions du format (largeur, hauteur ou diagonale). Il est fonction de la longueur focale et il augmente lorsque cette dernière diminue. Notez que dans cet ouvrage et chez les constructeurs, l'angle de champ est toujours indiqué selon la diagonale du format et pour une mise au point à l'infini. En effet, pour une MaP à courte distance, le tirage augmente et, par conséquent, l'angle de champ diminue.
1 *Diagonale du format 24 × 36 mm : 43,27 mm*
2 *Angle de champ selon la diagonale du format.*

Longueur focale et angle de champ dans la diagonale du format (focales les plus courantes)

Focale (mm)	17	24	28	35	50	85	105	135	200	300	400
Angle de champ	104°	84°	75°	63°	47°	34°	23°20′	18°	12°	8°15′	6°10′

Ouverture relative maximale

Vous savez déjà tout sur le diaphragme, particulièrement ce qui concerne l'exposition. Les objectifs à focale fixe les plus performants se distinguent des zooms par leur très grande ouverture maximale : f/1,4 pour la focale normale de 50 mm. L'ouverture maximale des autres objectifs à focale fixe est normalement limitée à f/2 ou f/2,8 pour les grands-angles et les téléobjectifs haut de gamme. Les zooms affichent généralement deux valeurs d'ouverture maximale, la plus grande sur la plus courte focale, la plus petite sur la plus longue. Les zooms de prix modéré ont l'inconvénient d'une faible luminosité : f/4 en position grand-angle, f/5,6 en position téléobjectif, par exemple. Il en existe de plus lumineux mais leur prix est notablement plus élevé...

Il y a une grande différence de formule optique et de prix entre deux objectifs de même focale, dont l'ouverture maximale est différente. Dans la gamme Canon EF, il y a, par exemple, outre le mythique EF 50 mm f/1,0 L USM qui n'est plus fabriqué (onze lentilles en neuf groupes, ce qui s'écrit 11/9), le EF 50 mm f/1,4 (7/6), le EF 50 mm f/1,8 II (6/5) ou encore le EF 50 mm f/2,5 Compact-Macro (9/8).

L'ouverture minimale est également un facteur important : la plupart des objectifs Canon EF se ferment à f/22 ou même f/32. Cette caractéristique a été rendue possible par la précision du moteur EMD de commande de diaphragme. Une très petite ouverture minimale peut être utile en ce qui concerne l'exposition : soit pour ne pas surexposer en plein soleil un film rapide avec ce boîtier dont la vitesse maximale est de 1/4 000 s, soit pour bénéficier de la profondeur de champ la plus étendue. Il ne faut pas oublier que l'emploi d'une trop petite ouverture diminue la résolution de l'image par diffraction de la lumière.

Compte tenu de son prix beaucoup plus élevé, l'achat d'un objectif à grande ouverture ne se justifie en pratique que si l'on tire vraiment parti du surcroît de luminosité : grand reportage, sport en salle couverte ou en nocturne, chasse photographique avec super téléobjectif. Pour le photographe amateur (celui qui aime), un ou deux zooms d'ouverture et de prix modérés répondent aux conditions de prises de vue courantes.

Aspect de l'image en fonction de la focale utilisée

Si du même point de vue, c'est-à-dire sans déplacer l'appareil par rapport à la scène, nous prenons des photographies avec des objectifs de focale croissante, nous nous apercevons que la perspective n'est pas modifiée d'une image à l'autre. C'est encore plus facile à vérifier avec un zoom à grande amplitude. Effectivement, la convergence naturelle des lignes horizontales vers l'horizon (ou lignes « fuyantes ») ne varie pas ; ce qui a changé, c'est le grandissement et l'angle de champ. Si nous agrandissons la partie centrale de l'image prise avec le 35 mm aux dimensions de celle qui a été prise avec le 135 mm, les deux images sont superposables, donc géométriquement identiques. La loi est donc : la perspective ne dépend que du point de vue.

Cela étant prouvé, intéressons-nous à ce qui se passe quand on change de point de vue. Pour ce faire, le mieux est de prendre des photos du même sujet en adoptant différentes focales d'un zoom, mais en s'arrangeant pour que ce sujet ait toujours à peu près la même taille dans le viseur : plus la focale est longue, plus nous devrons nous en éloigner.

1. Avec le grand-angulaire demandant normalement un point de vue très rapproché, nous avons une exagération apparente de la perspective, surtout sensible vers les bords de l'image ; elle peut même apparaître comme une distorsion. Les plans étalés en profondeur, du premier plan à l'arrière-plan, semblent très espacés entre eux.

2. La focale normale (50 mm), il fallait s'y attendre, nous restitue la perspective naturelle, celle à laquelle nos yeux sont habitués dès notre enfance et qui nous permet d'évaluer les distances. En effet, l'angle de champ (47°) et le grandissement de l'objectif normal sont semblables à ceux de l'œil humain.

3. Le téléobjectif, surtout s'il est de très longue focale, comprime les différents plans de la scène : à la limite, l'objet placé à l'arrière paraît aussi grand, voire plus grand, que celui qui est devant. Les lignes horizontales parallèles entre elles ne semblent converger qu'à regret sur l'horizon. On remarque à nouveau la spectaculaire diminution de la profondeur de champ.

Technologie des objectifs Canon EF

C'est en grande partie grâce à Canon que l'optique photographique a le plus progressé au cours des trois dernières décennies. On doit à ses bureaux d'étude des innovations technologiques de première grandeur qui sont appliquées non seulement aux objectifs de la gamme EF qui nous concernent, mais également aux objectifs pour caméras vidéo broadcast et à d'autres instruments optiques. Vous trouverez ci-après la description des innovations majeures, spécifiées chacune par un sigle. Ce dernier vous permet de la trouver d'un coup d'œil dans la longue liste des objectifs de la marque.

Système de monture de large diamètre, tout électronique

L'interface objectif/boîtier conventionnelle, y compris sur les reflex autofocus des autres marques, conserve, outre des contacts électriques, un certain nombre de liaisons mécaniques en particulier de commande de mise au point et du couplage du diaphragme. Ces liaisons mécaniques, qui ralentissent la transmission des commandes et consomment plus d'énergie, ont totalement disparu chez Canon.

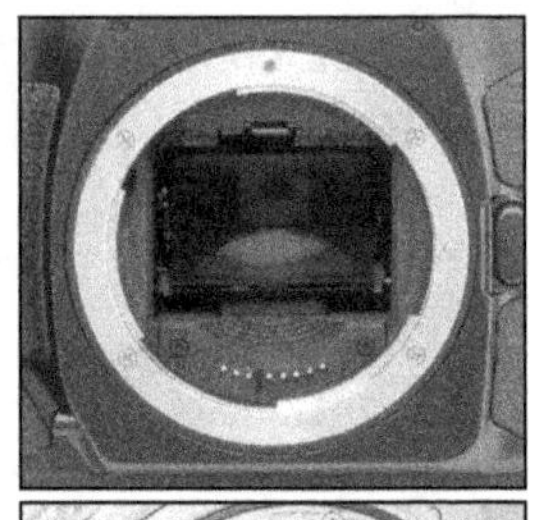

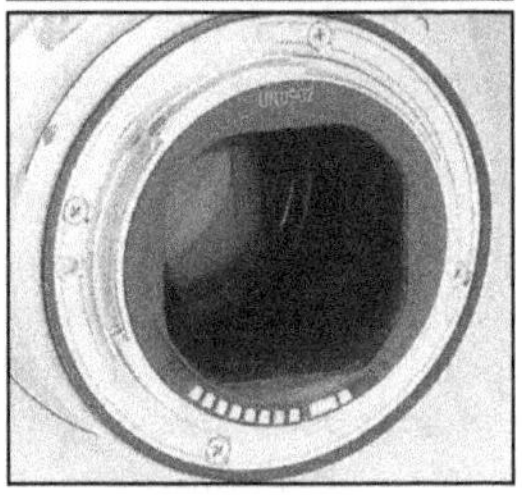

La monture EOS
En haut: monture femelle du boîtier EOS.
En bas: monture mâle de l'objectif EF.

Une cinquantaine de différents types d'informations s'échangent, en temps réel et dans les deux sens, sous la forme de signaux numériques entre l'objectif EF et le boîtier EOS. La monture d'objectif de grand diamètre (Ø 54 mm) permet l'emploi d'objectifs à grande ouverture ou des objectifs T-SE « à mouvement ».

Moteur de mise au point et commande du diaphragme (EMD) intégrés

À l'exception des objectifs TS-E et MP-E 65 mm f/2,8 Macro, les objectifs Canon EF incorporent un moteur de mise au point AF. Ce principe offre les avantages d'une moindre consommation en énergie (par rapport aux systèmes avec lesquels le moteur de MaP est situé dans le boîtier) et permet l'emploi d'un moteur spécifiquement adapté au type d'objectif concerné.

Chaque objectif incorpore également un moteur électromagnétique de commande du diaphragme (EMD) en forme d'arc de cercle. Le pignon de sortie attaque directement la couronne de commandes des lamelles. Comme le rotor est par ailleurs de petit diamètre, l'inertie du système est faible avec un temps de réponse très court: le diaphragme se règle presque instantanément à la valeur prescrite par l'utilisateur (en mode M ou Av), ou calculée par l'automatisme du boîtier (les autres modes), ou encore quand on presse le testeur de profondeur de champ. Le moteur est en fait piloté par une roue codeuse à secteurs couplée à la couronne ; elle tourne entre une diode d'éclairage et une photodiode qui compte tout bonnement le nombre d'impulsions lumineuses reçues. Lorsque l'ouverture « de travail » a été déterminée par le calcul ou imposée par l'utilisateur, celle-ci est convertie en nombre d'impulsions. En se fermant à partir de l'ouverture maximale, le diaphragme entraînant la roue codeuse commence le comptage des impulsions : quand le nombre d'impulsions prédéterminé est atteint, le moteur EMD est instantanément freiné. La précision de la valeur d'ouverture ainsi atteinte est de 1/8 de valeur IL (de « division » de diaphragme).

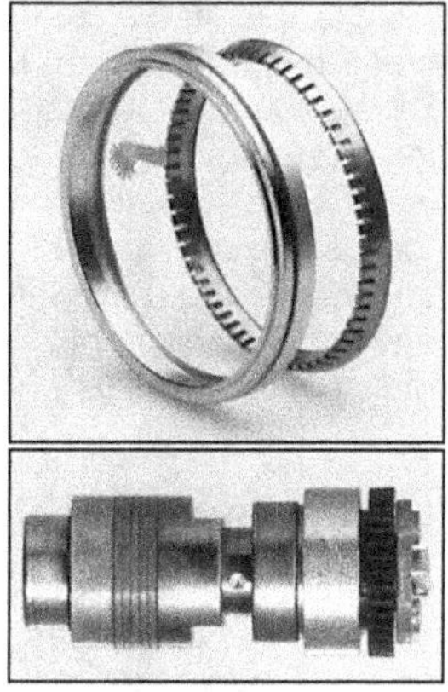

Motorisation des objectifs EF
En haut : moteur USM en couronne.
En bas : moteur Micro-USM

Moteur « ultrasonique » USM

Le moteur USM est utilisé pour la fonction de mise au point AF par la plupart des objectifs EF. De conception inédite, sa rotation est assurée par l'énergie d'oscillations d'ondes ultrasonores. Il utilise des éléments en céramique piézoélectrique, générant des ondes de résonance dans le stator, lequel est maintenu en contact avec le rotor par simple pression et la fait tourner par frictions. Le freinage en fin de course est obtenu en douceur après quelques brèves oscillations autour du point zéro par stabilisation de la fréquence des ondes ultrasonores. Ses principaux avantages sont le silence de fonctionnement, la précision et la rapidité de mise au point autofocus.

Il en existe deux principaux types : USM en couronne et Micro-USM. Le premier, très mince donc occupant peu de place dans le barillet de l'objectif, équipe surtout les objectifs à très grande ouverture et les super téléobjectifs, alors que le moteur type Micro-USM est utilisé pour les objectifs plus compacts. Tout en étant aussi silencieux et rapide que le moteur USM en couronne, il présente les avantages suivants :

- pas de restrictions en ce qui concerne le diamètre des lentilles, ce qui permet la mise en œuvre de différents types de systèmes optiques ;

- le stator, le rotor et les engrenages de sortie sont contenus dans un même boîtier compact, avec une économie en dimensions et en poids de l'ordre de 50 %.

Notons que les objectifs EF pro conçus avant l'invention de l'USM étaient munis d'un moteur sans balai de type *AFD* (*Arc Form Drive*) en arc de cercle. En raison de son fort couple de rotation, ce type de moteur était utilisé pour les objectifs avec lesquels la mise au point demande le déplacement d'une masse relativement importante d'éléments mobiles (forte inertie) et/ou une longue course : ce qui était particulièrement le cas de certains zooms de première génération. Par ailleurs, un certain nombre d'objectifs zoom série « économique » sont ou ont été équipés d'un Micro moteur (MM) à transmission directe par courroie.

Lentille asphérique (AL)

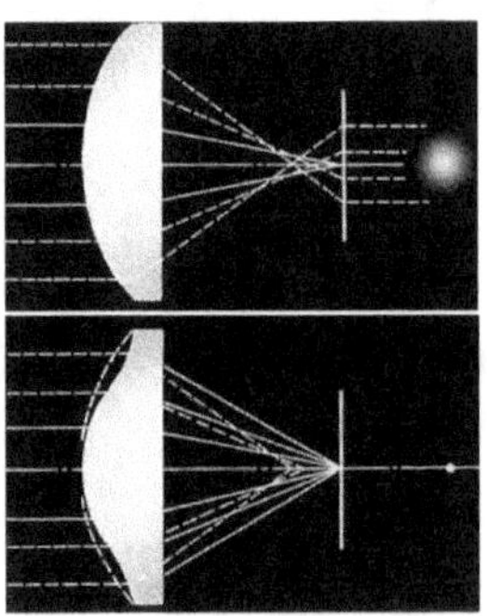

Les deux surfaces des lentilles utilisées en optique conventionnelle sont en forme de calotte sphérique. Or, avec une lentille sphérique, les rayons parallèles à l'axe optique ne se focalisent pas sur le même point que les rayons obliques : ce qui provoque l'apparition de diverses aberrations que l'on ne peut éliminer qu'en combinant plusieurs lentilles. De plus, l'aberration sphérique d'un objectif à très grande ouverture ou la distorsion d'un super grand-angle ne peut être parfaitement corrigée par la seule combinaison de lentilles sphériques. On obtient une correction plus poussée de ces aberrations en introduisant dans la formule de l'objectif une ou plusieurs lentilles dont la surface savamment calculée est de forme asphérique complexe, donc extrêmement difficile à fabriquer en série. Canon réussit néan-

Une seule lentille asphérique (en bas) a la capacité de focaliser les rayons axiaux et les rayons marginaux sur un unique foyer, alors que pour corriger l'aberration sphérique dans un objectif d'architecture traditionnelle, il faut associer au moins deux lentilles sphériques (en haut).

moins à créer une ligne de polissage d'éléments asphériques en verre optique offrant une précision de courbure de 0,5 micron. Dès 1971, Canon a mis sur le marché le premier objectif utilisant un élément asphérique (FD 55 mm f/1,2 AL) et bien d'autres ont suivi depuis. Pour la production industrielle et afin de ne pas trop grever les coûts de production et donc le prix de l'objectif, l'opticien fait appel à deux autres technologies : la première utilise une technique de moulage de la surface asphérique en verre optique (qui ne reste qu'à polir), la deuxième, dite « hybride », consiste à appliquer un « bonnet » de forme asphérique en matériau polymère durci aux ultraviolets sur la surface sphérique d'une lentille en verre optique.

Verre optique en fluorite (CaF^2), verres UD et S-UD

L'aberration chromatique est provoquée par le fait que la lumière passant à travers le verre est d'autant plus réfractée que sa longueur d'onde est plus courte. Ceci est démontré par l'expérience du prisme de Newton étalant le spectre d'un faisceau de lumière blanche. L'aberration chromatique est d'autant plus marquée que l'objectif est de plus longue focale et de plus grande ouverture. La correction de l'aberration chromatique est habituellement assurée par l'emploi d'un doublet, c'est-à-dire une lentille convergente en verre très réfringent collée à une lentille divergente en verre moins réfringent. Selon cette configuration, la correction n'est assurée que pour deux couleurs primaires, par exemple le bleu et le vert. La fluorite, substance minérale cristalline, présente en revanche des caractéristiques exceptionnelles de très faible réfraction et de faible dispersion particulièrement dans le bleu et le vert, que le verre optique n'offre pas. L'emploi d'une lentille en fluorite permet la correction « apochromatique » (c'est-à-dire étendue à l'ensemble du spectre visible) d'un super téléobjectif à grande ouverture.

Moins onéreux, le verre optique UD (à dispersion ultra-faible) a des propriétés voisines de celles de la fluorite : en pratique, deux lentilles (de large diamètre du groupe antérieur du super téléobjectif) équivalent à une seule lentille en fluorite, tandis que le verre S-UD est presque aussi efficace que la fluorite.

Mise au point interne (IF), mise au point arrière (RF)

Autrefois, la fonction de mise au point impliquait le déplacement longitudinal de l'ensemble des lentilles de l'objectif. Avec les objectifs AF, la MaP ne mobilise que le déplacement d'un ou plusieurs groupes de lentilles situées devant le diaphragme (mise au point interne ou IF) ou derrière le diaphragme (mise au point arrière ou RF). Dans les deux cas, le fait de ne déplacer qu'une partie des lentilles de moindre diamètre constituant l'objectif demande moins d'énergie de motorisation et accélère la MaP AF. Enfin, la lentille antérieure de l'objectif restant fixe, la mise au point ne modifie pas l'orientation d'un filtre polariseur ou dégradé, par exemple.

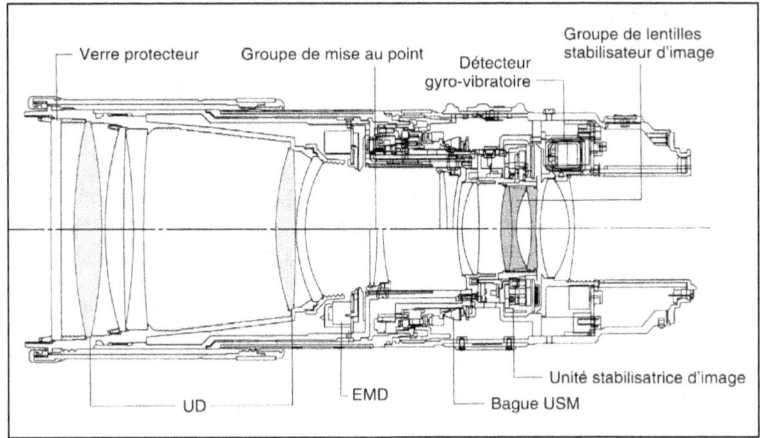

Super téléobjectif EF 300 mm f/4L IS (n° 19 sur le tableau)
*Parce qu'elle permet d'opérer à main levée à une vitesse d'obturation au moins quatre fois plus lente,
l'intégration d'un stabilisateur optique (IS) compense largement une perte de luminosité d'un diaphragme. Il
est intéressant de savoir que l'objectif de même focale ouvert à f/2,8 (EF 300 mm f/2,8 L IS, n° 18) coûte
presque quatre fois plus cher que cette version f/4.*

Retouche manuelle de la MaP en mode AF (FT-M)

Comme on l'a vu, le couple boîtier EOS 30/objectif EF assure une mise au
point AF rapide et précise, encore plus efficace grâce à la sélection automatique ou manuelle des multiples collimateurs AF. Cependant, en photo d'action ou sportive, il est souvent nécessaire « retoucher » au dernier moment la
mise au point initialement effectuée par l'AF. Au lieu d'avoir à repasser en
mode manuel, ce qui ferait perdre beaucoup trop de temps, la plupart des
objectifs USM de dernière génération permettent, sans quitter le mode AF de
rectifier le point en agissant directement sur la bague de MaP de l'objectif.
Selon les objectifs, ce système FT-M (pour *Full-Time Manual focusing*) assure
la MaP manuelle de manière électronique (détection du taux de rotation de la
bague et déplacement motorisé du groupe optique de MaP) ou manuelle.

Pré-réglage de mise au point (FP)

Ce système de « préfocus » vous permet de spécifier et de mémoriser une distance de mise au point déterminée, puis de la rappeler instantanément.
Durant un match de foot, par exemple, vous réglez la distance sur le but afin
de saisir l'instant décisif du tir, sans que cela vous empêche de suivre normalement les actions sur le terrain.

Groupe optique « flottant »

Les aberrations des objectifs classiques sont corrigées pour donner une image de résolution optimale pour la zone de distance de MaP la plus couramment utilisées, de sorte que les aberrations ont tendance à réapparaître, à courte distance par exemple. Dans l'objectif, un groupe optique flottant se déplace en fonction de la distance de mise au point afin d'assurer la meilleure correction des aberrations résiduelles.

Stabilisateur optique (IS)

Pour que l'image ne soit pas « bougée », on considère qu'il est impossible d'utiliser un objectif de longue focale à main levée à une vitesse d'obturation

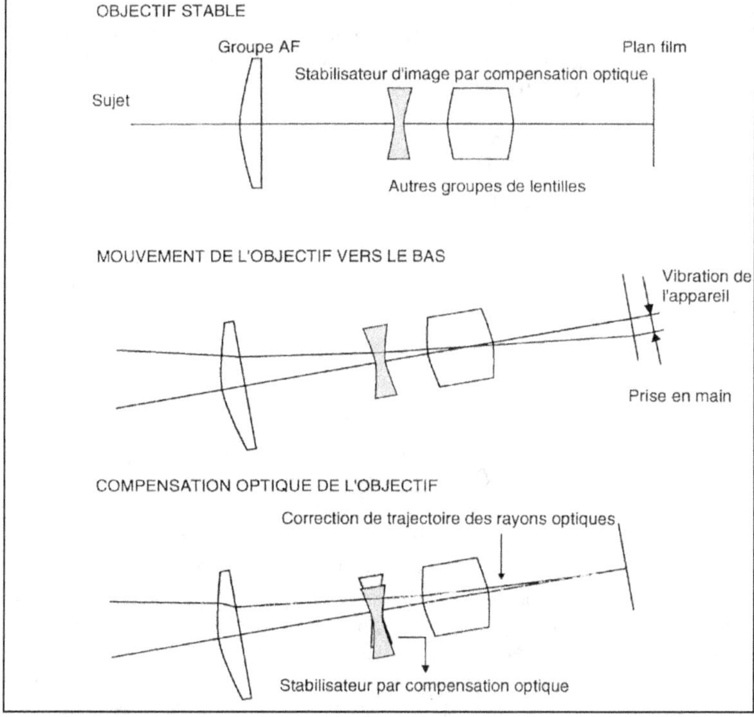

Principe de la compensation optique des mouvements de l'appareil
L'objectif est équipé de deux capteurs de mouvement en vertical et en horizontal. L'image est stabilisée en temps réel par le déplacement, dans les deux axes, d'un élément optique central de l'objectif.

inférieure à l'inverse de la focale, plus une valeur d'exposition (1 IL). Pour un 300 mm, par exemple, la vitesse minimale doit être 1/750 s, de préférence 1/1 000 s. Cela est possible tant que la scène est bien éclairée, avec un objectif à grande ouverture ou qu'on adopte un film très sensible. Il n'en est plus de même en faible lumière ambiante, quand on doit opérer là où le flash est interdit ou impossible, si l'on est à bord d'un véhicule et autres conditions opérationnelles difficiles.

Dans tous ces cas, le stabilisateur optique inventé par Canon résout très efficacement le problème. En voici le principe : l'objectif est équipé de deux détecteurs gyroscopiques de mouvement en vertical et horizontal. L'image est stabilisée en temps réel par le déplacement parallèle, dans les deux axes, d'un élément optique central de l'objectif.

Par exemple, avec le super téléobjectif EF 300 mm f/4,0 L IS, on peut opérer sans problème au 1/125 s, c'est-à-dire à une vitesse six fois plus lente qu'avec un objectif sans stabilisateur de même focale.

Comme le montre le tableau, la gamme actuelle des optiques EF comprend douze objectifs dotés du stabilisateur optique (IS) : six super téléobjectifs à focale fixe (de 300 à 600 mm) et cinq zooms.

Fonction AF-stop (AF-S)

Elle équipe actuellement les super téléobjectifs IS de 300 à 600 mm. Si un objet ou un mobile étranger s'interpose entre l'appareil et le sujet pendant de fonctionnement de l'AF, celui-ci stoppe momentanément afin de maintenir la MaP initiale sur le sujet. Sur le fût de ces objectifs se trouvent quatre touches AF-stop immédiatement accessibles aussi bien en cadrage horizontal que vertical.

Technologie optique diffringente (DO)

L'emploi d'un élément optique diffringent multicouche (DO) à la place d'une lentille classique réfringente permet de réduire la longueur et le poids de l'objectif. Par ailleurs, la résurgence de l'aberration chromatique habituellement provoquée par la plus grande compacité de l'objectif est efficacement neutralisée en positionnant l'élément DO dans le groupe antérieur de l'objectif.

Un élément DO incorpore deux réseaux diffringents circulaires concentriques dont les phases sont opposées. Quand la lumière incidente le traverse, presque toute la lumière est effectivement utilisée pour la formation de l'image. La caractéristique la plus significative de l'élément DO est que les positions où les longueurs d'onde se combinent pour former une image sont inversées par rapport à l'élément réfringent, ce qui corrige l'aberration chromatique résiduelle aussi efficacement qu'avec une lentille en fluorite beaucoup plus onéreuse. De plus, l'ajustement optimal de l'espace entre les réseaux de diffraction permet de l'associer à des lentilles asphériques assurant une correction poussée de l'aberration de sphéricité et autres aberrations résiduelles.

Pour l'instant (car il y en aura d'autres), la technologie DO a été appliquée à deux objectifs Canon EF stabilisés IS :

- le super téléobjectif EF 400 mm f/4 L DO IS USM ;

- le zoom EF 70-300 mm f/4,5-5,6 DO IS USM.

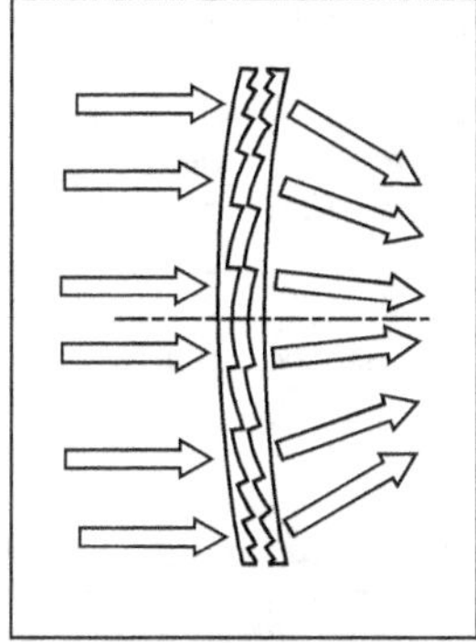

Principe de la lentille diffringente multicouche (DO)
On voit sur ce schéma que l'élément DO a pour effet de focaliser les rayons émergents plus près qu'une lentille réfringente classique, ce qui permet de réduire l'espace la séparant du groupe optique suivant.

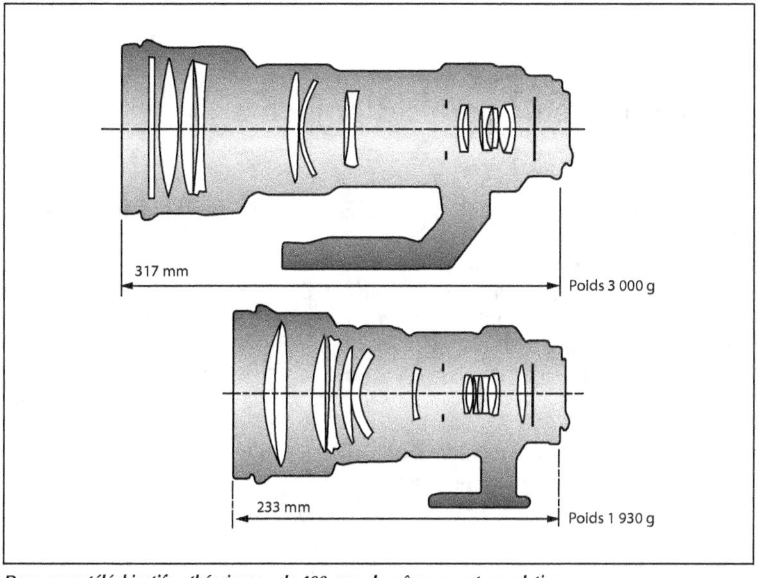

Deux super téléobjectifs « théoriques » de 400 mm, de même ouverture relative
L'objectif à optique DO (en bas) est plus court de 84 mm et pèse environ 1 kg de moins, l'étrier de fixation sur pied compris.

Le tableau ci-après donne seulement une idée du gain en longueur ou en poids permis par l'adoption de la technologie optique DO. En effet, le super téléobjectif de 400 mm non-DO est plus ouvert qu'un diaphragme (ce qui augmente de beaucoup son poids), tandis que le zoom 75-300 mm est plus ouvert (d'un demi-diaphragme) que le 70-300 mm DO. Il n'en reste pas moins qu'un téléobjectif zoom de 300 mm aussi compact et léger est d'une maniabilité jamais atteinte. Le fait que ces optiques DO ne soient pas très lumineuses est largement compensé en pratique par la présence du stabilisateur IS.

Comparaison entre quatre objectifs IS, dont deux DO

Caractéristique	EF 400 mm f/2,8 L IS	EF 400 mm f/4,0 L DO IS	EF 75-300 mm f/4-5,6 IS	EF 70-300 mm f/4,5-5,6 DO IS
N° (tableau général*)	N° 20	N° 21	N° 45	N° 44
Formule optique	17/13	17/13	15/10	18/12
Longueur × Ø (mm)	349 × 163	232,7 × 128	137,2 × 178,5	99,9 × 82,4
Poids (g)	5 370	1 940	650	720

** Les caractéristiques détaillées de tous les objectifs EF actuels se trouvent dans le tableau général (page 144).*

Principales catégories d'objectifs EF Canon

Depuis le lancement des boîtiers Canon EOS en 1987, de nombreux modèles d'objectifs EF ont été commercialisés, dont un grand nombre de zooms de série économique destinés aux EOS d'entrée de gamme (vendus en kit) qui se sont succédé. Les performants objectifs à usage professionnel créés pour l'EOS-1 de 1989 le sont tout autant aujourd'hui, encore que beaucoup d'entre eux aient été améliorés. Tous peuvent évidemment se retrouver sur le marché de l'occasion. Nous limiterons notre propos à la formidable gamme actuelle des objectifs EF qui comprend une soixantaine de membres, dont tous les types d'objectifs et plusieurs familles (tels les DO et les TS-E) qui n'existent que chez Canon. En revanche, les objectifs à stabilisateur d'image commencent à se trouver dans d'autres marques.

Objectifs à focale fixe

En raison de leurs performances – en particulier leur grande ouverture maximale –, les objectifs à focale fixe restent préférés au zoom par une majorité de professionnels. Il n'est pas rare qu'un photographe reporter sportif dispose en même temps de deux ou trois boîtiers EOS, chacun équipé à demeure d'un objectif de focale spécifique.

Super grands-angulaires (de 14 à 24 mm)

Ils embrassent de très vastes sujets depuis un point de vue très rapproché, ce qui permet de prendre des vues autrement impossibles par manque de recul. Ils sont tout autant recherchés pour la perspective originale, très prononcée, qu'ils donnent à l'image du sujet photographié à courte distance, laquelle est associée à une PdC très étendue. Le 14 mm a un angle de champ de 114° ; le 24 mm de 84°.

Le fisheye (EF 15 mm f/2,8) est aussi un super grand-angulaire, mais il donne une curieuse perspective curviligne. Il embrasse un hémisphère (180°).

Grand-angulaire (28 à 35 mm)

Cette catégorie comprend les objectifs de 28 mm (75°) à 35 mm (63°) et toutes les focales intermédiaires de certains zooms. Nous pensons que le 28 mm est un compromis très intéressant, donnant une forte perspective, à laquelle nous sommes habitués et qui n'est pas « choquante » même pour des photos « familiales » , il faut simplement faire attention à ne pas placer les personnages près des bords de l'image. La grande profondeur de champ est également une caractéristique très valorisante.

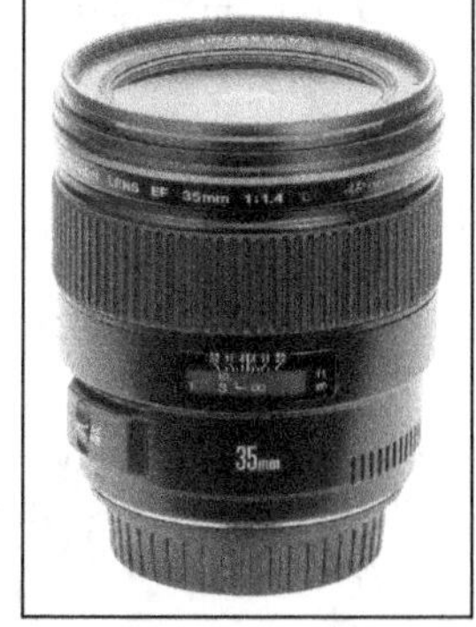

EF 35 mm f/1,4 L USM
Pour le reportage sans flash en faible lumière ambiante, aucun zoom (ouverture maximale f/2,8, soit – 2 IL) ne peut se mesurer à ce 35 mm ouvert à f/1,4. Il est constitué de onze lentilles réparties en neuf groupes, dont deux lentilles asphériques et un groupe flottant. Notez que la version EF 35 mm f/2 (– 1 IL) coûte environ quatre fois moins cher.

Objectif normal (50 mm)

Disons « autour de 50 mm », car l'aspect général d'un sujet photographié avec des focales zoom comprises entre 45 et 55 mm n'est pas modifié notablement ; avec un zoom, cela donne simplement la possibilité d'affiner le cadrage sans se déplacer. Vous noterez surtout que l'emploi d'un objectif de 50 mm de focale fixe reste très justifié même pour un amateur, car aucun zoom, même haut de gamme, n'offre une telle luminosité. Par exemple, le EF 50 mm f/1,8 est quatre fois et demi plus lumineux (2,5 IL ou 2,5 diaph') que le zoom standard proposé dans le kit EOS 30V (EF 28-105 mm f/4-5,6).

Vous ne disposerez d'une plus grande ouverture qu'en y mettant le prix : le EF 50 mm f/1,4 vous fait gagner 2/3 IL mais coûte environ quatre fois plus cher que le 1,8, tandis que le plus lumineux de tous les objectifs au monde, le fabuleux 50 mm f/1,0 L (qui semble avoir disparu du catalogue) était de 1,6 IL plus ouvert que le f/1,8 mais en valait vingt-deux fois le prix…

Semi-téléobjectif (70 à 100 mm)

Ce néologisme désigne des focales très appréciées en raison de leur angle de champ correspondant à la « vision attentive » qui est celle du dessinateur se plaçant relativement loin de son modèle. Ces focales sont effectivement bien adaptées au portrait et au nu : à chaque fois qu'il ne faut pas créer des déformations apparentes des proportions naturelles du visage ou du corps. Associés à une grande ouverture, ils sont idéalement adaptés au reportage sportif en salle.

Dans la gamme des EF Canon, il y a quatre focales fixes : l'extraordinaire 85 mm f/1,2 L, le 85 mm f/1,8 (cinq fois moins cher), le 100 mm f/2 et le Macro 100 mm f/2,8 qui permet la MaP à toutes les distances.

Court téléobjectif (135 mm)

En focale fixe, le 135 mm (18°) est le plus utilisé et le plus répandu des longues focales. Il permet d'isoler un motif dans une vue de paysage, de souligner un détail architectural ou prendre un portrait en gros plan sans créer de déformation du visage et, grâce à la faible profondeur de champ même à pleine ouverture, de noyer l'arrière-plan dans une zone de flou. Dans cette focale (fixe), Canon propose un excellent 135 mm f/2,0 et le modèle 135 mm f/2,8 Softfocus, c'est-à-dire permettant d'adoucir l'image par l'introduction volontaire d'un taux réglable d'aberration sphérique (« flou artistique »).

Long téléobjectif (150 – 200 mm)

En focale fixe, le EF 200 mm f/1,8 L n'est plus au catalogue ; il ne reste donc que le EF 200 mm f/2,8 L II.

Super téléobjectif (300 mm et plus)

Dans ce domaine des très longues focales à grande ouverture (reportage « indiscret », sport, chasse photographique), Canon est roi. Songez que grâce à sa très grande ouverture nominale, le EF 400 mm f/2,8 L, équipé du doubleur de focale EF 2X, équivaut à un 800 mm f/5,6. C'est par ailleurs grâce aux super téléobjectifs que les reporters sportifs ont été définitivement séduits par les boîtiers autofocus, particulièrement avec l'EOS 1 de 1989 dont l'obturateur atteignait déjà le 1/8 000 s. Vous n'avez peut-être pas l'envie ou les moyens d'investir dans l'un de ces canons de gros calibre, mais si l'occasion s'en présente, vous pouvez en louer un pour quelques jours. La plus longue focale est un fabuleux (rare et très cher) EF 1 200 mm f/5,6 L de 16,5 kg, transformable par l'emploi des modificateurs de focale 1,4x et 2x en 1 700 mm f/8 ou en 2 400 mm f/11 !

C'est évidemment avec ces très longues focales que le risque de bougé au déclenchement est le plus élevé. Pour cette raison, les objectifs 300, 400, 500 et 600 mm sont systématiquement proposés en version avec stabilisateur optique (IS), ce qui vient encore en augmenter le prix. Il existe toutefois deux versions à moins grande ouverture à des prix plus abordables pour l'amateur : le 300 mm f/4,0 L IS (trois fois et demi moins cher que son frère f/2,8) et le 400 mm f/5,6 L (à -2 IL, mais 6,3 fois moins cher que le 400 mm f/2,8 L IS).

Les zooms

Les boîtiers EOS d'entrée de gamme sont généralement vendus en kit avec un ou deux zooms dont le prix très modéré est en rapport avec celui du boîtier. Dans la douzaine de zooms cités dans le tableau (ils ne portent pas le suffixe L) se trouvent néanmoins des optiques remarquables, tels les deux modèles à stabilisateur optique 28-135 mm f/3,5-5,6 IS USM et 75-300 mm f/4,0-5,6 IS USM. Il n'y a donc rien d'hérétique de monter sur un boîtier aussi élaboré que l'EOS 30 un zoom standard n'ouvrant plus qu'à f/5,6 sur sa plus longue focale.

Les zooms de la série L Pro offrent, à l'exception de l'ouverture maximale, une qualité optique pratiquement comparable à celle des meilleures focales fixes. On notera en particulier l'ouverture maximale constante pour cinq d'entre eux,

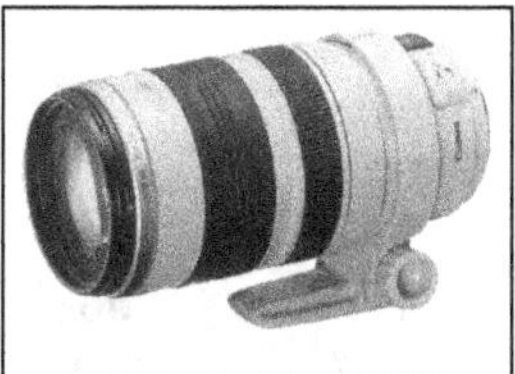

EF 35-350 mm f/3,5-5,6 L USM
Chef-d'œuvre optique, cet objectif se caractérise par son extraordinaire amplitude de zooming (10 fois), couvrant du semi grand-angle au super téléobjectif. Vingt-et-une lentilles (dont deux de large diamètre en verre UD) réparties en quinze groupes. Mise au point arrière par moteur USM. Poids : 1 385 g seulement. Il n'est plus fabriqué aujourd'hui : son inconvénient est de ne pas être stabilisé (IS).

les zooms super grand-angle 16-35 mm et 17-40 mm, ainsi que le télé-zoom 100-400 mm IS. Compte tenu des avantages spécifiques aux zooms que nous n'avons pas besoin de rappeler, beaucoup de photographes ne possèdent même pas d'objectifs de focale fixe : nous ne leur donnerons pas toujours raison.

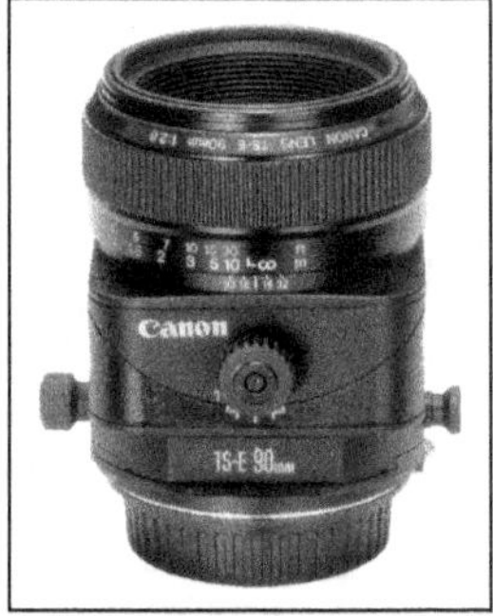

EF 100-400 mm f/4,5-5,6 L IS USM
Télézoom à stabilisateur optique, dix-sept lentilles réparties en quatorze groupes (dont une de grand diamètre en verre UD et une lentille interne en fluorite). Poids : 1 380 g.

Objectifs spécialisés

Les domaines particuliers comme la photomacrographie, la photo publicitaire, industrielle et architecturale requièrent l'emploi d'objectifs spécifiquement conçus.

Objectif macro

L'objectif macro à grand débattement de rampe de mise au point est un must pour la photo à fort grandissement. Notez que les quatre objectifs macro EF sont présentés séparément dans le chapitre 11 : « Photomacrographie » et qu'ils ne figurent pas dans le tableau général qui clôt ce chapitre.

Objectifs Canon TS-E décentrables et basculants

À l'instar des chambres professionnelles de grand format, les trois TS-E (24 mm f/3,5 L ; 45 mm f/2,8 et 90 mm f/2,8) sont dotés de mouvement de décentrement et de bascule permettant à la fois le contrôle de la perspective (en particulier le parallélisme des verticales) et celui de la zone de netteté. Disons-le franchement, avec un EOS 30, le 24 mm est indispensable pour la photo architecturale « professionnelle », tandis que le 45 mm et surtout le 90 mm sont les seuls objectifs pour reflex 24 × 36 au monde qui permettent la photographie publicitaire (une spécialité avec laquelle un paquet de lessive

TS-E 90 mm f/2,8
Grâce à sa formule optique (grand cercle d'image nette) et à sa mécanique, il a été doté des mouvement de bascule (T = Tilt) et de décentrement (S = Shift) permettant à la fois le contrôle du plan de mise au point et de la perspective. Dépourvu de moteur AF, il ne fonctionne qu'en mode de mise au point manuelle. Six lentilles réparties en cinq groupes. Poids : 565 g. Dans la même famille : TS-E 24 mm f/3,5L et TS-E 45 mm f/2,8.

photographié de dessus doit conserver des verticales parallèles). Particularité : ces trois objectifs sont les seuls à ne pas disposer de l'autofocus (impossible et de plus inutile compte tenu des mouvements de l'objectif selon son axe optique). Ils n'en conservent pas moins le diaphragme automatique.

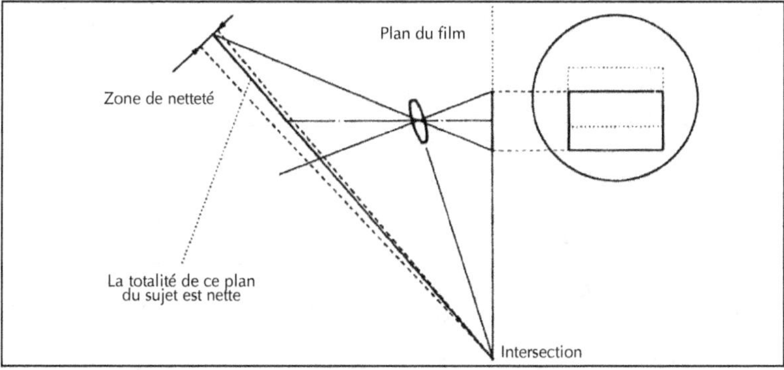

Objectif basculant et condition de Scheimpflug
Pour répartir de manière optimale, la netteté sur un plan non parallèle au film, c'est-à-dire à pleine ouverture du diaphragme, il suffit que les plans du film, de l'objectif et du sujet se recoupent sur une seule ligne. Son application est plus générale et facile lorsque le plan du film peut, lui aussi, être basculé (cas d'une chambre professionnelle de grand format). Les TS-E de Canon sont les seuls objectifs pour reflex au monde permettant d'accroître ainsi la profondeur de champ (le décentrement autorisant le contrôle du parallélisme des lignes verticales du sujet).

SPÉCIFICATIONS DES OBJECTIFS CANON EF					
Objectif	Moteur AF	Angle de Champ	Formule	Ouv. minimale	E_TTL II (oui = •)
1	EF 14 mm f/2,8 L	USM	114°	13/10	22	•
2	Fisheye EF 15 mm f/2,8	AFD	180°	8/7	22	x
3	EF 20 mm f/2,8	USM	94°	11/9	22	•
4	EF 24 mm f/2,8	AFD	84°	10/10	22	x
5	EF 24 mm f/1,4 L	USM	84°	11/9	22	•
6	EF 28 mm f/1,8	USM	75°	10/9	22	•
7	EF 28 mm f/2,8	AFD	75°	5/5	22	x
8	EF 35 mm f/1,4 L	USM	63°	11/9	22	•
9	EF 35 mm f/2,0	AFD	63°	7/5	22	x
10	EF 50 mm f/1,4	USM	46°	7/6	22	x
11	EF 50 mm f/1,8 II	MM	46°	6/5	22	x
12	EF 85 mm f/1,2 L	USM	28°30′	8/7	16	•
13	EF 85 mm f/1,8	USM	28°30′	9/7	22	•
14	EF 100 mm f/2,0	USM	24°	8/6	22	•
15	EF 135 mm f/2,8 Softfocus	AFD	18°	7/6	32	x
16	EF 135 mm f/2 L	USM	18°	10/8	32	•
17	EF 200 mm f/2,8 L II	USM	12°	9/7	32	•
18	EF 300 mm f/2,8 L IS	USM	8°15′	17/13	32	•
19	EF 300 mm f/4,0 L IS	USM	8°15′	15/11	32	•
20	EF 400 mm f/2,8 L IS	USM	6°10′	17/13	32	•
21	EF 400 mm f/4,0 L DO IS	USM	6°10′	17/13	32	•
22	EF 400 mm f/5,6 L	USM	6°10′	7/6	32	•
23	EF 500 mm f/4,0 L IS	USM	5°	17/13	32	•
24	EF 600 mm f/4,0 L IS	USM	4°10′	17/13	32	•
25	EF 1200 mm f/5,6 L	USM	2°05′	12/9	32	•
26	EF 16-35 mm f/2,8 L	USM	108°10′-63°	14/10	22	•
27	EF 17-40 mm f/4,0 L	USM	104°-57°30′	12/9	22	•
28	EF 20-35 mm f/3,5-4,5	USM	94°-63°	12/11	22-27	•
29	EF 24-70 mm f/2,8 L	USM	84°-34°	16/13	22-38	•
30	EF 24-85 mm f/3,5-4,5	USM	84°-28°30′	15/12	22-32	•
31	EF 28-80 mm f/3,5-5,6 II	MM	75°-30°	10/10	22/38	x
32	EF 28-90 mm f/4-5,6 III	USM	75°-27°	10/8	22/32	•
33	EF 28-90 mm f/4-5,6 II	MM	75°-27°	10/8	22/32	x
34	EF 28-105 mm f/3,5-4,5 II	USM	75°-23°20′	15/12	22-27	•
35	EF 28-105 mm f/4,0-5,6	USM	75°-23°20′	10/9	22-32	•
36	EF 28-135 mm f/3,5-5,6 IS	USM	75°-18°	16/12	22-36	•
37	EF 28-200 mm f/3,5-5,6	USM	75°-12°	16/12	22-36	•
38	EF 28-300 mm f/3,5-5,6 L IS	USM	75°-8°15′	22/16	38	•
39	EF 35-80 mm f/4,0-5,6 III	MM	63°-30°	8/8	22-32	x
40	EF 55-200 mm f/4,5-5,6 II	USM	43°-12°	13/13	22-29	x
41	EF 70-200 mm f/2,8 L	USM	34°-12°	18/15	32	•
42	EF 70-200 mm f/2,8 L IS	USM	34°-12°	23/18	32	•
43	EF 70-200 mm f/4 L	USM	34°-12°	16/13	32	•
44	EF 70-300 mm f/4,5-5,6 DO IS	USM	34°-8°15′	18/12	32-38	•
45	EF 75-300 mm f/4-5,6 IS	USM	32°11′-8°15′	15/10	32-45	x
46	EF 75-300 mm f/4,0-5,6 III/II	USM/MM	32°11′-8°15′	13/9	32-45	x/x
47	EF 80-200 mm f/4,5-5,6 II	MM	30°-12°	10/7	22-32	x
48	EF 100-300 mm f/4,5-5,6	USM	24°-8°15′	13/10	32-38	•
49	EF 100-400 mm f/4,5-5,6 L IS	USM	20°-5°10′	17/14	32-38	•
50	TS-E 24 mm f/3,5 L	-	84°	11/9	22	x
51	TS-E 45 mm f/2,8	-	51°	10/9	22	x
52	TS-E 90 mm f/2,8	-	27°	6/5	32	x
53	Multiplicateur de focale EF 1,4x II	-	-	5/4	-	-
54	Doubleur de focale EF 2x II	-	-	7/5	-	-

	SPÉCIFICATIONS DES OBJECTIFS CANON EF				
	Objectif	**MaP mini**	**Ø filtre**	**Longueur x Ø**	**Poids (g)**
1	EF 14 mm f/2,8 L	0,25 m	arrière	89 x 77 mm	560
2	Fisheye EF 15 mm f/2,8	0,20 m	arrière	62,2 x 73 mm	300
3	EF 20 mm f/2,8	0,25 m	72 mm	70,6 x 77,5 mm	500
4	EF 24 mm f/2,8	0,25 m	58 mm	48,5 x 67,5 mm	270
5	EF 24 mm f/1,4 L	0,25 m	77 mm	77,4 x 83,5 mm	550
6	EF 28 mm f/1,8	0,25 m	58 mm	55,6 x 73,6 mm	310
7	EF 28 mm f/2,8	0,30 m	52 mm	42,5 x 67,4 mm	185
8	EF 35 mm f/1,4 L	0,30 m	72 mm	86 x 79 mm	580
9	EF 35 mm f/2,0	0,25 m	52 mm	42,5 x 67,4 mm	210
10	EF 50 mm f/1,4	0,45 m	58 mm	50,5 x 73,8 mm	290
11	EF 50 mm f/1,8 II	0,45 m	52 mm	41 x 68,2 mm	130
12	EF 85 mm f/1,2 L	0,95 m	72 mm	84 x 91,5 mm	1 025
13	EF 85 mm f/1,8	0,85 m	58 mm	71,5 x 75 mm	440
14	EF 100 mm f/2,0	0,90 m	58 mm	73,5 x 75 mm	460
15	EF 135 mm f/2,8 Softfocus	1,30 m	52 mm	98,4 x 69,2 mm	390
16	EF 135 mm f/2 L	0,90 m	58 mm	112 x 85 mm	750
17	EF 200 mm f/2,8 L II	1,50 m	75 mm	136,2 x 83 mm	790
18	EF 300 mm f/2,8 L IS	2,50 m	52 drop-in	253 x 128 mm	2 550
19	EF 300 mm f/4,0 L IS	1,50 m	77 mm	221 x 90 mm	1 190
20	EF 400 mm f/2,8 L IS	3,0 m	52 drop-in	349 x 163 mm	5 370
21	EF 400 mm f/4,0 L DO IS	3,50 m	52 drop-in	232,7 x 128 mm	1 940
22	EF 400 mm f/5,6 L	3,50 m	77 mm	256,5 x 90 mm	1 250
23	EF 500 mm f/4,0 L IS	5,0 m	52 drop-in	387 x 146 mm	3 870
24	EF 600 mm f/4,0 L IS	5,50 m	52 drop-in	456 x 168 mm	5 360
25	EF 1 200 mm f/5,6 L	14,0 m	48 drop-in	835,3 x 228	16 500
26	EF 16-35 mm f/2,8 L	0,28 m	77 mm	103 x 83,5 mm	600
27	EF 17-40 mm f/4,0 L	0,28 m	77 mm	96,8 x 83,5 mm	475
28	EF 20-35 mm f/3,5-4,5	0,34 m	77 mm	68,9 x 83,5 mm	340
29	EF 24-70 mm f/2,8 L	0,38 m	77 mm	123,5 x 83,2 mm	950
30	EF 24-85 mm f/3,5-4,5	0,50 m	67 mm	69,5 x 73 mm	380
31	EF 28-80 mm f/3,5-5,6 II	0,38 m	58 mm	71,2 x 62,4 mm	200
32	EF 28-90 mm f/4-5,6 III	0,38 m	58 mm	71 x 67 mm	190
33	EF 28-90 mm f/4-5,6 II	0,38 m	58 mm	71 x 67 mm	190
34	EF 28-105 mm f/3,5-4,5 II	0,50 m	58 mm	75 x 72 mm	375
35	EF 28-105 mm f/4,0-5,6	0,48 m	58 mm	68 x 67 mm	210
36	EF 28-135 mm f/3,5-5,6 IS	0,50 m	72 mm	78,4 x 96,8 mm	540
37	EF 28-200 mm f/3,5-5,6	0,45 m	72 mm	89,6 x 78,4 mm	500
38	EF 28-300 mm f/3,5-5,6 L IS	0,70 m	77 mm	184 x 95 mm	1 670
39	EF 35-80 mm f/4,0-5,6 III	0,38 m	52 mm	63,5 x 65 mm	175
40	EF 55-200 mm f/4,5-5,6 II	1,20 m	58 mm	97,3 x 70,4 mm	310
41	EF 70-200 mm f/2,8 L	1,50 m	77 mm	193,6 x 84,6 mm	1 310
42	EF 70-200 mm f/2,8 L IS	1,40 m	77 mm	197 x 86,2 mm	1 470
43	EF 70-200 mm f/4 L	1,20 m	67 mm	172 x 76 mm	705
44	EF 70-300 mm f/4,5-5,6 DO IS	1,40 m	58 mm	99,9 x 82,4 mm	720
45	EF 75-300 mm f/4-5,6 IS	1,50 m	58 mm	137,2 x 78,5 mm	650
46	EF 75-300 mm f/4,0-5,6 III/II	1,50 m	58 mm	122 x 71 mm	480
47	EF 80-200 f/4,5-5,6 II	1,50 m	52 mm	98,5 x 69 mm	250
48	EF 100-300 mm f/4,5-5,6	1,50 m	58 mm	121,5 x 73 mm	540
49	EF 100-400 mm f/4,5-5,6 L IS	1,80 m	77 mm	189 x 92 mm	1 380
50	TS-E 24 mm f/3,5 L	0,30 m	72 mm	86,7 x 78 mm	570
51	TS-E 45 mm f/2,8	0,40 m	72 mm	90,1 x 81 mm	645
52	TS-E 90 mm f/2,8	0,50 m	58 mm	88 x 73,6 mm	565
53	Multiplicateur de focale EF 1,4x II	-	-	27,2 x 72,8 mm	220
54	Doubleur de focale EF 2x II	-	-	57,9 x 71,8 mm	265

Remarques concernant le tableau des objectifs EF Canon

• **Fisheye (2).** Il forme une image à la perspective curviligne, couvrant tout le format 24 × 36 mm. Comme le super grand-angulaire de 14 mm **(1)** il est équipé, à l'arrière, d'un porte-filtre gélatine.

• **Semi-télé (12).** Notez son ouverture phénoménale (f/1,2) pour sa focale de 85 mm. Il est particulièrement bien adapté à la photo sportive en nocturne ou en salle couverte.

• **Objectif Softfocus (15)** Objectif à flou variable, spécialement conçu pour le portrait et le nu.

• **Les objectifs L.** Sur cette liste, 23 objectifs sur 52 portent le suffixe L : ce sont des objectifs haut de gamme, répondant aux critères professionnels les plus exigeants. Ils comportent généralement une ou plusieurs lentilles à surface asphérique et/ou une ou plusieurs lentilles en verre spécial UD/S-UD.

• **Super téléobjectifs (18-20-21-23-24-25)** Ces longs téléobjectifs sont dotés à l'arrière d'un tiroir à filtres système « drop in » de Ø 48 mm ou Ø 52 mm.

• **Objectifs TS-E décentrables et basculants (50-51-52).** Les trois TS-E sont les seuls à permettre, – pour certaines prises de vues professionnelles (architecture, publicité, catalogue, photo industrielle, etc.) – le contrôle de la perspective et du plan de netteté. La mise au point est uniquement manuelle, mais ils conservent l'automatisme du diaphragme.

• **Stabilisateur optique (IS)** Introduit en 1996, le stabilisateur optique (IS) équipe 12 objectifs : 6 super téléobjectifs à focale fixe (de 300 à 600 mm) et **6** zooms.

• **Multiplicateurs de focale.** Le multiplicateur de focale EF 1,4x **(53)** – s'intercalant entre l'objectif et le boîtier – n'est utilisable qu'avec les objectifs 135/2 L **(16)**, 180/3,5 L Macro, 200/1,8 L (discontinué), 200/2,8 L **(17)**, 300/2,8 L IS **(18)**, 300/4 L IS **(19)** 400/2,8 L IS **(20)**, 400/4,0 L DO IS **(21)** 400/5,6 L **(22)**, 500/4,0 L IS **(23)**, 600/4 L IS **(24)**, 1 200/5,6 L **(25)** et les zooms 70-200/2,8 L **(41)**, 70-200/2,8 L IS **(42)** 70-200/4,0 L **(44)** et 100-400/4,5-5,6 L IS **(49)**. La focale de l'objectif de base est multipliée par 1,4 ; la perte de luminosité est de une division de diaphragme (-1 IL) ; l'ouverture de diaphragme affichée sur le boîtier est l'ouverture réelle du système. Distance minimale de mise au point inchangée.

Le doubleur de focale EF 2x **(54)** n'est utilisable qu'avec les objectifs compatibles avec le multiplicateur EF 1,4x, cités précédemment. La focale de l'objectif de base est doublée ; la perte de luminosité est de deux divisions de diaphragme (– 2 IL) ; l'ouverture de diaphragme affichée sur le boîtier est l'ouverture réelle du système. La distance minimale de mise au point est inchangée.

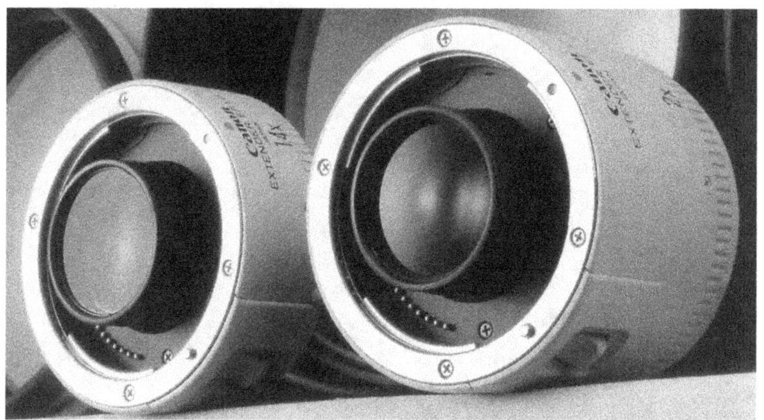

Multiplicateurs de focale
Extender EF 1,4X (à gauche) : intercalé entre l'objectif et le boîtier, il multiplie d'un facteur 1,4x la focale de l'objectif primaire, avec perte de luminosité corrélative d'une division de diaphragme. Extender EF 2X (à droite) : doubleur de focale, avec perte de deux divisions de diaphragme.

Liste des objectifs Canon EF discontinués

Depuis le lancement des premiers Canon EOS en 1987, bien des modèles d'objectifs EF ont été commercialisés. Notre liste est loin d'être complète, mais elle peut vous aider à identifier un objectif Canon EF proposé sur le marché de l'occasion… et d'en négocier le prix au plus « serré ». Pour cela, vous devez savoir faire immédiatement la différence entre le zoom médiocre (du genre 28-80 mm f/3,5-5,6), livré à l'époque avec le « kit de base » d'un boîtier EOS d'entrée de gamme et les objectifs de haute qualité optique que seuls les photographes professionnels ou les amateurs fortunés pouvaient s'offrir. Canon a arrêté la production d'un certain nombre d'objectifs d'exception dont les ventes ont chuté face à l'émergence du numérique. Citons les exemples d'un télézoom à grande ouverture constante tel que le *80-200 mm f/2,8 L*, du zoom 10 fois *35-350 mm f/3,5-5,6 L* ou du mythique *50 mm f/1,0 L*. Dites-vous bien qu'un objectif Canon L discontinué ou pas (pourvu qu'il soit en bon état) est une excellente affaire … si votre vendeur n'en connaît pas la valeur réelle !

EF 50 mm f/1,8 – EF 28-70 mm f/3,5-4,5 – EF 28-70 mm f/3,5-4,5 II – EF 28-80 mm f/2,8-4,0 L USM – EF 28-80 mm f/3,5-5,6 USM – EF 28-80 mm f/3,5-5,6 II USM – EF 28-80 mm f/3,5-5,6 III USM – EF 35-70 mm f/3,5-4,5 – EF 35-70 mm f/3,5-4,5 A – EF 35-80 mm f/4-5,6 PZ – EF 35-80 mm f/4-5,6 – EF 35-80 mm f/4-5,6 II – EF 35-105 mm f/3,5-4,5 – EF 35-105 mm f/4,5-5,6 – EF 35-105 mm f/4,5-5,6 USM – EF 35-135 mm f/3,5-4,5 – EF 35-350 mm f/3,5-5,6 L – EF 50-200 mm f/3,5-4,5 – EF 50-200 mm f/3,5-4,5 L – EF 70-210 mm f/4 – EF 70-210 mm f/3,5-4,5 USM – EF 75-300 mm f/4-5,6 – EF 75-300 mm f/4-5,6 USM – EF 80-200 mm f/2,8L – EF 80-200 mm f/4,5-5,6 – EF 80-200 mm f/4,5-5,6 USM – EF 100-200 mm f/4,5 A.

Accessoires

Système complet, un boîtier EOS 30 équipé de l'objectif adéquat n'a besoin d'aucun autre accessoire pour fonctionner à 100 %. Parmi ceux qui sont présentés dans ce chapitre, les plus immédiatement utiles sont, à notre avis, la poignée-alimentation (BP-300) et la télécommande par câble (RS-60E3).

Poignée-alimentation BP-300

Complément naturel des EOS 30 et 33, elle s'harmonise avec les lignes du boîtier dont elle améliore la maniabilité. Fixée sous la semelle de l'appareil grâce à l'écrou de pied, elle combine deux fonctions :

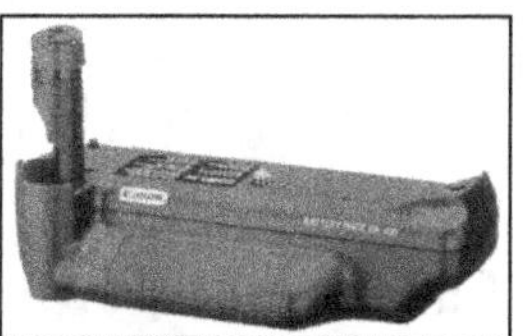

Poignée-alimentation BP-300
Son montage/démontage sur un boîtier série EOS 30 est très facile et rapide.

1. Alimentation externe : la BP-300 peut recevoir quatre éléments de taille AA, au choix des piles alcalines LR6, des accus Ni-Cd (nickel-cadmium), ou des accus Ni-MH (nickel-métal Hydrure). Elle accepte également les deux piles lithium CR2 d'alimentation normale du boîtier. Les piles alcalines AA ont le grand avantage de ne pas coûter cher et d'être disponibles partout dans le monde. L'état de charge des piles ou des accus s'affiche normalement sur l'écran ACL.

2. Poignée verticale : elle facilite grandement la prise en main du boîtier en cadrage vertical. Pour cette fonction, elle est munie de son propre déclencheur et d'une deuxième touche de mémorisation. Une sangle de poignet (E1) permet de tenir le boîtier équipé de la BP-300 d'une seule main.

Télécommande
par câble RS-60E3

Elle se connecte par son câble de 60 cm à la prise de télécommande (en bas, côté droit) du boîtier. Elle facilite grandement la photo rapprochée ou l'emploi de longues focales sur pied en évitant de transmettre les vibrations. De plus, la touche de déclenchement est verrouillable pour les très longues poses (T) et l'on n'est plus obligé de maintenir la pression du doigt sur le déclencheur comme c'est le cas avec celui du boîtier.

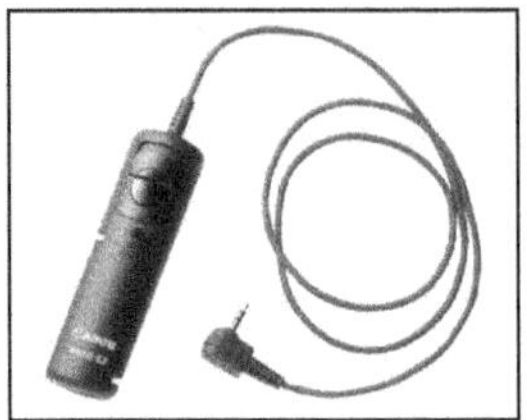

Télécommande à câble RS-60E3
Elle se connecte sur la prise de télécommande, côté droit du boîtier. Cet accessoire est indispensable pour opérer en pose longue sur pied sans transmettre de vibrations à l'appareil. Une position de verrouillage permet de laisser l'obturateur ouvert en relâchant le doigt de la touche de déclenchement (pose T).

Télécommande
infrarouge RC-1

Elle ne fait pas double emploi avec la RS-60E3, car elle n'est utilisable que par l'avant de l'appareil, c'est-à-dire en face du récepteur IR situé sur la poignée sous le déclencheur. Elle assure la commande de l'obturateur jusqu'à une distance de cinq mètres environ : déclenchement immédiat ou retardé de deux secondes.

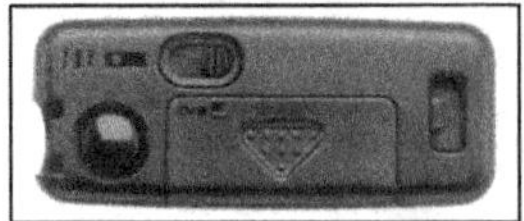

Télécommande infrarouge RC-1

Flashes Speedlite

Ainsi que nous l'avons souligné dans le chapitre 8 : « Le flash électronique », l'emploi d'un flash externe Canon Speedlite vous permettra d'étendre considérablement vos possibilités de prises de vue par rapport à ce que permet le flash intégré. Même si d'autres flashes indépendants Canon ou d'autre marques sont utilisables, ne citons ici que les modèles série EX, 100 % compatibles en mode E-TTL avec l'EOS 30 : Speedlite 220EX, 420EX (qui a remplacé le modèle 380EX dont les caractéristiques étaient très proches), et le 550EX.

Le flash annulaire MR-14EX est décrit au chapitre 11 : « Photomacrographie ».

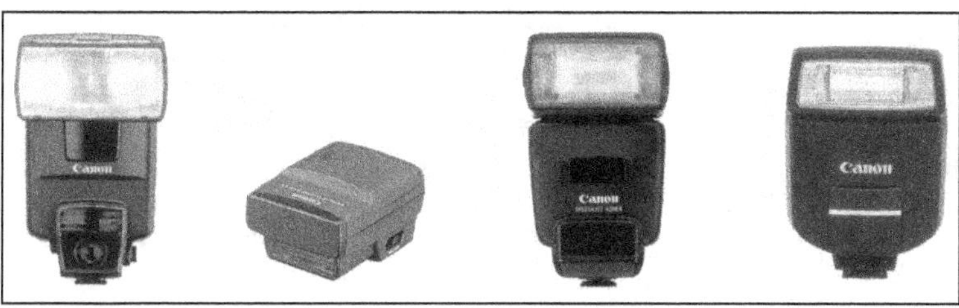

Flashes Canon Speedlite EX
De gauche à droite: 550EX, ST-E2, 420EX, 220EX.

Speedlite 220EX

Nous avons expliqué (chapitre 8 : « Le flash électronique ») les nouvelles possibilités apportées par l'emploi d'un flash Speedlite EX sur le boîtier EOS 30.
En résumé, l'automatisme E-TTL (mesure évaluative par pré-éclairs couplée
aux collimateurs AF), la synchronisation aux vitesses rapides d'obturation
(mode FP), la mesure décentrée couplée au Col. AF sélectionné, la mémorisation de l'exposition au flash (FEL) et le dosage automatique du « ratio »
flash/lumière ambiante en appoint à la lumière du jour. Avec les boîtiers
EOS 30V ou 33V et un objectif compatible, il fonctionne en mode E-TTL II.

- Nombre-guide : 22 (pour 100 ISO).
- Couverture maximale : 28 mm.
- Temps de recyclage : 0,1 à 4,5 s (selon l'éloignement du sujet).
- Dimensions/poids : 65 × 92 × 61,3 mm ; 160 grammes (sans les piles).

Speedlite 420EX

Voir sa description au chapitre 8 : « Le flash électronique ».
Dimensions/poids : 71,5 × 123 × 99,4 mm ; 300 grammes (sans les piles).

Speedlite 550EX

Toutes les fonctions offertes par ce modèle très perfectionné (construit
sur mesure pour l'EOS 3) sont totalement exploitables en combinaison
avec l'EOS 30. Il fonctionne, bien entendu, en mode E-TTL II avec les boîtiers
30V et 33V. Comparé au 420EX, il offre, outre sa plus grande puissance, la
fonction stroboscopique (de 1 à 100 éclairs de 1 à 199 Hz), la puissance
variable (de 1/1 à 1/128 de puissance), le bracketing au flash et surtout la
fonction de commande Flash maître dans un système multiflash.

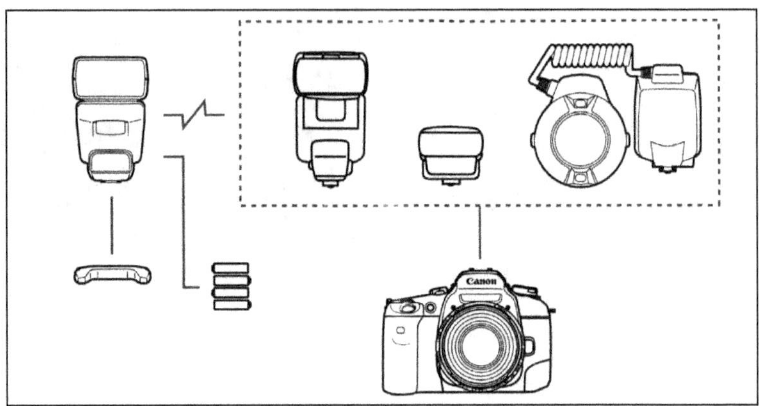

Les flashes Speedlite EX compatibles à 100 % avec la famille EOS 30
1 Speedlite 420EX (esclave en système multiflash) - **2** Support pour 420EX (livré) équipé d'un écrou de montage sur pied - **3** Speedlite 550EX (maître ou esclave) - **4** Émetteur Speedlite ST-E2 (maître seulement, n'émet pas d'éclair) - **5** Flash annulaire Macro Ring Lite MR-14EX (peut également servir de maître dans un système multiflash).

- Tête zoom, pivotante et orientable.
- Nombre-guide : variable de NG 28 à NG 55, selon la focale (24 à 105 mm) de l'objectif utilisé.
- Couverture maximale : 17 mm avec diffuseur incorporé (NG 15).
- Portée en mode E-TTL/E-TTL II : 0,5 à 30 m (avec 50 mm f/1,4 et film 100 ISO).
- Temps de recyclage : 0,1 à 8 s (selon la puissance de l'éclair).
- Économie d'énergie : coupure automatique de l'alimentation au bout de 90 s.
- Six fonctions personnalisables s'ajoutant à celles du boîtier.
- Dimensions/poids : 80 × 138 × 112 mm ; 405 grammes (sans les piles).

Émetteur Speedlite ST-E2

On a vu que, dans un système multiflash sans câble, le flash 420EX ne pouvait pas jouer le rôle de flash maître, mais seulement d'esclave. Fonctionnant dans le domaine infrarouge, le ST-E2 se monte comme un flash sur la griffe porte-accessoires de l'EOS 30 et permet de piloter jusqu'à deux groupes de flashes Speedlite EX asservis sans cordons. Sa portée de commande est de 12-15 m en intérieur et de 8-10 m en extérieur.

Accessoires pour système multiflash par câbles

1. Cordon de synchro pour extension flash (2). Un précieux accessoire qui se connecte sur la griffe du boîtier et permet d'éloigner le flash (Speedlite des séries EX, EZ et E) jusqu'à 60 cm de l'axe optique. On obtient donc un éclairage plus esthétique qu'avec le flash monté directement sur le boîtier. Le flash connecté conserve l'intégralité de ses fonctions.

2. Griffe porte-flash déporté (OA-2). Elle permet d'éloigner le flash de l'appareil et se raccorde à la griffe TTL-3 via un cordon de liaison (ci-après).

3. Répartiteur TTL. Il est équipé de quatre prises pour cordon de liaison. Il permet donc la transmission des commandes issues du boîtier via la griffe porte-accessoires aux différents flashes connectés (à l'aide d'une griffe OA-2).

4. Griffe porte-accessoires synchronisée TTL-3. Équipée d'une griffe porte-accessoires et d'une prise pour cordon de liaison, elle se monte sur la griffe du boîtier. On peut ensuite monter le flash sur la griffe de cet adaptateur et connecter le cordon de liaison dans la prise. Le raccord de l'autre extrémité du cordon dans une griffe OA-2 ou dans le répartiteur TTL permet de connecter plusieurs flashes synchronisés au même boîtier.

5. Cordons de liaison 60 et 300. Ces cordons multipolaires de 60 cm ou de 3 m assurent les liaisons entre les différents éléments du système multiflash.

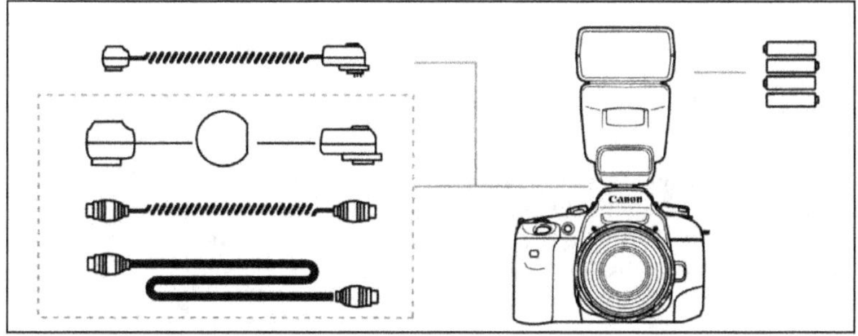

Accessoires pour multiflash par câbles
1 Cordon de synchro pour extension flash (2) - 2 Griffe porte-flash déporté (OA-2) - 3 Répartiteur TTL -
4 Griffe porte-accessoires synchronisée TTL (3) - 5 Cordons de liaison 60 et 300 cm.

Lentilles de correction dioptrique Ec

Si le correcteur dioptrique (– 2,5 à +0,5 dioptries) intégré à l'oculaire de l'EOS 30 ne vous permet pas la visée sans lunettes de vue, vous pouvez monter l'une de ces lentilles correctrices Ec (de – 4 à +3 dioptries) sur l'œilleton souple de l'oculaire du boîtier.

Notez que la valeur numérique gravée sur le verre correcteur indique la puissance dioptrique

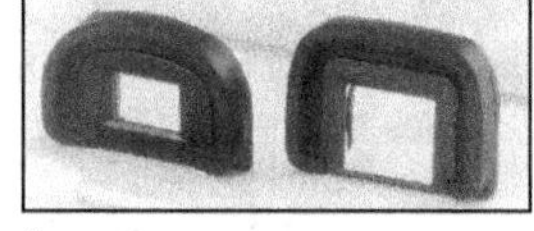

À gauche : lentille de correction dioptrique (Ec).
À droite : verre d'oculaire anti-buée (Ed).

résultante, y compris la correction dioptrique du viseur : elle n'indique pas la puissance du verre proprement dit. La correction propre au viseur est de – 1 dioptrie. Indiquez cette valeur à votre opticien qui vous précisera en retour la puissance de lentille adaptée à votre vue pour une visée sans lunettes. Le « point d'œil » (ou débattement oculaire) du viseur étant placé à environ 2 cm en arrière de l'oculaire, vous pouvez aussi conserver vos lunettes pour la visée sans lentille correctrice. On a vu que le système AFPO amélioré des EOS 30 et 30V restait performant, même si l'étalonnage est effectué avec des lunettes.

Oculaire anti-buée Ed

Grâce à son revêtement polymère spécial, ce verre protecteur d'oculaire empêche efficacement la buée de s'y déposer par temps froid ou en atmosphère tropicale surchargée d'humidité.

Viseur d'angle C

Livré avec deux adaptateurs d'oculaire compatibles avec tous les boîtiers EOS, cet accessoire est particulièrement utile pour les prises de vue sur banc-titre ou au ras du sol. Pour une mise au point manuelle plus précise, la partie centrale de l'image de visée peut être grossie dans les rapports 1,25x ou 2,5x.

Sac semi-rigide « toujours prêt » EH14-L

Nous ne sommes pas partisan de cet accessoire que nous trouvons incommode, d'autant qu'il faut le démonter pour recharger l'appareil. Le sac fourre-tout nous semble bien préférable. Mais enfin, cela existe en accessoire optionnel et assure une bonne protection de l'appareil équipé du zoom transtandard EF 28-105 mm f/4-5,6 USM.

Parasoleil

En principe, le parasoleil devrait être utilisé systématiquement, quelles que soient les conditions. Il a en effet la vertu d'éliminer une bonne partie de la lumière parasite hors du champ embrassé par l'objectif qui diminue plus ou moins le contraste de l'image. Il permet également de protéger la face avant de l'objectif contre les chocs accidentels. Sélectionnez le parasoleil de marque Canon, spécifiquement adapté à la focale (ou à la variation de focale) de l'objectif. Rappelez-vous ce que nous avons déjà indiqué : l'emploi du flash intégré demande souvent d'utiliser l'objectif sans parasoleil (qui masque-rait la partie inférieure du faisceau émis par le flash).

Tous les objectifs EF Série L sont livrés avec un parasoleil intégré ou détachable et un étui (ou une mallette pour les longues focales à grande ouverture).

Filtres

Nous n'ouvrirons pas dans cet ouvrage la discussion sur la réelle utilité des filtres, particulièrement avec le film négatif couleur. Il existe, comme vous le savez, une quantité de filtres pour effets spéciaux que vous utiliserez à votre convenance, en songeant toutefois que certains (à scintillement, à flou, etc.) peuvent rendre l'autofocus inopérant.

En exceptant les filtres correcteurs de couleur (CC) et de lumière (CL) indis-pensables pour certaines prises de vue sur film inversible exigeant une resti-tution parfaite des couleurs, nous voyons trois types de filtres pouvant vous être éventuellement utiles :

- Le filtre anti-ultraviolet (UV) : transparent, il constitue une excellente pro-tection de la lentille antérieure de l'objectif contre les chocs. Il ne peut servir à rien d'autre, l'ultraviolet « en excès » étant de toute manière absorbé par les nombreuses lentilles de l'objectif.

- Le filtre gris-neutre (ND) : un filtre ND 0,6, par exemple, diminue de 2 IL la quantité de lumière atteignant le film, sans modifier les couleurs. Il vous sera précieux si vous vous trouvez accidentellement en condition de sur-exposition autrement inévitable (soleil, neige, sable, film de 800 ISO ou plus), la limite de couplage de l'appareil en forte lumière étant alors atteinte. Grâce à la vitesse maximale de 1/4 000 s, vous n'en aurez jamais besoin si la sensibilité du film utilisé en extérieur par beau temps ne dépasse pas 100 ou 200 ISO.

Référence Canon : les filtres ND4L (-2 IL) et ND8 (-3 IL) existent en montures vissantes de 52, 58 et 72 mm de diamètre.

- Le filtre polariseur a deux emplois : augmenter la densité du ciel bleu dans la direction opposée au soleil (ce qui fait mieux ressortir les beaux nuages blancs et augmente par ailleurs la saturation des couleurs) et atténuer ou éliminer les reflets sur une surface non métallique et oblique par rapport au plan du film. Il n'est efficace que s'il est correctement orienté dans sa monture tournante, ce que vous pouvez vérifier dans le viseur.

Attention

– Le seul type de filtre polariseur utilisable avec votre EOS est le filtre à polarisation circulaire (Canon PL-C). Le filtre polariseur normal (à polarisation linéaire) ne permet pas le bon fonctionnement du système de mesure ni de l'autofocus.

– Canon propose des filtres à polarisation circulaire de très haute qualité optique dans les diamètres suivants : 48 drop-in, 52, 58, 72 et 77 mm (le diamètre filtre de chaque objectif est indiqué dans le grand tableau des objectifs EF, chapitre 9).

– Sont également disponibles en accessoires pour Canon EOS des porte-filtres gélatine (pour filtres Kodak Wratten carrés de 76 ou 102 mm), pour drop-in et adaptateurs pour filtres de 48, 52, 58, 72 et 77 mm de diamètre.

Nota

Les bonnettes additionnelles et les bagues-allonges sont présentées au chapitre 11 : « Photomacrographie ».

11

Photomacrographie

Le reflex est de loin l'appareil le mieux conçu pour la photoma-crographie. Nous présentons dans ce chapitre les quatre superbes objectifs macro et les accessoires spécialisés tels que les bagues-allonges, les lentilles additionnelles et le flash annulaire.

On appelle grandissement (G) le rapport entre une dimension linéaire de l'image et la dimension correspondante de l'objet. Par exemple, un papillon de 50 mm d'envergure, dont l'image mesure 25 mm sur le film est reproduit au grandissement $G = 25/50 = 0,5$. Nous écrirons $G = 0,5x$. On peut écrire aussi 1:2 puisque l'image est deux fois plus petite que l'objet. Pour nous, la photomacrographie commence à $G = 0,20x$: l'image enregistrée sur le film étant dans ce cas cinq fois plus petite que l'objet, celui-ci retrouve sa taille réelle lorsque le cliché 24×36 mm est agrandi cinq fois (en 12×18 cm).

Grâce à sa visée précise, le reflex permet de vérifier directement que l'image est nette et correctement cadrée. Enfin, si le sujet est suffisamment éclairé, on peut opérer à la main, en mode d'exposition automatique, de préférence à priorité diaphragme (Av).

Comment augmenter le grandissement ?

Nous sommes « moralement » obligés de rappeler la relation de Descartes (ou formule « des plans conjugués ») :

$$1/p \; + \; 1/p' = 1/F$$

dans laquelle **p** représente la distance objectif-sujet; **p'** la distance objectif-film (ou tirage) et **F** la longueur focale de l'objectif, ainsi que la formule du grandissement **G** qui en découle directement :

$$\text{Image/Objet} = p'/p = G$$

Ces deux formules montrent qu'il existe plusieurs manières d'augmenter le grandissement :

1. **En allongeant le tirage, c'est-à-dire la distance objectif-film (p') :**
   - soit avec une *bague-allonge*;
   - soit avec un *soufflet-allonge*;
   - soit en utilisant un objectif spécial dit *objectif macro* dont le débattement de mise au point offre par construction une grande extension.

2. **En raccourcissant la longueur focale de l'objectif utilisé** en plaçant devant lui une lentille convergente dite *bonnette d'approche*.

Toutes ces solutions (y compris celle du soufflet-allonge que Canon ne propose pas) sont compatibles avec le principe adopté pour les reflex EOS : c'est d'autant plus facile que les liaisons objectif-boîtier sont exclusivement électriques ; il n'y a pas (comme avec les systèmes reflex conservant un couplage mécanique objectif-boîtier pour l'AF et la commande du diaphragme) un complexe système de transmission mécanique à établir.

EF 50 mm f/2,5 Compact-Macro

Muni d'un moteur AF de type AFD, cet objectif de 50 mm est utilisable en tant que focale « normale » puisque sa plage de mise au point va jus-

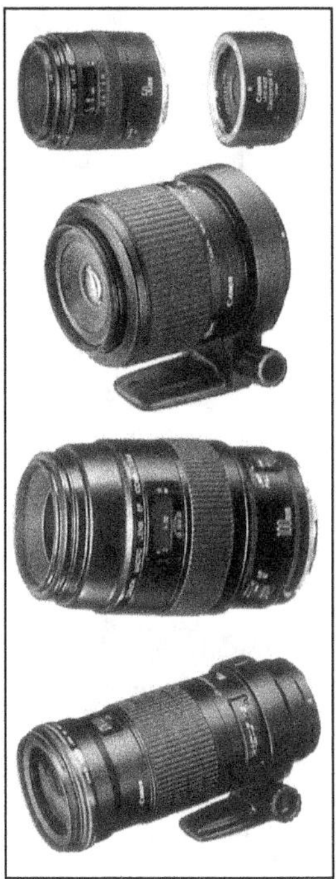

Objectifs Canon pour
la photomacrographie
1 *EF 50 mm f/2,5 Compact-Macro et son convertisseur « taille réelle ».*
2 *MP-E 65 mm f/2,8 1-5x Macro Photo.*
3 *EF 100 mm f/2,8 Macro.*
4 *EF 180 mm f/3,5L Macro USM.*

Objectifs Canon pour la photomacrographie

Caractéristique	50 mm F/2,5 Compact-Macro	MP-E 65 mm F/2,8 1-5x Macro Photo	100 mm F/2,8 Macro	180 mm F/3,5 L Macro
Motorisation	AFD	MaP manuelle	USM	USM
Formule optique	9/8	10/8	10/9	14/12
Ouverture mini	F/32	F/16	F/32	F/32
MaP minimum	0,23 m	0,1-0,04 m	0,31 m	0,48 x m
Grand. maximum	0,5x	5x	1x	1x
Diamètre filtre	52 mm	58 mm	52 mm	72 mm
Long x Ø max.	63 x 67 mm	98 x 81 mm	119 x 79 mm	187 x 82,5 mm
Poids	280 g	720 g	600 g	1 090 g

qu'à l'infini. Bien qu'il ait été spécialement calculé pour la prise de vue à courte distance, il peut très bien remplacer le EF 50 mm f/1,8 II dans votre équipement, avec une perte de luminosité d'une division de diaphragme. De formule optique complexe pour une focale fixe, il comporte neuf lentilles en huit groupes dont un groupe « flottant » de correction des aberrations résiduelles en fonction de la distance. Sa distance de mise au point minimale est de 23 cm, ce qui permet d'obtenir directement G = 0,5x (ou 1:2) : l'image est deux fois plus petite que l'objet. Un tel grandissement est largement suffisant pour la plupart des photomacrographies (et naturellement la photo rapprochée à plus faible grandissement). Il a aussi l'avantage de se diaphragmer jusqu'à f/32, ce qui peut être utile lorsqu'on cherche à bénéficier de la profondeur de champ maximale (aux dépens toutefois de la résolution globale de l'image en raison de la diffraction qui intervient à partir de f/11 environ).

Il se monte et s'utilise sur le boîtier EOS 30 comme n'importe quel objectif EF, avec MaP AF ou manuelle. On atteint le grandissement G = 1x (à la même distance de 23 cm du sujet) en intercalant le convertisseur macro 1/1 EF entre l'objectif et le boîtier. Il s'agit en fait d'un doubleur de focale spécialisé de formule 4/3. Ce dernier assurant la transmission des données boîtier-objectif, tout continue à fonctionner normalement. Avec le convertisseur, le grandissement varie entre G = 0,26x et G = 1x. Gare à la perte importante de luminosité ! Surveillez les paramètres de l'exposition dans le viseur ou sur l'écran ACL !

MP-E 65 mm f/2,8, 1-5x Macro Photo

C'est le premier objectif macro conçu pour délivrer directement un grandissement supérieur à G = 1x sans autre accessoire. La formule optique élaborée (huit groupes de dix lentilles) incorpore une lentille en verre UD et un groupe flottant assurant une correction optimale de l'aberration chromatique, particulièrement au plus fort grandissement G = 5x. N'étant pas équipé de moteur AF, il n'est utilisable qu'en MaP manuelle. La distance de mise au point est de 110 mm à G = 1x et de 40 mm à G = 5x. Compte tenu du fort grandissement et de la courte distance objectif-sujet, la source d'éclairage idéale est un flash annulaire (voir la description du Macrolite MR–14EX en fin de chapitre).

EF 100 mm f/2,8 Macro USM

Cet objectif spécialisé de formule optique élaborée 10/9 et groupe flottant assure également la mise au point jusqu'à l'infini ce qui vous permet de l'utiliser en tant que « petit téléobjectif » à toutes les distances, de 31 cm (G = 1x) à l'infini.

On voit que les objectifs macro de 50 mm (plus convertisseur) et de 100 mm permettent tous deux d'atteindre le rapport 1:1 (image de même taille que l'objet), mais qu'au même grandissement, le 100 mm permet d'opérer de deux fois plus loin. Grâce à cette plus grande distance de PdV, vous risquez moins d'alerter le petit animal que vous cherchez à photographier ; le sujet est également plus facile à éclairer, soit en lumière naturelle, soit avec le flash accessoire, de préférence annulaire pour les plus forts grandissements.

EF 180 mm f/3,5 L Macro USM

Faisant partie de la gamme professionnelle L, ce téléobjectif macro très performant permet également d'atteindre directement le rapport 1:1 (G = 1x). Compte tenu de sa longue focale, il permet de photographier les insectes et autres petits animaux d'encore plus loin que le 100 mm. La course de mise au point AF peut être divisée en deux plages de travail : de 0,48 m à l'infini pour les applications macro, ou de 1,50 m à l'infini pour l'usage général. De formule 14/12, il intègre trois lentilles en verre UD (*Ultra-Low Dispersion*) assurant une correction poussée des aberrations résiduelles, ainsi qu'un groupe optique flottant assurant la définition maximale à toutes les distances. Il est de plus compatible avec les multiplicateurs de focale EF 1,4x et EF 2x, permettant donc d'atteindre (à la même distance de 48 cm) les grandissements 1,4x ou 2x.

Bague-allonge

Le fait d'intercaler une bague-allonge entre le boîtier et l'objectif augmente le tirage, en permettant donc de faire la MaP sur un sujet plus proche. Les deux bagues-allonges EF12 (épaisseur 12 mm) et EF25 (épaisseur 25 mm) sont pourvues des contacts électriques assurant la mesure et les automatismes de l'exposition. Le rapport maximal de grandissement dépend bien sûr de la focale de l'objectif. Avec un zoom standard, on obtient par exemple G = 0,3x ou 0,5x avec l'EF12 et jusqu'à G = 0,7x avec l'EF25. La fonction autofocus n'est pas forcément opérante mais cela n'est pas un inconvénient dans le domaine de la photomacrographie où la MaP manuelle est presque toujours préférable en raison de la très faible profondeur de champ (voir ci-après).

Si vous disposez d'un objectif EF Macro, nous déconseillons l'emploi de ces bagues-allonges qui ne peuvent pas délivrer des images de même qualité puisque l'objectif de base utilisé n'a pas été calculé pour travailler à courte distance avec un grandissement élevé. La plupart des objectifs courants sont cependant compatibles avec leur emploi, à l'exception notable des plus courtes focales. La notice livrée avec les bagues-allonges précise les grandissements que vous pouvez obtenir avec chaque objectif compatible.

Objectifs non compatibles avec la bague-allonge EF25

EF 14 mm/2,8 – EF 15 mm/2,8 Fisheye – EF 20 mm/2,8 – EF 20-35 mm/3,5-4,5 – EF 16-35 mm/2,8 – 17-40 mm/4,0 (en position super grand-angle) – TS-E 45 mm/f/2,8.

Objectifs non compatibles avec la bague-allonge EF12

EF 14 mm/2,8 – EF 15 mm/2,8 Fisheye.

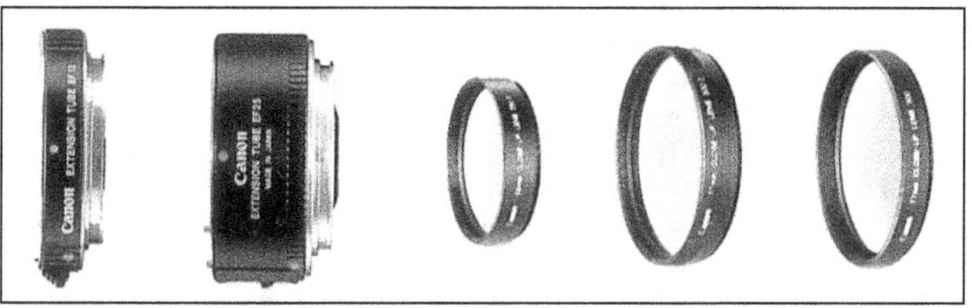

Accessoires pour photo rapprochée
À gauche : bagues-allonges EF12 et EF25
À droite : bonnettes 250D, 500D et 500

Bonnettes

Les bonnettes sont donc des lentilles convergentes à visser comme un filtre sur le filetage de l'objectif qui, en augmentant sa puissance, permettent de photographier les objets à une distance minimale inférieure à celle de l'objectif de base. Sans entrer dans les calculs, rappelez-vous seulement qu'une lentille de 500 mm de focale (2 dioptries) permet de photographier à 50 cm de distance la mise au point étant réglée sur l'infini (et une lentille de 250 mm de focale, soit 4 dioptries, à 25 cm de l'objet). On bénéficie de plus de la course de mise au point de l'objectif considéré, ce qui permet des grandissements plus importants (mais qui restent généralement inférieurs à G = 0,5x). L'autofocus fonctionne normalement. Canon propose les bonnettes D de 2 et 4 dioptries en version « achromatique » (deux lentilles collées) et la bonnette 2 dioptries 500 en lentille simple, de prix plus compétitif (mais affectant davantage la qualité de l'image).

- Le modèle 250 D (4 dioptries) convient aux objectifs de focales 30 à 135 mm. Les modèles 500 D et 500 aux objectifs de focales 70 à 300 mm. Rappelons que le diamètre filtre est indiqué sur chaque objectif et sur le tableau des objectifs (voir chapitre 9 : « Objectifs Canon EF »).
- Diamètres disponibles en 250 D (4 dioptries) : Ø 52 et 58 mm.
- Diamètres disponibles en 500 D (2 dioptries) : Ø 52, 58, 72 et 77 mm.
- Diamètres disponibles en 500 (2 dioptries) : Ø 52, 58, 72 et 77 mm.

Photomacrographie : conseils pratiques

Deux facteurs rendent la photomacrographie plus délicate que la photographie à distance normale (G égal ou inférieur à 0,1x).

Augmentation de l'exposition nécessaire

Les valeurs **n** d'ouverture de diaphragme (qui dépendent du diamètre de l'iris en fonction de la focale) ne sont valables que pour un sujet relativement lointain, c'est-à-dire tant que le tirage optique **p'** est peu supérieur à la longueur focale **F** de l'objectif (soit encore un grandissement inférieur à 0,1x). Mais quand on augmente le tirage pour opérer à courte distance, l'éclairement du film diminue comme le carré de l'allongement de tirage. Il y a donc un *coefficient d'exposition* à appliquer, tout au moins quand la détermination de l'exposition se fait à l'aide d'un posemètre indépendant et non, comme c'est toujours le cas avec un EOS, par le système de mesure TTL intégré au boîtier. Vous n'aurez bien sûr aucun calcul à faire, mais il est bon de connaître au moins les données du problème et surtout d'en tirer des conséquences pratiques.

Le coefficient d'exposition (**CE**) est donné par la formule : $CE = (G+1)^2$.

Voici, à titre d'exemple, les valeurs de CE pour les valeurs croissantes de G :

Grandissement (G)	0,2x	0,3x	0,4x	0,5x	0,6x	0,7x	0,8x	1x	2x	3x	4x
Coefficient (CE)	1,44	1,69	1,96	2,25	2,26	2,89	3,24	4	9	16	36

Vous voyez sur ce tableau que l'exposition supplémentaire à donner au film est environ deux fois plus grande à G = 0,4x (1 IL) et exactement quatre fois plus grande pour G = 1x (2 IL), toutes autres conditions étant égales (éclairage du sujet et sensibilité ISO du film). Dans le premier cas, la compensation d'exposition (appliquée automatiquement par l'appareil) s'obtient en ouvrant le diaphragme d'une division (de f/11 à f/8 par exemple) ou en multipliant le temps de pose par 2 (de 1/125 s à 1/60 s par exemple) ; dans le deuxième cas de G = 1x, la correction automatique de 2 IL implique, soit l'ouverture de deux divisions de diaphragme (passer de f/11 à f/5,6), soit un temps de pose quatre fois plus long (passer de 1/125 s à 1/30 s).

La conséquence pratique est celle-ci : alors que vous disposiez, pour une prise de vue dans les conditions normales, d'un confortable couple V/D 1/125 s-f/11 vous permettant d'avoir à la fois une vitesse d'obturation assez élevée pour ne pas risquer le bougé et d'une petite ouverture de diaphragme (donnant une bonne PdC à moyenne distance), vous vous trouvez pour une photomacrographie à G = 1x avec le même éclairage et la même sensibilité de film, soit à 1/30 s-f/11 (impossible d'opérer à la main sans bouger), soit à

1/125 s-f/5,6 (PdC insuffisante). Sans emploi du flash, la solution « grande ouverture/vitesse relativement élevée » est habituellement préférable.

Profondeur de champ (PdC)

Quand le grandissement est élevé (entre 0,5 et 1x), la PdC est de toute manière si limitée qu'il ne sert à rien de la connaître avec précision. Par ailleurs, on ne gagne pas grand-chose en diaphragmant davantage. Enfin et surtout, à partir de f/11-16 et plus petite ouverture, la perte de résolution générale de l'image, due à la diffraction, fait perdre le bénéfice d'une PdC plus étendue :

PdC à G 1x	f/5,6 = 0,67 mm	f/16 = 1,92 mm	f/32 = 3,84 mm
PdC à G 0,5x	f/5,6 = 2,02 mm	f/16 = 5,76 mm	f/32 = 11,52 mm

L'essentiel en photomacrographie est donc bien de *faire une mise au point extrêmement précise sur la partie essentielle du petit sujet* (les yeux de l'insecte, les ailes du papillon, etc.) en MaP manuelle à chaque fois que possible (sujet statique). Sur un sujet animé (insecte, petit animal, etc.), utilisez l'autofocus en mode d'exposition priorité diaphragme (f/5,6 ou f/8) en faisant la MaP à l'aide d'un collimateur AF sur cette région essentielle. En bloquant le déclencheur à mi-course, vous recadrerez si nécessaire en verrouillant ainsi la distance mesurée. Vous pouvez de plus pratiquer une mesure sélective et mémoriser l'exposition. Pensez à vérifier que la vitesse d'obturation indiquée par l'affichage est compatible avec la PdV à main levée. Avec un tel grandissement, un temps de pose plus long que 1/125 s n'est pas utilisable. En extérieur sans flash, choisissez un film d'au moins 400 ISO.

Le flash annulaire MR-14EX

Ce modèle a remplacé (en 2000) le flash annulaire ML-3 introduit en 1988. Il offre les avantages du mode de mesure E-TTL (mais pas E-TTL II) et d'un nombre-guide (14) plus élevé. Comme le 420EX (voir chapitre 8 : « Le flash électronique »), il est doté du mode FP de synchro vitesse rapide, de la mémorisation d'exposition au flash (FEL), du bracketing, de la correction d'exposition. Il bénéficie de plus des sept fonctions personnalisables et de la capacité flash maître du modèle 550 EX. Le module de commande se fixe par son sabot sur la griffe

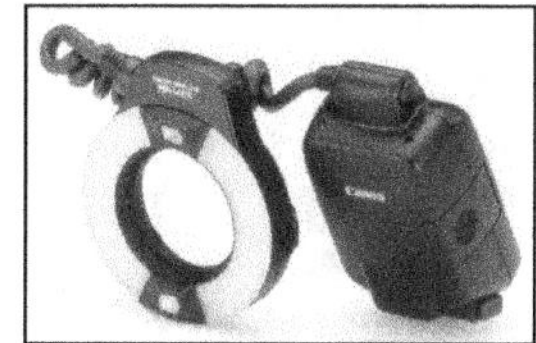

Flash annulaire Macrolite MR-14EX
Sa couronne à deux tubes-éclair et éclairage pilote se monte sur la partie antérieure de chacun des quatre objectifs Macro.

porte-accessoires du boîtier et la couronne éclairante sur la partie antérieure de l'un des quatre objectifs macro cités précédemment. Celle-ci incorpore deux tubes-éclair en demi-cercle, avec éclairage pilote par lampe krypton facilitant la MaP, plus l'émission, durant une seconde, d'une série d'éclairs à 70 Hz permettant d'apprécier le modelé. On peut utiliser les deux tubes-éclair séparément afin de bâtir un éclairage moins plat. Sa puissance est réglable de la pleine puissance (1/1) au soixante-quatrième de puissance (1/64), avec dosage possible de l'intensité relative des deux tubes (ratio) de 8:1 à 1:8. Parce qu'il est intégralement compatible avec les autres Speedlite EX, il peut s'employer avec eux en mode multiflash sans fil (jusqu'à trois groupes de flashes esclaves), pour la réalisation d'éclairages très élaborés.

Alimentation normale: quatre piles alcalines AA, ou par boîtier externe (CP-E2, six piles AA), ou encore par alimentation compacte (E, six piles ou accus NiCd AA) en option.

Dimensions: module de commande 74 × 126 × 97,4 mm, tête flash 112,8 × 126 × 25,4 mm. Poids: 430 g sans piles.

www.ingramcontent.com/pod-product-compliance
Lightning Source LLC
LaVergne TN
LVHW010527060726
842525LV00013B/3017